东方帝国的营造

秦汉王朝政治史

王子今 著

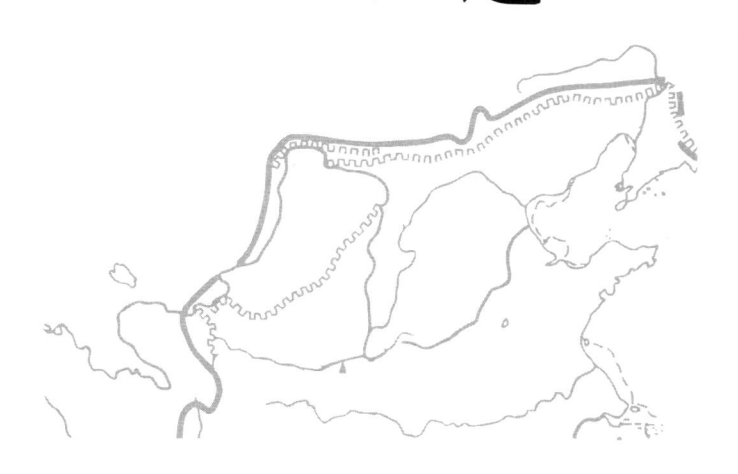

陕西新华出版 陕西人民出版社

图书在版编目（CIP）数据

东方帝国的营造：秦汉王朝政治史 / 王子今著. —
西安：陕西人民出版社，2024.8
ISBN 978-7-224-15397-2

Ⅰ.①东… Ⅱ.①王… Ⅲ.①政治制度史—研究—中
国—秦汉时代 Ⅳ.①D691.21

中国国家版本馆 CIP 数据核字（2024）第 100796 号

出 品 人：赵小峰
总 策 划：关　宁
出版统筹：韩　琳
策划编辑：晏　藜　武晓雨
责任编辑：王　倩　张　现
封面设计：佀哲峰

东方帝国的营造：秦汉王朝政治史
DONGFANGDIGUO DE YINGZAO：QINHAN WANGCHAO ZHENGZHISHI

作　　者	王子今
出版发行	陕西人民出版社
	（西安市北大街 147 号　邮编：710003）
印　　刷	陕西龙山海天艺术印务有限公司
开　　本	950 毫米×1280 毫米　1/32
印　　张	13.25
字　　数	310 千字
版　　次	2024 年 8 月第 1 版
印　　次	2024 年 11 月第 2 次印刷
书　　号	ISBN 978-7-224-15397-2
定　　价	98.00 元

如有印装质量问题，请与本社联系调换。电话：029-87205094

绪　言

　　中国历史经历秦汉时期，有特别值得重视的文化光辉。当时的文明形态、社会风貌和民族精神，有鲜明的时代特征。秦汉时期的社会阶级结构和政治管理形式，也对中国此后两千年来文化传统的形成和历史演进的方向产生了非常深刻的影响。秦汉史的轨迹，展现了许多史无前例的变化。秦汉人创造了许多世界第一。秦汉制度对后来历朝形成了许多规范性的定式。这些应当都是秦汉史在史学领域受到重视的原因。

　　赵翼重视秦汉时期的历史进步。其名著《廿二史札记》卷二有"汉初布衣将相之局"条，其中写道："自古皆封建诸侯，各君其国，卿大夫亦世其官，成例相沿，视为固然。其后积弊日甚，暴君荒主，既虐用其民，无有底止，强臣大族又篡弑相仍，祸乱不已。再并而为七国，益务战争，肝脑涂地。"这样的政治形势是不能不改变的，但是数千年来"世侯、世卿之局"，一时也难以迅速变换。战国晚期，这种贵族政治体系实际上已经开始动摇，其情形可以称作"先从在下者起"。"游说"者如范雎、蔡泽、苏秦、张仪等"徒步而为相","征战"者如孙膑、白起、乐毅、廉颇、王翦等"白身而为将"。不过,确如赵翼指出的,"兼并之力尚在有国者,天方藉其力以成混一,固不能一旦扫除之,使匹夫而有天下也"。秦开一统之局,政体焕然一新,但是,"下虽无世禄之臣,而上犹是继体之主也"。大臣的任用虽然已经打破"世禄"的传统,而最高统治者,依然是王族世袭。

直到汉并天下,新王朝因其"气运",显示"天意已另换新局"。新的政治体制得以开创,"天之变局,至是始定"。新的贵族在高度集权的中央政府统治之下,权位随时可以消除。虽然刘邦分封,宣布"封爵之誓":"使河如带,泰山若厉。国以永宁,爰及苗裔。"据司马迁说:"始未尝不欲固其根本,而枝叶稍陵夷衰微也。"察其"所以失之者":"汉兴,功臣受封者百有余人。天下初定,故大城名都散亡,户口可得而数者十二三,是以大侯不过万家,小者五六百户。后数世,民咸归乡里,户益息,萧、曹、绛、灌之属或至四万,小侯自倍,富厚如之。子孙骄溢,忘其先,淫嬖。至太初百年之间,见侯五,余皆坐法陨命亡国,秏矣。罔亦少密焉,然皆身无兢兢于当世之禁云。"关于"使河如带,泰山若厉",裴骃《集解》:"应劭曰:'封爵之誓,国家欲使功臣传祚无穷。带,衣带也;厉,砥石也。河当何时如衣带,山当何时如厉石,言如带厉,国乃绝耳。'"[1]《汉书》卷一六《高惠高后文功臣表》记载的字句略异:"封爵之誓曰:'使黄河如带,泰山若

---

[1]《史记》卷一八《高祖功臣年表》,中华书局,1959,第877页。

厉,国以永存,爰及苗裔。'"①"河"作"黄河","国以永宁"作"国以永存"。赵翼认为,"天意""新局"的演生,使得三代以来世侯世卿之陈旧政统,荡然净尽,"而成后世征辟、选举、科目、杂流之天下矣"②。

赵翼指出刘邦的主要功臣大多出身平民,"一时人才皆出其中,致身将相,前此所未有也。盖秦、汉间为天地一大变局"。战国时已有平民而为将相者,"此已开后世布衣将相之例"。而"兼并之力"握于强势"有国者",于是上天"纵秦皇尽灭六国,以开一统之局"。"汉祖以匹夫起事,角群雄而定一尊。其君既起自布衣,其臣亦自多亡命无赖之徒,立功以取将相,此气运为之也。天之变局,至是始定"。③

所谓"天之变局""天地一大变局""天意已另换新局",即秦汉时期发生的历史转折,赵翼是从这样四个层次来叙说的:(一)"徒步而为相","白身而为将";(二)"秦皇尽灭六国,以开一统之局";(三)"汉祖以匹夫起事,角群雄而定一尊";(四)"布衣将相之局"。这种"变局",这种"新局"的直接表现,一为"一统",一为"皇帝"的出现和帝制的形成。还有一个重大的历史性"变局",即执政集团身份构成的转换。下层"徒步""白身""布衣"民众获得政治参与机会,是"新局"的具体表象之一。而刘邦"以匹夫起事"终得"定一尊",书写了"造反""起事"取天下的政

---

① 《汉书》,中华书局,1962,第627页。
② 〔清〕赵翼著,王树民校证:《廿二史札记校证》(订补本),中华书局,第36、37页。
③ 〔清〕赵翼著,王树民校证:《廿二史札记校证》(订补本),第36页。

治史的新页。①

　　瞿兑之较早撰写以秦汉史为主题的学术专著。他曾经就"统一""一统"政治格局的创立评价秦汉时期的历史地位："六国不能统一之业，而秦卒能成之者，秦之处心积虑，自强而力征。其政策相传，绵延不懈，而前后一致，非诸国所能及也。""中国成为一统国，自秦启之，而汉承之，虽遇乱世，终犹心焉一统，人人皆拭目翘足以为庶几复见太平。二千年来如一日，此又秦汉之所赐也。"②与以中原文化的继承与更新作为考察主题有所不同，吕思勉曾经就"民族关系"言秦汉历史特征："战国之世，我与骑寇争，尚不甚烈，秦以后则不然矣。秦、汉之世，盖我恃役物之力之优，以战胜异族，自晋以后，则因社会之病状日深，而转为异族所征服者也。故曰：以民族关系论，汉、晋之间，亦为史事一大界也。"③田昌五、安作璋曾经指出："秦汉是中国封建社会奠基的时代，后代的许多社会制度都渊源于秦汉，特别是秦到西汉时期。因此，秦汉史历来都是学者所重视和研究的领域。新中国建立以后，史学界讨论的五个重大历史问题，即：古史分期问题、封建土地制度问题、农民战争问题、汉民族形成问题、资本主义萌芽问题，有四个涉及秦汉时期。此外，还有学者认为中国资本主义萌芽于战国秦汉时期。由此可见秦汉史受重视的程度。

---

① 王子今：《"造反"的词汇史》，载《历史学家茶座》2008年第4辑，山东人民出版社，2008。
② 瞿兑之：《秦汉史纂》，鼎文书局，1979，第318、327页。
③ 吕思勉：《秦汉史》，商务印书馆，2010，第4页。

所以，在以往的断代史研究中，秦汉史的文章和论著也是比较多的。"①林剑鸣《秦汉史》第一章《绪论》第一节讨论"秦汉时期在中国历史上的地位"，从这样三个方面论说：第一，封建土地所有制的确立；第二，专制制度的形成和文化思想的统一；第三，文明的发展和阶级斗争的基本规律。最后一点，论者是这样阐述的："秦汉时期所表现出的重要特点和规律，在以后的历史发展时期一再反复出现。换句话说：在秦汉以后两千年封建社会中，文明的发展和阶级斗争所表现出的主要特点和规律，在秦汉时期就已经出现了。所以，研究秦汉时期文明发展的特点和阶级斗争的规律，对理解和研究中国封建社会全部历史都具有重要作用。"②对于"封建社会"的概念，我们已经有了新的认识。而对于简单生硬地以"阶级斗争"为历史主线的观察和思考，新的史学家已经实现了历史性的学术超越。

今天看来，秦汉时期的历史特征主要有如下表现：

1. 高度集权的"大一统"的政治体制基本形成，并且经历了多次社会动荡的历史考验而愈益完备。以丞相为统领的中央王朝百官公卿制度和以郡县制为主体的地方行政管理形式逐渐完善。选官制度的进步，满足了行政体制的人才需求，也促进了社会不同等级的流动。社会各阶层的国家意识有鲜明的文化表现，特别是士人的参政议政热情有新的提高。

2. 以农耕经济和畜牧经济为主体形式，包括渔业、林业、矿

---

① 田昌五、安作璋主编：《秦汉史》，人民出版社，1993，第1页。
② 林剑鸣：《秦汉史》，上海人民出版社，1989，第1—11页。

业及其他多种经营结构的经济形态逐步走向成熟，借助交通和商业的空前发展，各个基本经济区互通互补，共同抵御灾变威胁，共同创造社会繁荣，物质文明的进步取得了空前的成就。人们的物质生活水平有所提高。

3. 秦文化、楚文化和齐鲁文化等区域文化因子，在秦汉时期经长期持续的融汇，形成了具有统一风貌的汉文化。儒学正统地位的建立和巩固，国家教育体制的逐步健全，成为适应专制主义政治需要的文化建设成功的重要标志。因私学的繁盛，社会普遍的文化资质有所改善。儒学道德秩序在民间形成了普及性的影响。

经历这一时期，以"汉"为标志的民族文化共同体已经初步形成。当时以"大汉""皇汉""圣汉""强汉"自称的民族对于世界文明进步的贡献，保留了光荣的历史记录。

正是因为秦汉时期历史文化贡献的丰富，"秦"和"汉"，"秦人"和"汉人"，都长期成为代表我们国家、我们民族的公认的文化符号。

秦汉历史，是我们了解中国历史时所应当首先熟悉的内容。我们还应当看到，这一时期的文化创获和历史经验，对于后世所提供的可贵的启示，是千百年来始终受到重视的。

秦汉行政制度、司法制度、礼仪制度、文化制度对后世的长久影响为史家所肯定。如《晋书》卷二四《陆机传》记载，陆机著《五等论》写道："夫体国经野，先王所慎，创制垂基，思隆后叶。然而经略不同，长世异术。五等之制，始于黄唐，郡县之治，创于秦汉,得失成败,备在典谟,是以其详可得而言。"陆机以为"圣王经国,义在封建",《五等论》"采其远指",批评"亡秦""弃道任术"以致"速亡趋乱","颠沛之衅,实由孤立"。而"汉矫秦枉","过正之灾,而非建侯之累也"。"逮至中叶,忌其失节,割削宗子,有名无实,天下旷然,复袭亡秦之轨矣。""光武中兴,纂隆皇统,而由遵覆车之遗辙,养丧家之宿疾"。他说:"前人欲以垂后,后嗣思其堂构,……然则八代之制,几可以一理贯;秦汉之典,殆可以一言蔽也。"①陆机倾向"封建",批评"郡县之治",然而也承认"秦汉之典"其实已经实现了"垂后"的历史效能。

陆机说"郡县之治,创于秦汉",《周书》卷一三《文闵明武宣诸子传》所谓"郡县之设,始于秦汉之后"②,《北史》卷一二《恭帝纪》所谓"狭殷周之制度,尚秦汉之规摹"③,都指出了秦汉郡县制度对后世规范性的作用。《旧唐书》又有"循秦、汉之规"④,"因秦、汉之制"⑤等说法。后世或言"依秦汉之制"⑥,"摹秦汉之规"⑦,也都指出了秦汉制度对后世的长久影响。

---

① 《晋书》,第 1475—1479 页。
② 《周书》,中华书局,1971,第 209 页。
③ 《北史》,中华书局,1974,第 475 页。又见《隋书》卷四《炀帝杨广纪下》:"狭殷周之制度,尚秦汉之规摹"。中华书局,1973,第 95 页。
④ 《旧唐书》卷二〇下《哀帝纪下》,中华书局,1975,第 804 页。
⑤ 《旧唐书》卷一六〇《李翱传》,第 4207 页。
⑥ 〔唐〕杜佑撰:《通典》卷六三《礼二十三·嘉八·天子诸侯玉佩剑绶玺印》,中华书局,1984,第 356 页。〔宋〕郑樵撰:《通志》卷四七《器服略第一·天子诸侯玉佩剑绶玺印》,中华书局,1987,第 614 页。
⑦ 〔清〕毛奇龄:《封禅巡狩不相袭议》,《西河集》卷七《议二》,文渊阁《四库全书》本。

自秦开始的专制政体的深刻的历史作用，也为人们所重视。李约瑟说："(法家)以编订'法律'为务，并认为自己主要的责任是以封建官僚国家来代替封建体制。他们倡导的极权主义颇近于法西斯，正如我们在前面〔第六章（b）〕已经提到的，后来当秦朝因做得过头而为汉朝所取代时，法家遭到了失败。"①谭嗣同《仁学》写道："二千年来之政，秦政也，皆大盗也。"②这些持批判态度的评价，也指出了秦创建而为汉王朝所继承的制度的久远影响。

汉武帝时代以军事成功为条件实现了汉帝国的疆域扩张。其最重要的成就，是实现了北边军事形势的改变。匈奴游牧部族联盟的军事力量长期以来压迫着中国北边，使农耕生产的正常经营受到严重的威胁。在形势最严峻的时期，匈奴骑兵甚至曾经侵扰长安邻近地区。与匈奴的关系，成为汉武帝时代在对外关系方面所面临的最为严重、最为困难的问题。汉武帝作为表现出非凡胆识的帝王，克服各种困难，发动了对于匈奴的反侵略战争。由于对战争主动权的牢固把握及其他复杂原因，汉抗击匈奴的战争后来又有了以征服匈奴为目的的性质。基于霍去病在河西的战功，汉武帝在休屠王、浑邪王故地设置酒泉（郡治在今甘肃酒泉）、武威（郡治在今甘肃武威）、张掖（郡治在今甘肃张掖西北）、敦煌（郡治在今甘肃敦煌西）四郡，从关东地区徙置数十万移民充实这

---

① 李约瑟著，王铃协助：《中国科学技术史》第 2 卷《科学思想史》，科学出版社、上海古籍出版社，1990，第 1 页。
② 〔清〕谭嗣同：《仁学·仁学一》二十九："悲夫，悲夫！民生之厄，宁有已时耶！故常以为二千年来之政，秦政也，皆大盗也；……"岳麓书社，2012，第 357 页。

一地区。河西地区的安定，不仅断绝了匈奴人与羌人的联系，同时使西北地方的开发进入了新的纪元，打通了中原文化与西域文化交往的通路。正如有的学者所指出的，这一举措，"不仅对于中国的历史，具有重大意义，即对于整个东方的历史，亦具有重大意义。"[1]随着汉与匈奴军事冲突的重心地域，由东而西，转移到西域方向。[2] 当时人们认为"西北"方向有提供创业机会的条件。可以博取富贵。[3]

从战国至秦汉，文化的同一趋势有行政力量"一法度衡石丈尺"以及"车同轨。书同文字"[4]的政策助力，形成了新的面貌。秦人特有的屈肢葬在汉武帝时代消失，说明民俗文化最顽固的葬俗方面所表现的区域个性也逐渐归于一统。汉代社会"大汉""皇汉""强汉"观念的形成，体现了以"汉"为标识的文化实体出现于世界东方。[5] 而中原文明的影响也向世界扩展。

"天马"远来的汉武帝时代，正是当政者积极开拓中西交通，取得空前成功的历史时期。新疆罗布泊地区出土的汉代锦绣图案中"登高明望四海"的文字，正体现了当时汉文化面对世界的雄阔的胸襟。

鲁迅曾经面对铜镜这样的文物盛赞汉代社会的文化风格：

---

[1] 张维华：《论汉武帝》，上海人民出版社，1957，第152页。
[2] 宋超：《汉匈战争三百年》，华夏出版社，1996，第63页。
[3] 周新：《论鄂城汉镜铭文"宜西北万里"》，《南都学坛》2018年第1期。
[4] 《史记》卷六《秦始皇本纪》，第239页。
[5] 王子今：《大汉·皇汉·强汉：汉代人的国家意识及其历史影响》，《南都学坛》2005年第6期；《"汉朝"的发生：国家制度史个案考察的观念史背景》，《中国史学》第18卷，日本朋友书店，2008。

"遥想汉人多少闳放,新来的动植物,即毫不拘忌,来充装饰的花纹。"鲁迅就汉唐历史进行总体评价:"汉唐虽然也有边患,但魄力究竟雄大,人民具有不至于为异族奴隶的自信心,或者竟毫未想到,绝不介怀。"鲁迅热情肯定当时民族精神的所谓"豁达闳大之风"。① 对于汉代艺术品质,鲁迅也曾经有"惟汉人石刻,气魄深沈雄大"②的评价。所谓"闳放"和"雄大",其实既可以看作对秦汉时期社会文化风格的总结,也可以看作对当时我们民族性格、民族精神的表述。

一个民族的精神风貌在不同的历史时期有所不同,这种变化往往也是与文化节奏的历史差异有关的。汉武帝生活的历史时期,社会有一种积极进取的时代精神。借用当时人的表述习惯,这种时代精神表现出"鼓"、"奋"③、"驰骋"④、"奔扬"⑤、"驰骛"⑥的节奏特征。汉武帝执政,用事四夷,以武力拓边,尚武之风益起,影响到社会生活节奏转而更为骤急。战国秦汉时期人们

---

① 鲁迅:《坟·看镜有感》,《鲁迅全集》第 1 卷,人民文学出版社,2005,第 208—209 页。
② 鲁迅:《书信·1935 年 9 月 9 日致李桦》,《鲁迅全集》第 13 卷,第 539 页。
③《史记》卷二四《乐书》:"鼓之以雷霆,奋之以风雨。"张守节《正义》:"万物虽以气生,而物未发,故雷霆以鼓动之,如乐用钟鼓以发节也。大雷曰霆。"裴骃《集解》:"郑玄曰:'奋,迅也。'"张守节《正义》:"万物皆以风雨奋迅而出,如乐用舞奋迅以象之,使发人情也。"
④《淮南子·修务》:"身若秋药被风,发若结旌,骋驰若骛。"高诱注:"骋驰,言其疾也。"何宁撰:《淮南子集释》,中华书局,1998,第 1367 页。通常或作"驰骋",如《史记》卷二三《礼书》,第 1173 页;《史记》卷六〇《三王世家》,第 2116 页;《史记》卷一一二《平津侯主父列传》,第 2957 页。
⑤《史记》卷一一七《司马相如列传》,第 3013、3017 页。
⑥《史记》卷一一七《司马相如列传》,第 3017、3051 页。

热心一种飞车竞驱的"驰逐"运动,《史记》卷二八《五宗世家》、《史记》卷六五《孙子吴起列传》、《史记》卷一二九《货殖列传》和《汉书》卷二七上《五行志上》、《汉书》卷六五《东方朔传》、《汉书》卷六八《霍光传》、《汉书》卷九八《元后传》等都有反映。① 被《淮南子·说林》称作"追速致远"②的这种追求高速度的竞技形式,为社会上下得以普及。③

汉武帝喜好亲手击杀熊和野猪,挽弓纵马,追逐野兽,也可以看作相关社会风尚的表现。而进取意识、务实态度、开放胸怀,也是秦汉时期社会文化的基本风格。当时的人们,比后来一些时代有更多的率真,更多的勇敢,更多的质朴,更多的刚强。而我们国民性中为近代激进学者所深恶痛绝的虚伪与懦弱,曲折与阴暗,在当时还并不明显。有人说,当时是中国文化的少年时代,是有一定道理的。

《太平御览》卷七七四引《汉武故事》记录了以"郎"的身份服务于宫廷的颜驷的事迹:"上尝辇至郎署,见一老翁,须鬓皓白。"此人名颜驷,江都人。"上问:公何时为郎,何其老也?对曰:臣文帝时为郎。上曰:何其不遇也?驷曰:文帝好文,而臣好武。景帝好老,而臣尚少。陛下好少,而臣已老。是以三世不

---

① 《史记》,第 2105、2162、3271 页;《汉书》,第 1335—1336、2855、2858、2950、4023 页。参看王子今:《战国秦汉"驰逐"竞技浅说》,《简牍学报》第 15 期,兰台出版社,1993。
② 《淮南子·说林》:"造父之所以追速致远者,非辔衔也。"第 1192 页。
③ 王子今:《两汉人的生活节奏》,《秦汉史论丛》第 5 辑,法律出版社,1992。

遇。"①汉武帝时代"好少",如果超越帝王个人情趣,理解为当时的社会习尚,可能也是适宜的。

而青年知识人的激进表现,使得"太学"成为"政治活动的中心"。有学者赞誉:"中国的知识青年第一次出现于政治斗争的前线的,便是东汉末的太学生。"②其实,吕思勉已经指出,"汉世""学校""风潮"始见于西汉晚期发生的王咸故事。③ 田昌五、安作璋也对这一历史事件有所关注。④ 汉哀帝建平四年(前3)"王咸举幡太学下","诸生会者千余人"⑤,也可以看作秦汉时代精神之历史表现的亮点。⑥

---

① 〔宋〕李昉等撰:《太平御览》,中华书局用上海涵芬楼影印宋本1960年2月复制重印版,第3433页。
② 翦伯赞:《秦汉史》,北京大学出版社,1983,第407—408页。
③ 吕思勉:《秦汉史》下册,上海古籍出版社,1983,第719页。
④ 田昌五、安作璋:《秦汉史》,人民出版社,1993,第486页。
⑤ 《汉书》卷七二《鲍宣传》,第3093页。
⑥ 王子今:《王咸举幡:舆论史、教育史和士人心态史的考察》,《读书》2009年第6期;《"王咸举幡"的"后文"》,《秦汉闻人肖像》,社会科学文献出版社,2011,第144—148页。

目 录

一 **序说秦汉时代** …………………………………… 1
   秦汉时期在中国历史中的地位 ………………………… 1
   秦汉历史进程的基本脉络 ……………………………… 5
   秦汉历史发展的地理环境和生态条件 ………………… 12
   秦汉政治史：事态百变，人才辈出，令人喜读 ………… 29

二 **秦的统一** ……………………………………… 31
   嬴政帝业的历史基础 …………………………………… 31
   蕲年宫之变 ……………………………………………… 34
   秦灭六国 ………………………………………………… 35
   秦帝国的疆域规模：南海与北河的扩张 ……………… 37
   "大一统"政体的奠基 …………………………………… 40
   秦的郡县制度 …………………………………………… 45

三　秦政的成败 ……………………………………… 50
《吕氏春秋》：历史转型期的文化总结与政治设计 ……… 50
皇帝制度和中央集权的行政体系 ……………………… 56
秦的交通建设 ……………………………………… 63
经济管理体制的军事化特征 ……………………… 66
"焚书坑儒"和"以吏为师" ……………………… 71
秦王朝关东政策的失败 ……………………… 78
沙丘政变 ……………………………………… 82
大泽乡暴动 ……………………………………… 85

四　楚汉春秋 ……………………………………… 89
六国旧贵族的复国运动 ……………………… 89
定陶之战：钜鹿之战 ……………………… 94
刘邦入关 ……………………………………… 96
从鸿门到鸿沟：智与力的较量 ……………………… 97
垓下决战与乌江悲剧 ……………………… 101
汉并天下 ……………………………………… 106

五　汉帝国的建立与巩固 ……………………… 111
汉初布衣将相之局 ……………………… 111
白登之围 ……………………………………… 113
吕后称制 ……………………………………… 114
司马迁写《吕太后本纪》 ……………………… 117
文景之治："无为"政治的成功 ……………………… 119

贾谊及其政治思想 ………………………… 126
"为富安天下"的局面 ……………………… 131
吴楚七国之乱 ……………………………… 134

六 汉武帝时代 …………………………………… 137
削藩事业 …………………………………… 138
"中朝"的形成 ……………………………… 139
十三州部刺史 ……………………………… 142
察举制度 …………………………………… 144
出击匈奴 …………………………………… 146
"初郡"的设置 ……………………………… 149
张骞"凿空" ………………………………… 152
中国古代文化史的英雄时代 ……………… 155
罢黜百家，表章《六经》 …………………… 159
统一货币与盐铁官营 ……………………… 165
均输与平准 ………………………………… 167
"算缗"和"告缗" …………………………… 169
晚年汉武帝与"巫蛊之祸" ………………… 170
轮台诏 ……………………………………… 173

七 昭宣中兴 ……………………………………… 177
钩弋故事 …………………………………… 177
霍光秉政 …………………………………… 179
海昏侯刘贺 ………………………………… 180

汉宣帝的平民生活经历与"中兴"事业的成功 …………… 182
　　　儒学与昭宣时代官员构成的变化 …………………………… 183

八　西汉末年的社会危机 ………………………………………… 187
　　　社会矛盾的尖锐化 …………………………………………… 187
　　　吏治的腐败 …………………………………………………… 190
　　　政情的恶化与经济的上升 …………………………………… 193
　　　赵飞燕秘闻 …………………………………………………… 194
　　　传行西王母诏筹：富有神秘主义色彩的民变 ……………… 196
　　　王咸举幡 ……………………………………………………… 197
　　　西汉末年的民众暴动 ………………………………………… 208

九　王莽和新朝的兴亡 …………………………………………… 210
　　　王莽改制 ……………………………………………………… 210
　　　分州定域 ……………………………………………………… 215
　　　东都规划 ……………………………………………………… 219
　　　郭钦的罪恶与王莽的褒奖 …………………………………… 221
　　　赤眉军和绿林军 ……………………………………………… 223
　　　新莽王朝的覆灭 ……………………………………………… 226

十　汉光武帝的政治成功 ………………………………………… 231
　　　刘秀的家族背景与文化资质 ………………………………… 231
　　　经营河北 ……………………………………………………… 232
　　　中原与关中的平定 …………………………………………… 234
　　　新的统一 ……………………………………………………… 237

光武儒臣集团 ·········· 239
　　河南帝城，南阳帝乡 ·········· 241
　　建武政风："以柔道""理天下" ·········· 244
　　"东西南北自在也" ·········· 250
　　伏波将军马援南征 ·········· 253

十一　东汉中期的经济水准与政治风格 ·········· 255
　　豪强的兴起 ·········· 255
　　豪强势力的根基：田庄经济 ·········· 259
　　门生故吏的政治群党关系 ·········· 264
　　经学世族：学术群体与政治集团 ·········· 267
　　门阀大族的社会影响 ·········· 268
　　外戚和宦官对政治中枢的交替控制 ·········· 269
　　太学清议 ·········· 274
　　党锢之祸 ·········· 276
　　"党人"的光荣 ·········· 278
　　北匈奴败退 ·········· 281
　　西边的"羌乱" ·········· 283
　　乌桓与鲜卑 ·········· 287
　　南方"蛮越"文化 ·········· 290
　　班超定远 ·········· 294

十二　经济格局的变动与政治地理重心的换移 ·········· 297
　　山西和山东：盛与衰的转换 ·········· 297

　　　　从卑湿之贫国到富足之乐土 …… 307
　　　　由北而南的移民热潮 …… 310
　　　　两汉之际的南向移民 …… 311
　　　　东汉晚期北方民众"流入荆州""避乱扬州" …… 313
　　　　气候变迁与经济文化重心向东南方向的转移 …… 315
　　　　岭南经济文化的进步 …… 318

十三　东汉王朝的衰亡与"光和末，黄巾起" …… 324
　　　　汉末黑暗政治 …… 324
　　　　灾变与空前规模的流民运动 …… 326
　　　　民间秘密宗教 …… 328
　　　　黄巾一时俱起 …… 331
　　　　军阀战争 …… 334
　　　　汉末强势军事集团对黄巾理念的继承 …… 343

十四　秦汉社会的文化风貌 …… 346
　　　　儒风的流布 …… 346
　　　　佛教的传入 …… 357
　　　　游侠的社会文化影响 …… 360
　　　　人口流动和文化交融 …… 368
　　　　秦汉人的乡土意识与外域文化观 …… 382
　　　　汉代的私学 …… 391

附录：秦汉世系表 …… 397
后记 …… 399

一 序说秦汉时代

从公元前221年至公元220年,是秦王朝和汉王朝统治的历史阶段。在两汉之间,又有王莽新朝的短暂统治。

秦汉时期,在中国历史进程中具有特别值得重视的意义。

从秦始皇实现统一至曹丕代汉,在这近五个世纪的历史阶段内,中国文明的构成形式和创造内容都有重要的变化。秦人汉人以黄河流域、长江流域和珠江流域为主要舞台,进行了生动活跃的历史表演,同时推动了中华民族历史文化突出的进步。

秦汉时期的文明创造和文明积累,在中国历史上有非常重要的地位。当时的文化风貌和时代精神,对中国此后两千年的文化传统的形成和历史演进的方向都有非常深刻的影响。

秦汉时期在中国历史中的地位

秦汉时期的历史特征主要表现为:

(一)高度集权的"大一统"的政治体制基本形成,并且经历了多次社会动荡的历史考验而愈益完备。

（二）以农耕经济和畜牧经济为主，包括渔业、林业、矿业及其他多种经营结构的经济形态走向成熟，借助交通和商业的发展，各基本经济区互通互补，共同创造百业繁荣，共同抵御灾变威胁，物质文明的进步取得了空前的成就。

（三）秦文化、楚文化和齐鲁文化等区域文化因子，在秦汉时期经长期融会，形成了具有统一风貌的汉文化。以儒学正统地位的建立和巩固为突出标志的适应专制主义政治的文化建设所取得的划时代的成就，也对后来的历史产生了规范化的影响。

这一时期我们民族对于世界文明进步的贡献，有光荣的历史记录。

司马迁所著《史记》，记述了从传说中的黄帝到汉武帝时代的历史，保留了关于秦代历史和西汉前期历史的许多重要的资料。司马迁历史观的人民性，对中国史学传统的积极内涵有正面的影响。

《汉书》是《史记》之后的又一部史学名著。班固的父亲班彪作《后传》数十篇，准备将《史记》续写到西汉末年为止。班固继承父业，用了二十余年时间，完成了这部记述西汉历史的史学专著的绝大部分。

《汉书》是中国第一部完整的断代史。《汉书》的《百官公卿表》《刑法志》《地理志》《艺文志》等，是《史记》中所没有的。但是班固生活在儒学确立了文化统治地位的东汉时期，历史观受到儒家正统思想的影响，以致《汉书》的历史批判精神较《史记》逊色。尽管如此，由于这部史书选材精当，记述翔实，描写生动，更由于所记录的历史对象本身的丰富多彩，《汉书》在文化史中始终占有很高的地位。

在"二十四史"中，司马迁的《史记》和班固的《汉书》位列最先，历来被看作史学最重要的经典。在以后的二十二部正史里，多可看到帝王和他们身边的将相们阅读《汉书》、讨论《汉书》的故事。

《三国志·吴书·孙登传》记载，孙权希望孙登读《汉书》，以"习知近代之事"，曾经令张休从张昭受读，然后再转授孙登。《三国志·吴书·吕蒙传》裴松之注引《江表传》说，孙权以自己研习"三史"，大有所益的经验，在建议吕蒙读书时，所列应当"急读"，也就是应当首先尽早阅读的书目中，也包括"三史"。这里所说的"三史"，就是《史记》《汉书》和《东观汉记》。

《旧唐书》和《新唐书》都记载了隋末农民起义的领袖人物李密少年时出行，骑在牛背上阅读《汉书》的故事。《旧唐书·李密传》写道，李密"乘一黄牛，被以蒲鞯，仍将《汉书》一帙挂于角上，一手捉牛靷，一手翻卷书读之"。越国公杨素行路相逢，见此大为惊异，乘马追行，感叹道："何处书生，耽学若此？"又问所读书，李密回答说："《项羽传》。"于是杨素大为爱重。《新唐书·李密传》也写道："以蒲鞯乘牛，挂《汉书》一帙角上，行且读。"这一情节流传久远，于是明末清初的著名学者顾炎武所作《蓟门送李子德归关中》诗中有"常把《汉书》挂牛角，独出郊原更谁与？"的名句。

宋人龚明之《中吴纪闻》卷二有"苏子美饮酒"一节，说到苏舜钦《汉书》下酒的故事："子美豪放，饮酒无算，在妇翁杜正献家，每夕读书以一斗为率。正献深以为疑，使子弟密察之。闻读《汉书·张子房传》，至'良与客狙击秦皇帝，误中副车'，遽抚案曰：'惜乎！击之不中。'遂满引一大白。又读至'良曰：始臣起下邳，与上会于留，此天以臣授陛下。'又抚案曰：'君臣相遇，其难如此！'复举一大白。正献公闻之大笑，曰：'有如此下物，一斗诚不为多也。'"说苏舜钦每晚读书，都要饮一斗酒，岳丈杜衍心存疑惑，派人私下察看。发现苏舜钦读《汉书·张良传》，每有感慨，就饮一大杯。杜衍听说，笑道：有这样的下酒物，饮一斗实在并不算多啊。明人吴从先《小窗自纪》也提到这一故事，并且以其他史书和《汉书》比较："苏子美读《汉书》，以此下酒，百斗不足多。余读《南唐书》，一斗便醉。"苏舜钦饮酒读《汉书》的事迹，也可以说明《汉书》相当普遍的文化影响和不同寻常的历史魅力。此后，"《汉书》下酒"竟然成了著名的典故。清代著名剧作家孔尚任在《桃花扇》第四出《侦戏》中就曾经写道："且把抄本赐教，权当《汉书》下酒罢。"《宋史·刘奉世传》说，刘奉世不仅"优于吏治"，而且"文词雅赡，最精《汉书》学"。可见，《汉书》的研究，很早就已经吸引、集中了诸多文学之士的意趣与才智，形成了学界瞩目的一门学问。

　　正是因为秦汉时期历史文化贡献的丰富，使得"秦"和"汉"，"秦人"和"汉人"，都长期成为代表我们国家、我们民族的公认的文化符号。

秦汉历史进程的基本脉络

经过战国时期多年的兼并战争之后，强大的秦国在公元前221年，即秦王嬴政即位的第二十六年实现了统一。

以咸阳为都城，以关中作为统治重心的秦王朝，建立了大一统的高度集权的专制主义统治。其政治体制的构成，对此后两千余年的历史有重要的影响。

秦王朝建立后，即面临着管理天下经济运行的任务。据《史记·秦始皇本纪》记载，秦始皇期望经济发展的合理化，在谋求"男乐其畴，女修其业"，即民众都积极倾力于社会生产的基点上，形成新的经济秩序，并且以此为保证，使得农耕得以发展，社会得以富足，实现民众的富裕和产业的增殖。

秦王朝在全新的历史条件下带有试验性质的经济管理形式，是值得重视的。秦时由中央政府主持的诸多规模宏大的土木工程的规划和组织，表现出经济管理能力的成熟。秦王朝的经济制度多具有创新的意义，然而在施行中，有积极的作用，也有消极的作用。

秦王朝经济管理的军事化体制，其极端苛急的政策倾向，以及不合理的区域经济方针等方面的弊病，为后世提供了重要的历史教训。

秦王朝的专制统治表现出高度集权的特色，其思想文化方面的政策也具有与此相应的风格。秦王朝虽然统治时间不长，但是所推行的文化政策却在若干方面产生了相当深远的历史影响。

秦始皇统治末年，因组织战争和土木工程频繁征发民众服事苛重的徭役。大规模的徭役调发，使正常的经济环境和生产秩序受到破坏，民众承受着极沉重的负担。

秦始皇去世之后不久，秦王朝的统治阶层内部发生政治危机，日益激化的社会矛盾终于导致了规模空前的大动乱。秦二世没有能力稳定政局，其执政集团的核心又发生变乱，秦二世本人被赵高派人刺杀。秦王朝在人民反抗的浪潮中走向崩溃。

秦亡之后，反秦联军中实力最为强大的项羽军事集团把握了关中形势，主宰了各派政治势力的权力再分配。项羽号称"西楚霸王"，分封十八诸侯，重新规划了新的政治格局，然而没有能够全面控制天下政局，诸侯纷争的战火重新燃起。

稳健多谋的政治家刘邦取得关中作为根据地，又得到诸多猛将能士的拥戴，终于战胜项羽，建立了汉王朝，定都长安，史称"西汉"。

西汉初年，政治形势依然复杂，经济条件异常落后，外族威胁空前严重。刘邦和他的功臣集团排除诸多困难，努力使西汉政权得以稳定。

刘邦去世后，西汉王朝又经历了吕后专政的时代，随后进入汉文帝刘恒和汉景帝刘启当政的文景时期。

文景两代三十九年间，政局稳定，经济得到显著的发展，历来被看作安定繁荣的盛世的典型，史称"文景之治"。

从社会经济、文化进步的总历程看，文景时代的成就，使秦以来的历史由急峻渐而宽和，由阴暗转向光明。

汉武帝在位五十四年，是中国古代统治年代比较长的帝王。

汉武帝时代，西汉王朝开始进入全盛时期。

作为胸怀雄才大略的政治家，汉武帝的政治思想与政治实践在历史上留下了深刻的足迹。汉武帝时代，以汉族为主体的统一的多民族国家得到空前的巩固，汉文化的主流形态基本形成，中国开始以文明和富强的政治实体和文化实体闻名于世。班固在《汉书·公孙弘卜式兒宽传》最后以"赞曰"的形式评价，以为这一历史阶段"兴造功业，制度遗文，后世莫及"。

汉武帝时代是英才荟萃的时代。文学、史学、哲学、政治学、经济学、军事学等文化构成，在这一时期都有繁盛丰实的创造性的成果。当时的西汉帝国以其精神文化和物质文化的辉煌成就成为东方文明的骄傲，在林立于世界的不同文化体系之中居于领先的地位。

汉武帝时代的政治体制、经济形式和文化格局，对后世都有相当重要的历史影响。

汉武帝之后，西汉王朝经历了史称"昭宣中兴"的阶段，社会经济得以恢复并且表现出一种繁荣气象。

此后汉元帝、汉成帝、汉哀帝、汉平帝当政的时期，社会矛盾日益深刻，政治危局已经无可挽回。后世历代专制王朝走向衰落时的各种社会弊病，这时都已经逐步显露出来。不过，元成哀平时代至西汉终亡五十六年间，虽然政治腐败昏暗，经济水准依然在上升。

西汉帝国历经二百余年的经营，至于晚期，虽然政治昏乱，民众多有怨愤之心，但当时社会经济仍然有突出的发展。汉成帝时代，百姓没有因战争导致的危难和劳苦，天下号为安乐。汉哀帝时代，百姓富裕的程度虽然不能和文景时代相比，然而当时天下户口最盛，已经引起了史家的注意。王莽执政之初，继承了汉王朝承平之业，一时天下和平，边境和平，国家储备充足，社会也比较安定。

汉平帝元始二年（2）的户口数，是中国现存最早的全国户口统计数据。这一数字包括西汉王朝设置郡县，直接统治地区的户口总数：一百二十三万三千零六十二户，五千九百五十九万四千九百七十八口。这一数字尽管也难免有虚报或隐漏的成分，但还是公认的现存历代户口数中最精确的数字之一。西汉后期人口增衍的高峰，也可以说明当时的经济水平。

王莽在西汉末年复杂的贵族宗派斗争中，以外戚身份运用矫情伪饰的手段取得高位，后来成为新朝的皇帝。

王莽在六十八年的生涯中，进行了非同寻常的政治表演。他的人生轨迹和两汉之际社会大变乱的历史相叠合，他的政治努力大都导致了惨重的失败。于是对于王莽的评价，历来争议纷纭。

王莽是中国政治史上的一个特殊人物，王莽专政的时期，是中国政治史上的一个特殊的时期。为了缓和日益激化的社会矛盾，王莽进行了政治、经济、文化制度等多方面的改革。王莽的政治实践以失败告终，随后爆发的全国性的民众起义推翻了新朝政权。

刘秀出身刘姓皇族，便于利用民间出于正统政治观念而向往恢复汉王朝统治的心理倾向，又依恃其文化素养和政治智慧的优越，逐步集结并壮大了自己的政治势力，终于在西汉末年的社会大动乱中一一战胜各个或强或弱的武装政治集团，建立起东汉王朝，实现了新的统一。历史迈进到公元初年，文化形态和社会风貌都发生了若干变化。两汉政治风格和文化风格都有所不同。东汉时期与西汉时期相比较所体现出的历史演变，在刘秀创立帝业的时代就已经略见端倪。

东汉时期，政治形势和社会关系发生了新的变化。

汉光武帝刘秀创立帝业，是在与民间兼有才识和资产的实力集团合作的基础上实现的。这些史称"豪强"的代表人物，如赵翼《廿二史札记》卷四"东汉功臣多近儒"条所说，"皆有儒者气象"。这种强势民间力量的发育，与西汉后期以来儒学普及的文化背景有关。自刘秀起，以"柔道"行政，历朝的妥协，又使豪族势力得以扩张。于是在东汉历史文化的大舞台上，世家大族成为表演的主角之一。这一社会势力往往既可以在民间横霸地方，又可以在朝中握有重权。他们有广泛的文化影响，有些在地方也积聚了强劲的武装实力。

东汉时期，官僚士大夫形成了有影响力的政治集团，门阀大族盘根错节，成为具有特殊地位的阶层。

在当时的政治生活中，"清议"之风的兴起和"党锢"的发生，也是具有时代特色的历史文化现象。

外戚和宦官轮番把握最高政权，是从东汉开始出现的情形。外戚集团和宦官集团的阴谋斗争，使东汉政治史的画卷被涂染上昏暗的色调。

东汉时期农耕生产的水平较西汉时期有所提高。北方地区出土的东汉时期的铁制农具，数量大大超过西汉。便于中耕的曲柄锄和便于收获的大镰的出现，说明生产技术已经有所进步。以往回转不便,而且使用两头牛的耦犁(二牛抬杠),东汉时,在某些地方已经被比较轻便的一牛挽犁所取代。这种先进的耕作形式便于牛耕的普及,也有利于山地的开垦。牛耕和铁铧犁在原先经济比较落后的淮河地区及一些边远地区得到推广。蚕桑业在南方的普及,也是东汉经济进步的标志之一。

修治黄河的成功,对于促进东汉前期经济恢复和发展作用极大。王景治河,基本解除了水患,使黄泛地区广大的土地得以重新耕种。东汉时期,其他地区修筑的水利设施还有许多。

农耕生产的进步,使得农产品的亩产量有所提高。《后汉书·张禹传》李贤注引《东观汉记》说:"垦田四千余顷,得谷百余万斛。"每亩产量在二至三斛之间。仲长统《昌言》说到当时农田的平均产量,大致为"亩收三斛",大约合每亩产粟二百八十一市斤。这一数字较《汉书·食货志上》所谓"岁收亩一石半"的一般情形,显然有较大的增长。

通过考古发现所看到的各地东汉遗存中多有铁制农具、兵器和其他生活日用品,说明铁器的使用已经普及到社会生活的各个领域。东汉的漆器远销域外。东汉丝织品的质量较西汉时期也有所提高。从东汉画像砖的有关画面可以看到,巴蜀地区当时已经在利用火井煮盐。

东汉时期经济形势最突出的历史特征,是在各个经济区普遍得到发展的背景下,全国的经济重心开始东移。而江南地区的开发,是实现这一历史转折的重要条件。

东汉初年起,匈奴一部分部落逐渐移入塞内,称南匈奴。南匈奴与东汉王朝建立了和睦的关系,甚至以军事力量协助汉守边。在其北部的北匈奴则时常侵扰汉境,还胁迫西域诸国对抗汉王朝。

汉明帝时,汉王朝远征军数次出击北匈奴,转战至西域地区和蒙古高原。北匈奴被迫远徙西北。其故地逐渐为鲜卑族占据。

汉军和北匈奴作战时,派遣班超出使西域。班超在西域活动近三十年,取得成功,使西域诸国重新内属。班超又曾经派遣甘英出使大秦国,西行至波斯湾,因海路辽远、航程艰辛而东归。后来,大秦王的使节来到洛阳,罗马帝国和东汉王朝两个大国,东方和西方两个文化系统,于是有了正式的直接接触。

聚居于今青海甘肃地方的羌人,不断和东汉王朝发生武装冲突。东汉王朝和羌人的战争持续达四十年之久。

东汉时期复杂的民族关系,反映了当时辐射力极强的汉文化与周边各民族文化相互交融的历史过程。

东汉后期,政治黑暗,权争激烈,当朝的决策集团和各级行政结构都陷于无可救药的腐败。豪强集团在社会生活的各个层面扩张势力,下层民众的苦难日益加重。天灾频仍,疾疫流行,赋役苛重,使农耕经济的正常生产秩序遭到严重破坏,大批农民被迫流亡求生。

流民暴动兴起于各地,规模越来越大,影响幅面遍及全国的以"黄巾"为标识的民众暴动使东汉王朝的统治最终走向彻底的崩溃。

在东汉末年的社会大动乱中,曹操集团、刘备集团和孙权集团逐步扩张自己的实力,各自剪灭异己,逐步在局部地域实现了相对的安定,形成了魏、蜀、吴三国鼎立的局面。

秦汉历史发展的地理环境和生态条件

　　地理环境是人类社会发展的基本条件。生产力水平越低，地理环境对社会发展的制约作用更为显著。马克思曾经写道："外部自然条件在经济上可以分为两大类：生活资料的自然富源，例如土壤的肥力、渔产丰富的水，等等；劳动资料的自然富源，如奔腾的瀑布、可以航行的河流、森林、金属、煤炭，等等。在文化初期，第一类自然富源具有决定性的意义；在较高的发展阶段，第二类自然富源具有决定性的意义。"秦汉时期，各个地区经济和社会发展很不平衡，但总的说来，生活资料的自然富源比起劳动资料的自然富源来，对于经济发展所起的作用更为突出。

　　虽然早在史前时期，长江中下游已经形成了相当发达的农业经济文化区和自有特色的农业体系，但是从商周到秦汉，黄河流域的经济和社会发展，却领先于长江流域。其原因，除了南北两个地区生产工具的使用，生产技术的传播，以及人口密度都有所不同之外，也与气候、地质、地形、水文、生物、土壤等自然条件的差异有一定关系。长江中下游气候炎热潮湿，《史记·货殖列传》说："江南卑湿，丈夫早夭。"生活环境恶劣，导致了人口构成中的主要劳动力过早死亡。又由于湖泊沼泽密布，在生产工具比较原始的条件下，开发起来反而比黄河流域的黄土高原和黄土冲积平原更为困难。特别是在气候总体形势偏向潮湿温暖的情况下，其有利于灌溉的优势并不突出。《史记·货殖列传》又说，在长江流域使用较为低下的生产手段,就可以取得生活资料的基本满足,"楚越之地,地广人希,饭稻羹鱼,或火耕而水耨,果隋蠃蛤,不待贾而足,地埶饶食,无饥馑之患,以故呰窳偷生,无积聚而多贫"。司马迁的描述,指出了长江中下游地区经济生活中渔猎采集仍占较大比重的情形。正因为如此,其社会经济带有原始性的特征。直到东汉后期,由于诸种自然因素和社会因素的作用,长江中下游的经济开发才进入了新的历史阶段。

秦与西汉时期,北边的垦荒运动使农业和游牧业的区界向北推进。西南夷地区的开发,也取得了新的历史成就。秦汉文化发育的地理空间,东至海上,北抵沙漠,西上高原,南逾所谓"北向户"地方,即北回归线以南,较前代有明显的扩大。

秦汉时期的地理景观,与现今有显著的不同。当时,森林草原的覆盖率当远远高于现代。即使在人文创造相当丰富、文明积累相当长久的关中地区,如张衡《西京赋》所记述,草木炽盛,泱漭无疆,林麓之饶,应有尽有。

地理环境在历史时期的变化,相对于经济和社会发展来说要缓慢得多。但这种变化有时也会因人为因素的作用而变得十分明显。例如人们对黄土高原森林植被的破坏,造成水土的严重流失。黄河带来的大量泥沙淤高了河床,下游就容易决口改道,从而使地貌也发生了很大变化。秦汉时期,黄河多次泛滥。洪水和泥沙吞没了大片的农田和众多村落,使土地沙碱化,改变了原来湖泊沼泽的布局。黄河的来水来沙还使得海岸也发生变化。据有的学者研究,王莽始建国三年(11),黄河改道由千乘(今山东高青北)入海之后,经过四百多年,渤海湾的海岸向外有较大的推展。①

总结秦汉社会历史进步的诸种条件，不能忽视生态环境的作用。

考察秦汉时期历史发展的生态条件，可以发现，秦汉时期的总体生态状况与现今有所不同，秦汉时期各个地域间的生态状况有所差异，秦汉时期前后四百余年间的生态状况也有所变化。

导致经济、文化、历史背景发生若干变化的生态因素，又称作生态因子，即影响生物的性态和分布的环境条件，大致可以区分为：（一）气候条件，（二）土壤条件，（三）生物条件，（四）地形条件，（五）人为条件。

影响秦汉这一历史时期经济形势的生态因素，应当说大致以气候条件和人为条件为主。气候条件和人为条件的影响，有时也对土壤条件、生物条件和地形条件发生作用。

气候条件对于以农业为主体经济形式的社会，显然是经济进程中至关重要的因素。这一条件对于社会生活的全面影响，也是不容忽视的。

许多资料可以表明，秦汉时期的气候条件确实与现今不同，在两汉之际，又发生了由暖而寒的历史转变。

西汉时期，关中地区有繁茂的竹林，与现今的自然植被景观形成强烈的对照。司马迁《史记·货殖列传》说，拥有"渭川千亩竹"者，经济地位可以相当于"千户侯"，而以"竹竿万个"为经营

---

① 参看中国科学院《中国自然地理》编辑委员会：《中国自然地理·历史自然地理》，科学出版社，1982。

之本者,也可以和所谓"千乘之家"并列。据《汉书·地理志下》,当时关中因竹林及其他资源富足,有"陆海"之称,被看作九州中最富饶的"膏腴"之地。《汉书·东方朔传》也说,当时人曾以关中有"竹箭之饶",而称之为"天下'陆海'之地"。《汉书·景武昭宣元成功臣表》记述,杨仆因身为将军在远征朝鲜的战争中表现畏懦,以竹材二万竿,方得以赎罪。这一史实,也说明当时关中曾经生长经济价值较高的竹种。司马相如奏赋描述关中风景,有"览竹林之榛榛"的词句。班固《西都赋》赞美关中地区的自然条件,也写道:"源泉灌注,陂池交属,竹林果园,芳草甘木,郊野之富,号为近蜀。"西汉薄太后南陵二十号从葬坑中发现大熊猫头骨,或许也可以看作当时关中地区竹林繁茂的例证之一。不仅关中竹林之丰饶负有盛名,当时的黄河中下游地区大体都属于同样的植被类型。司马迁在《史记·货殖列传》中分析各地出产,"竹"居于山西物产前列,却不列于江南物产之中,说明当时黄河流域竹的分布,对于社会经济的意义甚至超过江南。

《史记·河渠书》记载,汉武帝发卒数万人塞黄河瓠子决口,曾经亲临现场指挥,因为薪柴缺少,下令伐取淇园之竹充作河工桩柱。《后汉书·寇恂传》说,汉光武帝北征燕、代,也曾经伐淇园之竹,制作了数百万箭矢。《后汉书·郭伋传》写道,东汉初,郭伋任并州牧,到西河美稷,有童儿数百,各骑竹马,道次迎拜。美稷,地在今内蒙古准格尔旗西北。现今华中亚热带混生竹林区的北界,在长江中下游地区,大致位于长沙、南昌、宁波一线。而华中亚热带散生竹林区的北界,则大致与北纬35°线重合。而当时竹类生长区的北界,已几近北河今天沙漠地区的边缘。

晋人戴凯之《竹谱》写道："质虽冬蒨，性忌殊寒，九河鲜育，五岭实繁。"说竹类虽然是冬青植物，其性仍然畏寒，所以北方少有，而繁生于南方。竹类作为喜温湿的植物，其生长地域的分布可以说明当时的气候条件。

作为根据气候条件决定农时的农事规范，二十四节气的次序在秦汉时期曾经发生过变化。现今二十四节气中"雨水—惊蛰"的次序，在汉代起初是"惊蛰—雨水"。这说明在当时的气候条件下，初春气温回升至于冬季蛰伏的动物开始活动的时日，要较后世为早。据《汉书·律历志下》所列二十四节气和相应星度的关系，可以知道现今二十四节气中"清明—谷雨"的次序，在汉代起初是"谷雨—清明"。

多年科学考察所获取的资料，许多也可以作为秦汉气候史研究的实证。

主要根据我国东部平原及海区构造沉降量的估算所绘制的中国东部的海面升降曲线表示，距今两千年前后，海面较现今高两米左右。海面升降是气候变迁的直接结果。根据植被、物候等资料试拟的华北平原古气温曲线，表明当时气温大约高于现今1℃。根据同类资料试拟的上海、浙北古气温曲线，表明当时气温大约高于现今2℃。根据海生生物群试拟的东海与黄海古水温曲线，表明当时东海和黄海水温大约高于现今3℃。①

根据孢粉资料分析北京地区植物群的发展，可知在距今约五

---

① 王靖泰等：《中国东部晚更新世以来海面升降与气候变化的关系》，《地理学报》1980年第4期。

千年至三千年的历史阶段，北京曾经进入气候温暖期，而至于距今两千年至一千年，则进入一次气候干温时期，湖沼有所消退，出现了以松为代表的森林草原。①

通过对沪杭地区具有代表性的钻井岩芯所做的全新世沉积孢粉组合的分析，研究者将全新世以来的气候史划分为四个凉期和四个暖期。与秦汉时期相应的阶段为：第三暖期，距今二千五百年，气候温暖湿润；第五凉期，距今二千年至一千六百五十年，气候温凉。②

对照现今昆明地区暖季气温不高的情形，研究者推断汉代昆明八月气温将近 27℃，极端最低平均气温在 21℃ 上下，分别比现今高 8℃ 与 11℃。③

秦汉时期长江以南的洞庭湖、鄱阳湖、太湖等，水面都在扩大。④

科学工作者处理青海湖沉积物资料绘制的青海湖区距今两万年以来的气候变化曲线，也显示距今两千年前后气候转而温暖，不久后又趋于寒冷的情形。⑤

自汉武帝时代起，史籍已经多见关于气候严寒的记录。如

---

① 孔昭宸等：《北京地区距今 30000—10000 年的植物群的发展和气候变迁》，《植物学报》1980 年第 4 期。
② 王开发等：《根据孢粉分析推论沪杭地区一万多年来的气候变迁》，《历史地理》创刊号，上海人民出版社，1981。
③ 刘恭德：《近两千年昆明地区八月气温变化的分析》，载《全国气候变化学术讨论会文集（1978 年）》，科学出版社，1981。
④ 中国科学院地理研究所等：《长江中下游河道特性及其演变》，科学出版社，1985。
⑤ 黄麒：《青海湖沉积物的沉积速率及古气候演变的初步研究》，《科学通报》1988 年第 22 期。

《汉书·武帝纪》记载,元光四年(前131)夏四月竟然降霜,致使草本植物冻杀。元狩元年(前122)十二月的大雨雪,致百姓有冻死者。元鼎二年(前115)三月,降暴雨暴雪。元鼎三年(前114)三月气温仍然在零下,四月依然降雪,关东十余郡人相食。《西京杂记》卷二说,元封三年(前108),天大寒,雪深五尺,野鸟兽皆死,三辅地区民众冻死者多至百分之二三十。

自西汉末年到东汉初年,有关严寒的历史记载更为集中。

《汉书·五行志中之下》说,汉元帝永光元年(前43)三月降霜冻伤桑树,九月又降霜使农作物大面积冻死,以致"天下大饥"。建昭二年(前37),齐楚地方大雪,积雪深达五尺。

王莽时代严重低温的气候反常记录更为频繁。例如,《汉书·王莽传中》记载,天凤三年(16)二月大雨雪,关东地区灾情尤为严重,积雪深者至于一丈,竹柏多有冻枯者。《汉书·王莽传下》又记载,天凤四年(17)八月竟然发生所谓"大寒"的气候异象,"百官人马有冻死者"。

东汉初年,仍然多见严寒的历史记录。据《后汉书·郑兴传》记载,建武七年(31)"正月繁霜"之后连续严寒近三个月,直至"孟夏"之时。《续汉书·礼仪志中》刘昭注补引《古今注》说,永平元年(58)六月乙卯"白幕皆霜"。乙卯日为六月三十日,即公元58年8月8日,这一极端初霜记录早于现今洛阳地区平均初霜日竟达八十二日。① 据《北堂书钞》卷七九引《录异传》,大致在公元

---

① 据1962—1982年间洛阳自然历,平均初霜日为10月29日,最早初霜日为1981年的10月10日,最晚初霜日为1977年的11月16日。见何光祥:《河南省洛阳的四季划分与自然历》,《中国自然历选编》,科学出版社,1986。

1世纪60年代,洛阳曾经有"大雪积地丈余"的情形。

在公元前50年至公元70年这一百二十年间,有关气候异常严寒的记载多达二十余起。元、成时代较为集中的二十三年中计六起。王莽专政时最为集中的十年中,大约七年都发生严寒导致的灾害。除了《东观汉记·世祖光武帝纪》所谓王莽末年至汉光武帝建武四年(28)间天下连年遭受霜灾而外,汉光武帝及汉明帝在位时关于严寒的记载也可见六起。

此后,汉章帝建初八年(83)至元和元年(84)前后,又有如《后汉书·韦彪传》所谓"盛夏多寒""当暑而寒"等气候极端异常的记载。东汉中晚期,更多见大暑季节而"寒气错时"①,以及"当温而寒"②,"当暖反寒,春常凄风,夏降霜雹"③等以严寒为特征的异常气候记录。当时最为突出的气候异象,是由各种征候表现的持续低温。《续汉书·五行志二》列举了这样两则关于冬、夏两季气候异常的典型史例,汉灵帝光和六年(183)冬,大寒,北海国(首府在今山东昌乐西)、东莱郡(郡治在今山东龙口东)、琅邪国(首府在今山东临沂北)等地井中积冰厚度甚至超过一尺。汉献帝初平四年(193)六月,虽然正当夏季,然而寒风如冬时。

如《后汉书·襄楷传》所说,气候每遇"大寒",往往使鸟兽鱼鳖都因此致死,致使竹柏这样的耐寒植物也往往"叶有伤枯",于是黄河流域秦及西汉时代繁茂的竹林遭到破坏。《水经注·淇水》

---

① 《后汉书·陈忠传》。
② 《后汉书·郎𫖮传》。
③ 《后汉书·寇荣传》。

在说到汉武帝塞决河斩淇园之竹木以为用,以及汉光武帝时伐竹淇川治矢百万以输军资之后又指出,现在"通望淇川",竟然已经"无复此物"了。

秦汉时期的水资源条件也与现今不同,根据历史水文资料,研究者认为秦及西汉时期的气候条件是致使长江水位上升的因素之一,当时长江以南的洞庭湖、鄱阳湖、太湖等,水面都在不断扩大。

当时黄河流域的湖泊,数量和水面也都曾经达到历史的高峰。

据《三辅黄图》卷四《池沼》记载,仅长安附近,就有周文王灵沼、昆明池、镐池、沧池、太液池、唐中池、百子池、初池、糜池、牛首池、蒯池、积草池、东陂池、西陂池、当路池、大壹池、郎池、少府飞外池、秦酒池、影娥池、琳池、鹤池、冰池等。虽然其中有些是人工湖,但水面的密集和广阔,显然与我们现今所看到的当地地理面貌不同。以位于长安西南的昆明池为例,《汉书·武帝纪》和《汉书·食货志下》都有关于汉武帝元狩三年(前120)组织昆明池工程的记载,或称"穿昆明池",或称"作昆明池",或称"修昆明池"。昆明池虽然一般都认为是人工湖,但是号称周回四十里的规模,不是短期之内可以完工的。《汉书·五行志中之上》说,元狩三年夏,当大旱之时,开工穿昆明池。"大旱"发工的说法,暗示昆明池址原先可能已有积水。据推断,工程的主要内容是修筑堰堤。也就是说,昆明池,其实并不是严格意义上的人工湖。

《周礼·夏官·职方氏》关于雍州地形,说到有名为"弦蒲"的泽薮。《汉书·地理志上》"右扶风汧县"条下也写到"北有蒲谷乡弦中谷，雍州弦蒲薮"。昆明池和规模相当大的弦蒲泽，以及关中当时众多的湖泽，后来都已堙涸不存。

事实上，当时黄河流域的大泽，今世都已经难寻旧迹。《国语·周语下》有所谓"陂障九泽，丰殖九薮"。"九泽""九薮"，都是说九州的九大湖泊。其名称与所在，古籍记载不一。一般以为九大湖泊中，七处均在北方。汉代人甚至有说"九泽"就是特指北方湖泊的。《淮南子·时则》也有"北方""九泽"的说法。然而后来这些大泽大都在北方土地上消失了。

以所谓"九薮"位于关中地区者为例，战国至于秦汉，诸说略有不同。《吕氏春秋·有始》说秦之"阳华"是"九薮"之一。后来《淮南子·地形》及《尔雅·释地》也都沿承了这一说法。但是"阳华"地望却不能明确。《吕氏春秋》成书于秦地，因而列于"九薮"之中的"秦之'阳华'"的历史存在，大致是没有必要怀疑的。但是，东汉博闻学者许慎、郑玄、应劭、高诱，以及西晋大学问家杜预、郭璞等，都已经弄不清楚《吕氏春秋》成书前后规模超过"弦蒲"的这一作为秦地湖泊之首的泽薮的方位了。很可能在东汉中期前后，这个湖泊就完全堙灭了。

北方湖泊的缩小和消失，绝不仅此一例。应劭在《风俗通义·山泽》中对《尔雅·释地》"十薮"进行说明时写道，今汉有九州之薮，然而，其中一薮推求未得其处。这就是青州之薮称作"孟诸"的，应劭已经"不知在何处"。湖泊逐渐淤涸成为平地，是历史时期惯见的地貌变迁形式，而秦汉时期如"阳华薮"这种迅速消失的情形，尤其引人注目。

北方湖泊面积的缩小，作为生态环境变化的表现之一，应当受到重视。分析这种变化的原因，不能忽视人为因素的作用。

当时，农耕经济的发展，刺激了垦荒事业的兴起。土地占有状况的不合理，使得没有土地和只有少量土地的农民到处开垦。《九章算术·方田》中，有关于测定不规则农田，如所谓"圭田""邪田""箕田""圆田""宛田""弧田""环田"等面积的算题，反映了当时垦田的破碎无序。滥垦的土地产量不会很高，于是又导致了进一步扩大的滥垦。这种人为因素的影响，造成了生态平衡的失调。森林、草原及其他植被的破坏，使得水土流失越来越严重。有的学者曾经指出，黄河原来并不以"黄"相称，到西汉初年才有了"黄河"的名称，"这应该和当时森林遭受破坏和大量开垦土地有关"。泾河清浊的变化就可以作为说明。泾河本来是一条相当清澈的河流，战国后期开始变浊，这正是秦国疆土达到泾河上游的时候。据《汉书·地理志下》，泾河主要支流马连水，西汉时称作"泥水"。"泥水"的名称显示水中多含泥沙。支流如此，无怪乎原来清可见底的泾河，这时竟如《汉书·沟洫志》所说，已经成为"泾水一石，其泥数斗"的情形了。这样的情形，当然不止一条泾河。

严重的水土流失，是导致湖泊池沼淤埋的因素之一。

由森林等自然植被被毁坏所造成的严重水土流失，不仅改变了当地的地貌，也使土壤的肥力受到损害。

以木材作为燃料，和大量砍伐林木营造富丽宏大的建筑，也是森林受到破坏的主要原因之一。秦及西汉的都城建设，曾经就近于终南山上取材。据《后汉书·杨彪传》，东汉末年，董卓逼迫汉献帝迁都于长安时，曾说过可以利用陇右材木建筑宫殿，这显示出经过西汉的砍伐，历时二百多年，终南山上的森林尚未能恢复。

秦汉时代在北边地区的大规模屯垦，也导致了当地生态条件的变化。

据《汉书·匈奴传下》记载，北边地区草木茂盛，禽兽繁衍，匈奴以此为主要生存基地，将其看作"园囿"一般。秦汉经营北边，动员军屯与民屯，移民规模有时一次就数以十万计，于是北边出现了"人民炽盛，牛马布野"的景象。当时水土保持条件远较现今为好，山泉流量也很可观，因而司马迁曾在《史记·河渠书》中记述，新垦区"皆引河及川谷以溉田"。两汉之际，自然条件和人文条件都发生了变化。王莽时用兵北边，造成当地经济环境的严重破坏。东汉初年，北边屯垦形势曾有反复，但是不久又出现城郭丘墟大多废毁的情形。有的学者经过对朔方郡垦区遗址的实地考察后指出，"随着社会秩序的破坏，汉族人口终于全部退却，广大地区之内，田野荒芜，这就造成了非常严重的后果，因为这时地表已无任何作物的覆盖，从而大大助长了强烈的风蚀，终于使大面积表土破坏，覆沙飞扬，逐渐导致了这一地区沙漠的形成"。"现在这一带地方，已经完全是一片荒漠景象"，"绝大部分地区都已为流动的以及固定或半固定沙丘所覆盖"。个别地方，"沙山之高竟达五十米左右"。[1]

---

[1] 侯仁之、俞伟超、李宝田：《乌兰布和沙漠北部的汉代垦区》，载《治沙研究》第7号，科学出版社，1965。

史念海先生曾经分析说，西汉一代在鄂尔多斯高原所设的县多达二十多个，这个数字尚不包括一些未知确地的县。当时的县址，有一处今天已经在沙漠之中，有七处已经接近沙漠。"应当有理由说，在西汉初在这里设县时，还没有库布齐沙漠。至于毛乌素沙漠，暂置其南部不论，其北部若乌审旗和伊金霍旗在当时也应该是没有沙漠的。"土壤大面积沙化的情形各有其具体的原因，但是至少农林牧分布地区的演变也是一个促进的因素。除了可以防风防沙，森林被破坏，沙漠于是可以因风扩展而外，草原也有减低风蚀的作用，"可是草原的载畜量过高，也会促使草原的破坏。草原破坏，必然助长风蚀的力量，促成当地的沙化"。有的学者认为，过度的开垦，甚至也可以导致自然灾害的逐渐增加。"秦汉时期，由于大批的士兵、农民移入鄂尔多斯地区进行开垦，在一定范围内破坏了原始植被，自然灾害增加，这个时期全内蒙古旱灾增加到二十七次，其中鄂尔多斯地区就有五次。"①

生态环境的变迁，可以对经济生活产生重要的影响。

气候形势对农业收成有决定性的意义。秦汉时期以农耕作为营生手段的民众，不能不把温饱与富足的希望，寄托于风调雨顺的理想的气候条件。

这种愿望，汉代民间通行的习惯表达方式，称作"风雨时节"。《淮南子·览冥》说道："风雨时节，五谷登孰。"《汉书·地理志下》说地方地理人文条件"有和气之应"，也使用了"风雨时

---

① 王尚义：《历史时期鄂尔多斯高原农牧业的交替及其对自然环境的影响》，载《历史地理》第 5 辑，上海人民出版社，1987。

节，谷籴常贱"的说法。汉镜铭文中常见"风雨时节五谷孰""风雨时节五谷熟"的文句，或者又写作"风雨常节五谷熟"，"风雨时，五谷孰，得天力"，"风雨时节五谷成，家给人足天下平"等，都表达了对气候正常的祈祝。

西汉时期，稻米曾经是黄河流域的主要农产品。关中地区被称为天下"陆海"之地，稻米生产列为经济收益第一宗。西汉总结关中地区农耕经验的《氾胜之书》中，曾经详尽地记述了稻作技术。《汉书·昭帝纪》说到"稻田使者"，反映黄河流域的稻作经济当时受到中央政府的直接关注。据《后汉书·张堪传》记载，东汉初年，渔阳太守张堪曾经在狐奴地方"开稻田八千余顷"，使地方百姓富足，这也是有关两汉之际稻区北界的史料。狐奴，地在今北京密云、顺义之间。当时稻米的分布形势，是和气候较为温湿的条件相适宜的。

《汉书·食货志上》记载，董仲舒曾经上书建议在关中提倡种植"宿麦"。说到今关中民俗不好种麦，请陛下诏令大司农让关中民众扩大"宿麦"的种植面积，不要耽误农时。"宿麦"，就是冬小麦。《汉书·武帝纪》：元狩三年（前120），派遣官员劝有水灾郡种宿麦。据《史记·平准书》，当年山东地区遭受严重的水灾，以致民多饥乏。以行政力量大规模推广冬小麦种植，又很可能与气候寒温的变化有关。《汉书·武帝纪》又说，汉武帝元狩元年（前122）十二月，大雨雪，使得百姓有冻死者。冬寒对次年种植水稻的不利影响，自然很可能成为第三年决策号召"益种宿麦"的原因。

有农业史学者曾经论述，大豆曾经与粟共同作为黄河流域居民的主要食粮，但自西汉时期起，"大豆则逐步转入'蔬饵膏馔'之中"①。然而从西汉后期以来的文献资料和文物资料看，大豆却又有逐步转为主要粮产的趋势。《氾胜之书》说：每户按人口人均种植大豆五亩，"此田之本也"。《四民月令》中几乎逐月都有关于"豆"的内容。洛阳汉墓出土陶仓有朱书"大豆万石"题记者，也反映出当地豆类经营相当普及的事实。

农耕作物由以适宜"暑湿"气候条件的稻为主，到可以种植于"高田"，"土不和"亦可以生长的"保岁易为"，足以"备凶年"的大豆②受到特殊重视，这一转变，应当说正是以气候条件的变化为背景的。

秦汉时期移民方向发生由西北而东南的转变，这一转变，恰恰也是与秦汉气候由温湿而干冷的转变相一致的。

自战国至于秦时，多有向西北方向移民的历史记载。汉初，仍然向西北移民。汉武帝时代，这种以西北为主要方向的大规模的移民运动更进入高潮。向西北地区大规模移民的基本条件，是移民可以在新区继续传统的农耕生活。这一要求，必然有气候条件作为保证。

这种移民方向偏于西北的趋势，在两汉之际出现了向反方向转化的倾向。当时，大批边民流入内郡，形成了《续汉书·五行志一》所谓"民人流移"，《后汉书·刘陶传》所谓"冰解风散，唯恐在后"这样的引人注目的历史景观。

---

① 李长年：《农业史话》，上海科学技术出版社，1981，第83页。
② 《氾胜之书》。

有的学者曾经指出,"我国北部地区三四千年以来气候变化而引起的植物带的移动,也就是农耕区的扩大和缩小,正同历史记载中农、牧业民族势力的消长情况相契合"[1]。有的学者甚至断言气候变化与民族迁徙之间存在着必然的联系,"中原汉族向北扩张拓边的时候几乎都在温暖期,而北方少数民族'窥边候隙'、'入居中壤'的时候则多在寒冷期"[2]。秦汉时期移民方向的变化和农耕区与畜牧区区界的南北摆动,确实与气候之变迁相互契合。

民族迁移与相应的社会震荡和经济波动,有十分复杂的因素,气候环境的变化或许只是诸多因素之一。不过,我们注意到,《史记·匈奴列传》说,汉武帝太初元年(前104)冬季,匈奴大雨雪,牲畜多饥寒死,"国人多不安",执政贵族于是有"降汉"之意。《汉书·匈奴传上》记载汉宣帝本始三年(前71),匈奴遭遇严重的暴风雪,一日之内积雪深至丈余,百姓牲畜多冻死,损耗超过十分之九。匈奴严重虚弱,于是谋求和亲。类似的记载还有许多。《史记·匈奴列传》又说,匈奴当"秋马肥"时,则校阅兵力,有"攻战"之志。《后汉书·南匈奴列传》还写道,汉军卫护内附之南匈奴单于,同样也"冬屯夏罢",即冬季集结备战,夏季则解散休整。这些历史事实告诉我们,考察机动性甚强的草原游牧族的活动,确实不能忽视气候因素的作用。

在边民内归导致农耕区的北界向南退缩的同时,江南地区则

---

[1] 俞伟超、张爱冰:《考古学新理解论纲》,《中国社会科学》1992年第6期。
[2] 朱立平、叶文宪:《气候变化与民族迁徙》,《新史学》1986年第1期。

出现了中原人南下的移民热潮,从而推动了当地经济文化的跃进。傅筑夫先生指出,东汉人口"大量南流",致使"经济重心开始南移,江南经济区的重要性亦即从这时开始以日益加快的步伐迅速增长起来,而关中和华北平原两个古老的经济区则在相反地日益走向衰退和没落"。他认为,"这是中国历史上一个影响深远的巨大变化"。

这一历史变化恰与气候逐渐干冷的趋向一致,也是发人深思的。

黄河在西汉时期决溢频繁,对下游地区经济的破坏十分严重。而东汉时期河患明显减轻。自汉明帝永平十二年(69)王景主持治河之后,黄河出现了长期安流的局面。对于其原因,论者或以为王景的工程技术措施深合治导之原理,或以为东汉以后黄河中游地区的土地利用方式变成以畜牧为主,从而使水土流失程度大大减轻。[1] 其实,除了充分重视人文因素之外,还应当看到以气候变迁为重要标志的生态条件的作用。黄河中游地区的土地利用方式的变化原本即与以气候变迁作为条件的民族迁徙有关,而气候转而干燥寒冷对于洪水流量大小的直接影响,更是不应当忽视的。

---

[1] 谭其骧:《何以黄河在东汉以后会出现一个长期安流的局面》,《学术月刊》1962年第2期;任伯平:《关于黄河在东汉以后长期安流的原因》,《学术月刊》1962年第9期;邹逸麟:《读任伯平〈关于黄河在东汉以后长期安流的原因〉后》,《学术月刊》1962年第11期。

秦汉政治史：事态百变，人才辈出，令人喜读

秦汉时期的政治形态有显著的演进，若干表现对后世形成了重要影响。

瞿兑之就"统一""一统"政治格局的创立评价秦汉的地位："六国不能统一之业，而秦卒能成之者，秦之处心积虑，自强而力征。其政策相传，绵延不懈，而前后一致，非诸国所能及也。""中国成为一统国，自秦启之，而汉承之，虽遇乱世，终犹心焉一统，人人皆拭目翘足以为庶几复见太平。二千年来如一日，此又秦汉之所赐也。"[1]吕思勉则就"民族关系"言秦汉历史特征："战国之世，我与骑寇争，尚不甚烈，秦以后则不然矣。秦、汉之世，盖我恃役物之力之优，以战胜异族，自晋以后，则因社会之病状日深，而转为异族所征服者也。故曰：以民族关系论，汉、晋之间，亦为史事一大界也。"[2]

正是因为秦汉时期历史文化贡献的丰富，使得"秦"和"汉"，"秦人"和"汉人"，都长期成为代表我们国家、我们民族的公认的文化符号。

秦汉历史，是我们了解中国历史时所应当首先熟悉的内容。我们还应当看到，这一时期的文化创获和历史经验，对于后世所提供的可贵的启示，是千百年来始终受到重视的。

---

[1] 瞿兑之：《秦汉史纂》，鼎文书局，1979，第318、327页。
[2] 吕思勉：《秦汉史》，商务印书馆，2010，第4页。

青年毛泽东在《〈伦理学原理〉批注》中,曾经谈到自己读史的情趣倾向。他写道:"吾人揽(览)史时,恒赞叹战国之时,刘、项相争之时,汉武与匈奴竞争之时,三国竞争之时,事态百变,人才辈出,令人喜读。至若承平时代,则殊厌弃之。非好乱也,安逸宁静之境,不能长处,非人生之所堪,而变化倏忽,乃人性之所喜也。"[1]他所说的四个历史阶段,从秦走向统一到东汉末年的社会动荡,可以说都在我们通常理解的"秦汉"的大框架之内。所谓"事态百变,人才辈出,令人喜读",是秦汉时期的时代特征,也体现了秦汉史的文化魅力。

---

[1] 中共中央文献研究室、中共湖南省委:《毛泽东早期文稿》,湖南出版社,1990,第186页。

二 秦的统一

秦始皇时代最显著的历史标志,是结束了七雄竞争的战国时代,实现了统一,建立了秦王朝。

秦王朝是中国历史上第一个"大一统"的专制主义政权。

秦王朝的建立,是以当时社会普遍要求统一的文化倾向作为重要背景的。秦的统一,是中国历史上的一件大事,也是世界历史上的一件大事。

嬴政帝业的历史基础

秦昭襄王四十七年(前260)九月,秦国上将军白起率军在规模空前的长平战役中获得全歼赵军主力四十余万人的决定性胜利,确定了秦国军事实力已经无敌于天下的强大地位。

回顾春秋战国时期列强竞胜的历史,对于后世影响比较大的国家,多位于文明程度处于后起地位的中原外围地区,其迅速崛起,对于具有悠久文明传统的"中国"即黄河中游地区,形成了强烈的冲击。这一历史文化现象,就是《荀子·王霸》中所说的:"虽在僻陋之国,威动天下,五伯是也。""故齐桓、晋文、楚庄、吴阖闾、越句践,是皆僻陋之国也,威动天下,强殆中国。"就是说,"五霸"虽然都崛起在文明进程原本相对落后的"僻陋"地方,却能够以新兴的文化强势影响天下,震动中原。

"五霸"所指,说法不一,如果按照《白虎通·号》中的说法:"或曰:五霸,谓齐桓公、晋文公、秦穆公、楚庄王、吴王阖闾也。"也就是除去"越句践",加上"秦穆公",仍然可以说是"僻陋之国,威动天下","皆僻陋之国也,威动天下,强殆中国"。在战国晚期,七雄之中,以齐、楚、赵、秦最强,到了公元前3世纪的后期,则秦国的军威,已经势不可当。

就在长平之战取胜几个月之后,秦昭襄王四十八年(前259)正月,秦国一位新的王族成员嬴政,也就是后来的秦始皇,出生在邯郸城中为质于赵的秦昭襄王之孙异人的居宅。因为母亲是赵国豪家之女,又出生于正月,于是又姓赵氏,名为政。长平之战后,异人在阳翟巨商吕不韦帮助下回到秦国,衣楚服而拜见原为楚女的华阳夫人,华阳夫人大悦,令异人更名为"楚",又名"子楚"。

嬴政和他的母亲后来也辗转回到咸阳。

从嬴政复杂的身世渊源看,他与赵国和楚国各有近缘。这也可能是在统一战争中,他曾经在秦军占领赵国和楚国的中心地区之后即亲临其地的原因之一。

公元前251年,秦昭襄王在他执政的第五十六年逝世。他的儿子嬴柱继立,是为秦孝文王,时年五十三岁。华阳夫人被立为王后，子楚被立为太子。

秦孝文王在位仅仅一年就去世，时年三十二岁的子楚继立，是为秦庄襄王。秦庄襄王即位的第二年，吕不韦以"定国立君"之功，被封为文信侯，任为丞相，食邑有蓝田之地十二县。秦庄襄王在他继位后的第三年去世，太子嬴政立，年十三岁，时在公元前246年。

当时，秦国的国土在关中之外，已经据有巴、蜀、汉中，并且越过宛（今河南南阳）而据有楚国国都郢（今湖北江陵北），而设置了南郡；北方则兼并了上郡（郡治在今陕西榆林南）以东地方，设置了河东郡（郡治在今山西夏县）、太原郡（郡治在今山西太原西南）、上党郡（郡治在今山西长子）；东方又将国境推进到荥阳（今河南荥阳），灭掉了西周和东周两个政权，置三川郡（郡治在今河南洛阳）。也就是说，如果以太行山、白河、汉江下游一线贯通南北，这条线以西的辽阔地域，都已经成为秦国的疆土。应当看到，当时这一界线虽然大体两分天下，而西部地区却实际已经占据了能够威慑并进取东部地区的优势。后来刘邦战胜项羽，汉景帝平定吴楚七国之乱，都同样是据这一界线以西地方，举军东进，取得成功的。

少年嬴政登上王位，国事都决于吕不韦，尊称其为"仲父"。

秦王嬴政依秦国旧制，往雍城行加冠礼，带剑，开始亲自主持国政。他相继铲除吕不韦等贵族势力，实现了王权独尊。

蕲年宫之变

秦王嬴政年少时，委国事于大臣，当时权倾朝野的重臣是丞相吕不韦。

据说与太后关系暧昧的吕不韦，在实际上掌握着秦国的军政大权。太后的另一位嬖臣也曾经取得专权处理朝政的地位。

秦重女权。秦国政治史上多次发生太后把握朝政的情形。这种政治异常往往又与道德异常相伴随，即太后专权时每有后宫秽行的传闻。

秦王政九年（前238），嫪毐因为秽乱宫闱的行为终于败露，在嬴政往雍（今陕西凤翔）行郊礼时发动兵变，以窃取的秦王玺和太后玺调动卫戍部队及附近地方军进攻蕲年宫。雍，作为秦国故都，历经从秦德公至秦孝公二十代的辛苦经营，已经被建设成为一处具有正统象征的政治文化圣地。这里集中了许多处秦国故宫，也是秦人宗庙的所在地。对雍地的军事控制，有可能影响秦国政治的全局。嬴政及时察觉了兵变的阴谋，抢先发军平定变乱，追斩嫪毐，又在咸阳一举清洗了嫪毐集团成员数百人。

图 1　陕西凤翔长青乡孙家南头堡子出土蕲年宫当

蕲年宫之变，是秦国历史上规模较大又直接震动王族上层的一次罕见的内部动乱。

嬴政果断的处置方式，显示出他非同寻常的政治才具。

嬴政因政变事涉吕不韦，不久就宣布免去其丞相之职。秦王政十二年（前235），又迫使吕不韦自杀。嬴政全面把握了国家权力。

秦灭六国

秦王嬴政当政时，秦国的经济实力已经远远优越于东方六国，秦国的军事实力也已经强锐无敌。当时，"以天下为事"，期望"得志于天下"，已经成为秦人直接的政治目标。秦王嬴政策划并且指挥了逐一剪灭六国的战争。

《史记·秦始皇本纪》记载，在统一战争中，嬴政曾经多次亲临前线进行战地督察。随着秦军向东推进，秦王政十三年（前234），秦军大破赵军，斩首十万，嬴政亲临河南（今河南洛阳）；秦王政十九年（前228），秦军在进攻赵国的战役中取得决定性胜利，俘获赵王，又引兵欲攻燕（国都在今河北易县），屯中山（国都在今河北定州）。嬴政亲临邯郸（今河北邯郸），后从太原（今山西北部）、上郡（今陕西北部）返回咸阳（今陕西咸阳）；秦王政二十三年（前224），秦军大举攻楚（国都在今安徽寿县），俘获楚王，秦王又亲临郢陈（今河南淮阳）。

湖北云梦睡虎地十一号秦墓出土竹简有一卷《编年记》，逐年记述了秦昭襄王元年（前306）到秦始皇三十年（前217）统一全国的战争过程等军政大事，同时记有一个名叫"喜"的人的生平和其他有关事项。

对于秦王嬴政当政后统一战争的进程，我们可以看到《编年记》中有这样的文句：

> 十三年，从军。
> 十五年，从平阳军。
> 十七年，攻韩。
> 十八年，攻赵……
> 十九年，□□□□南郡备敬[警]。
> 廿年，……韩王居□山。
> 廿一年，韩王死。昌平君居其处，有死□属。
> 廿二年，攻魏梁[梁]。
> 廿三年，兴，攻荆，□□守阳□死。四月，昌文君死。
> [廿四年]，□□□王□□。

这是"喜"这位秦军下级军官对于自身经历的记录。关于所谓"十七年，攻韩"和"廿二年，攻魏梁[梁]"以及最后"廿四年"一条，司马迁在《史记》的《秦始皇本纪》和《六国年表》中都有相应的历史记载。

据正史中的记录，秦人剪灭六国的战争是以摧枯拉朽般的气势完成的，秦军以神武之风，迅速洗荡了各国反抗的力量：

秦王政十七年（前230），秦灭韩。

秦王政十九年（前228），秦将军王翦破赵，克邯郸。赵王迁投降，邯郸成为秦郡。

秦王政二十二年（前225），秦灭魏。

秦王政二十四年（前223），秦灭楚。

秦王政二十五年（前222），秦灭燕，灭赵。

秦王政二十六年（前221），秦灭齐。

九年之间，秦逐一剪灭六国。

秦国完成了统一大业，嬴政自称"始皇帝"，中国历史从此开启了新的纪元。

秦的统一，标志着中国进入了"大一统"政治的时代。从此以后，由高度集权的中央政府对各地施行有效的政治管理，成为历史的定式。

秦帝国的疆域规模：南海与北河的扩张

兼并六国，是秦始皇时代意义重大的历史变化，后人或称之为"六王毕，四海一"①，"六王失国四海归"②。究其原始，我们看到《史记·秦始皇本纪》对于秦始皇二十六年纪事有"秦初并天下"的说法。嬴政"令丞相、御史""议帝号"时，有"六王咸伏其辜，天下大定"的词句。"丞相绾、御史大夫劫、廷尉斯等皆曰：'昔者五帝地方千里，其外侯服夷服诸侯或朝或否，天子不能制。今陛下兴义兵，诛残贼，平定天下，海内为郡县，法令由一统，

---

① 〔唐〕杜牧：《阿房宫赋》，《樊川集》卷一。
② 〔宋〕莫济：《次韵梁尉秦碑》，《宋诗纪事》卷四七。

自上古以来未尝有，五帝所不及。'"也有"平定天下，海内为郡县"的赞语。

于是人们普遍以为随着所谓"六王咸伏其辜"，统一局面已经形成。"六王毕"，被看作统一实现的标志。① 学者似乎多认同这样的判断。吕思勉言"秦王政二十六年"事，使用《史记》"初并天下"语，又说随后推行的一系列政策，"皆有大一统之规模"。② 劳榦说："秦始皇二十六年（公元前二二一年），六国尽灭，新的帝国成立了。从十四年到这个时期，前后十三年间，秦王完全平定了天下。"③何兹全写道："秦王政二十六年灭了六国，统一全中国。"④林剑鸣的表述则是"终于在公元前221年结束了诸侯割据称雄达数百年的局面，在中国建立起一个空前统一的封建王朝——秦"⑤。田昌五、安作璋说："前后十年之内，韩、赵、魏、楚、燕、齐六国依次灭亡，天下归于一统。"⑥笔者过去也曾经采用这样的说法。王云度、张文立主编《秦帝国史》照应了北边、南海战事对于统一的意义："秦的统一战争前后历时十年，依次攻灭东方六国，天下归于一统。随后，又北伐匈奴，南定百越，把统一的范围拓展到周边地区。这种大规模的军事、政治和

---

① 〔宋〕洪适《蛰寮记》："六王毕而仪、秦蛰其辩。"《盘洲文集》卷三〇《记一》。〔明〕魏校《答胡孝思》："六王毕，四海一，李斯适当同文之任。"《庄渠遗书》卷四《书》。〔宋〕独乐园主诗："秦皇并吞六王毕，始废封建迷井田。功高自谓传万世，仁义不施徒托仙。"〔清〕沈季友编《槜李诗系》卷三六《宋》。
② 吕思勉：《秦汉史》上册，上海古籍出版社，1983，第5、8页。
③ 劳榦：《秦汉史》，中国文化大学出版部，1980，第5页。
④ 何兹全：《秦汉史略》，上海人民出版社，1955，第6页。
⑤ 林剑鸣：《秦汉史》，上海人民出版社，1989，第46页。
⑥ 田昌五、安作璋主编《秦汉史》，人民出版社，1993，第36页。

文化的统一,开辟了中国历史的新纪元,意义十分深远。"①

然而仔细考察秦史,应当注意到秦始皇时代的历史记录中又有以北河和南海为方向的军事进攻的成就。秦帝国的版图因此空前扩张。这一历史变化,可以理解为规模更为宏大、意义更为深远的统一。对于秦统一的历史进程和文化意义,应当在这一认识的基础上予以理解。

陈序经《匈奴史稿》怀疑蒙恬出兵不在秦始皇三十三年(前214)的意见可能是正确的。他写道:"关于蒙恬被派去征伐匈奴与修建长城的时间问题,史书所载也不明确。《史记·蒙恬列传》说蒙恬暴师在外十余年,但是《史记·六国年表》载此事是在始皇三十三年。《资治通鉴》也说这件事在始皇三十三年。始皇死于三十七年(前210),始皇死后,蒙恬也被赐死,假如蒙恬是在始皇三十三年被遣去征伐匈奴与修建长城,那么蒙恬在外只有四年的时间,不能谓暴师在外十余年。若说暴师在外十余年是对的,那么蒙恬被遣征伐匈奴与修建长城应在二十六年或二十七年,否则暴师在外十余年这句话就错了。我们以为征伐可能不止一次,而修建长城也非三四年所能完成,所以暴师在外十余年这句话比较可靠,而蒙恬之被遣到边境备胡筑城似应以始皇二十六年或二十七年为合理。"②

这样的见解,我们是同意的。

《史记·南越列传》言"秦时已并天下,略定杨越"。说对于越

---

① 王云度、张文立主编《秦帝国史》,陕西人民教育出版社,1997,第62页。
② 陈序经:《匈奴史稿》,中国人民大学出版社,2007,第183—184页。

地的攻略随即开始。前引《史记·秦始皇本纪》记二十六年(前221)事："分天下以为三十六郡，……地东至海暨朝鲜，西至临洮、羌中，南至北向户，北据河为塞，并阴山至辽东。"关于"北向户"，裴骃《集解》："《吴都赋》曰：'开北户以向日。'刘逵曰：'日南之北户，犹日北之南户也。'"称秦帝国领土已至"日南"。前引二十八年(前219)琅邪刻石："六合之内，皇帝之土。西涉流沙，南尽北户。东有东海，北过大夏。人迹所至，无不臣者。"亦言秦版图包括"北户"，当时距三十三年(前214)完全征服南越还有五年。

所谓"北户""北向户"，地在北回归线以南。秦始皇二十六年(前221)和二十八年(前219)的文书中出现"地……南至北向户""……南尽北户……人迹所至，无不臣者"字样，似可看作秦军远征南越的军事行动已经开始的暗示。可以引为助证的又有《史记·白起王翦列传》的记载："(王翦)大破荆军，至蕲南，杀其将军项燕。荆兵遂败走。秦因乘胜略定荆地城邑。岁余，虏荆王负刍，竟平荆地为郡县。因南征百越之君，而王翦子王贲与李信破定燕齐地。秦始皇二十六年，尽并天下。"此说以为在"秦始皇二十六年"之前，秦军已经在灭楚之后，开始"南征百越之君"。其事在"破定燕齐地"之前。可知进攻南越地方，是秦统一军事行为的战略主题之一。

"大一统"政体的奠基

"大一统"理想的提出，是以华夏文明的突出进步和我们民族文化共同体的初步形成作为历史基础的。

儒学经典中较早可以看到"大一统"理想的表述。

《诗·小雅·北山》中有"溥天之下，莫非王土；率土之滨，莫非王臣"这样的话，可以理解为四海之内，山野都是"王"的土地，民众都是"王"的奴隶。这一诗句，后来被频繁引用，成为一种政治信条。

《左传·昭公七年》记载，臣下有分君权的企图，受到"一国两君，其谁堪之？"的严正责难。提出这一见解的人，还引用了《诗经》的名句："溥天之下，莫非王土；率土之滨，莫非王臣。"《孟子·万章上》也引述了《诗经》中的这一句，以及孔子"天无二日，民无二王"的话。不过，孟子对"溥天之下，莫非王土；率土之滨，莫非王臣"的解释，与一般的理解似乎略有不同。孔子所说的"天无二日，民无二王"，见于《礼记·曾子问》和《礼记·坊记》，然而都写作"天无二日，土无二王"。

很显然，"天无二日，民无二王"或者"天无二日，土无二王"，也是"大一统"政治意识的朦胧体现。

"大一统"一语的明确提出，最早见于《公羊传·隐公元年》。

对于《春秋》一书中为什么以"王正月"起始这一问题，作者回答道："大一统也。"

"大一统"政治体制，是儒学学人的政治理想，但是，在春秋战国百家争鸣的时代，却并不仅仅是这一派政治学说的主张。和一切政治概念一样，同一政治命题，可以从不同角度来进行解释，可以为不同立场的人们所利用。对于"大一统"来说，儒学思想领袖们往往期望回复周王朝的"大一统"。其他学派则倾向于建立在新的政治基础上的新的"大一统"。

早期法家的政治理论即以君主权力的一元化为思想基点。《慎子·佚文》载录慎到的言论,"多贤不可以多君,无贤不可以无君",强调政治权力一定要集中,避免二元和多元的倾向,因为这种倾向将导致动乱,如《慎子·德立》所说:"两则争,杂则相伤。"《太平御览》卷三九〇引《申子》也说,这种高度集中的君权,是以统治天下为政治责任的,"明君治国","一言正而天下定,一言倚而天下靡"。以"天下"作为管理的对象,表明事实上"大一统"的意识已经深入法家理论的核心之中。

"天下"的说法,最早见于《尚书·大禹谟》,这就是所谓"奄有四海,为天下君"。可见"天下"的观念,一开始就是和"大一统"的观念相联系的。应当看到,这一观念,显然不是单纯的地理观念,也不是单纯的文化观念,而是一种政治观念。

与当时"天下"意识的普及同时,许多思想家都相应提出了统一天下的主张。

《孟子·梁惠王上》说,孟子见梁襄王,梁襄王问:天下怎样才能安定?孟子回答:天下归于一统,就会安定。梁襄王又问:谁能够使天下归于一统呢?孟子回答道:不嗜杀人的国君能够使天下归于一统。

另外,《孟子·离娄上》中还宣传了孟子这样的观点,认为国君如果好仁,则可以天下无敌。对于同样的政治主张,《孟子·尽心下》则表述为"仁人无敌于天下"。

《荀子·王霸》也曾经提出"人主者,天下之利势也"的观点。

《易·系辞上》也说,"圣人"以"易"为思想基础,就可以"通天下之志""成天下之务""定天下之业"。

使"天下"归于"大一统",已经成为许多政论家的政治理想。统治"大一统"的"天下",已经成为许多政治家的政治追求。

《墨子·尚同中》也曾经提出过"一同天下"的说法。

甚至庄子也曾经发表类似的涉及"天下"这一政治命题的意见。如《庄子·天道》所谓"一心定而王天下",《庄子·让王》所谓"唯无以天下为者,可以托天下也"等。

成为战国晚期秦国政治建设和政治管理指南的《韩非子》一书,可能是先秦诸子中提到"天下"一语频率最高的,竟然多达二百六十七次。其中多见所谓"霸天下""强天下""制天下""有天下""取天下""治天下""王天下""一匡天下""强匡天下""进兼天下""谓天下王""为天下主""取尊名于天下""令行禁止于天下"等。而"一匡天下"凡四见,"治天下"凡六见,"王天下"凡六见。很显然,谋求对"天下"的统治,谋求"大一统"政治体制的建立,已经成为十分明确的政治目的和十分急切的政治要求。

我国早期地理学名著中,有一部著名的《禹贡》,后来也被收入《尚书》中,列为儒学基本经典"十三经"的内容。《禹贡》分天下为九州,又分别论述了九州的土气、物产,以及向中央政府贡奉的品物、方式和道路等。一般认为,《禹贡》成书于战国时代,并不能体现夏代制度。据考订,《禹贡》大约是梁惠王积极图霸期间,魏国人士于安邑撰著成书的,是在魏国霸业基础上设想出来的"大一统"事业的蓝图。

"大一统"的理想能够形成,又得以传布,表明华夏文化走向同一、走向成熟的历史步伐迈过了新的里程碑。

《孟子·公孙丑上》中可以看到孟子提出的反对通过战争手段"以力服人",而应当推行"王道",实施"仁政"才可能实现"大一统"的主张。但是,当时的政治现实,却是各个大国都积极强兵备战,连年兼并不休,企图通过武力使"大一统"的理想得以实现。

《吕氏春秋·荡兵》说,古代圣王和古代贤王都有"义兵",就是以正义的军队、正义的战争实现其圣贤之业,而一概否定军队、否定战争的见解,是荒谬的。"义兵",其实是医治天下弊病的"良药"。以实现"大一统"为目的的战争形式,就被看作"义兵"。

我们甚至还看到,长沙马王堆汉墓出土帛书中成书于战国晚期的体现道家以所谓"自然""无为"为中心的政治思想的《十六经》中,以《观》为题的一篇,也明确肯定了在"今天下大争"的形势下,应当坚持"为义"的"兵道","伐乱禁暴",取得成功。

秦国就是以强大的军事力量为基础,通过严酷的战争形式,逐一击灭六国,建立了第一个高度集权的专制主义帝国,实现了"大一统"的政治局面的。按照《史记·秦始皇本纪》中李斯等人赞美秦始皇的说法:"今陛下兴义兵,诛残贼,平定天下,海内为郡县,法令由一统,自上古以来未尝有,五帝所不及。"所谓"海内为郡县,法令由一统"的"大一统"的局面,是通过"兴义兵"的战争过程实现的。

儒学较早提出"大一统"的理想,却没有真正找到实践"大一统"的正确道路。战国时期以法家为主的诸家学派的共同努力,使"大一统"终于成为一种政治现实。在新的历史时期,儒家为巩固和强化"大一统",进行了更重要的理论建设和政策设计。

还应当看到,老子学说是以所谓"小国寡民"作为社会理想的。《老子》第八十章写道,小国寡民,使其即使有高效率的器具也不使用,使民众畏惧艰险而不向远方迁徙。虽然有舟车,也不乘用,虽然有武装,也不炫耀。使民众回复到结绳记事的远古时代,满足其饮食衣裳,安于其住居礼俗,"邻国相望,鸡犬之声相闻,民至老死,不相往来"。这里体现的社会观、政治观和经济观,看起来都是和正统"大一统"思想不协调的。但是,这一思想的产生和传播,也有历史文化的基础,是我们不应当忽视的。另一方面,我们还应当注意,《老子》书中提出的这种主张,其实大体是符合古代中国农耕经济和农村社会的基本状况的。可是这种状况和国家的"大一统"政体,并没有根本的矛盾。

"大一统"的理想,当时为社会大多数人所共同向往。秦国实现"大一统"的战争过程,与历史进步的方向是一致的。

秦的郡县制度

天下既已一统,如何对政治渊源有别、经济水准悬殊、文化传统各异、民俗风格不一的各地区实现有效的管理,秦王朝上层集团经过多次郑重的讨论,做出了正确的决策。

秦王朝的政治制度,在许多方面表现出创新的意义。

秦统一后,国土空前广袤,据《史记·秦始皇本纪》说,其地东至海滨暨朝鲜,西至临洮(今甘肃岷县)及羌人居地,南至"北向户",北据河为界,与阴山并行,东至辽东。于是分天下以为三十六郡，郡置守、尉、监诸官职，分别负责行政、军事、监察。

秦王朝最初设置的三十六郡，包括：陇西（郡治在今甘肃临洮）、北地（郡治在今甘肃庆阳西南）、上郡（郡治在今陕西榆林南）、汉中（郡治在今陕西汉中）、蜀郡（郡治在今四川成都）、巴郡（郡治在今重庆）、邯郸（郡治在今河北邯郸）、钜鹿（郡治在今河北平乡西南）、太原（郡治在今山西太原南）、上党（郡治在今山西长子）、雁门（郡治在今山西大同西）、代郡（郡治在今河北蔚县东北）、云中（郡治在今内蒙古托克托东北）、河东（郡治在今山西夏县）、东郡（郡治在今河南濮阳南）、砀郡（郡治在今河南商丘）、河内（郡治在今河南武陟南）、三川（郡治在今河南洛阳东）、颍川（郡治在今河南禹州）、南郡（郡治在今湖北江陵）、黔中（郡治在今湖南沅陵）、南阳（郡治在今河南南阳）、长沙（郡治在今湖南长沙）、九江（郡治在今安徽寿县）、泗水（郡治在今安徽淮北西）、薛郡（郡治在今山东曲阜）、东海（郡治在今山东郯城）、会稽（郡治在今江苏苏州）、齐郡（郡治在今山东淄博）、琅邪（郡治在今山东青岛南）、广阳（郡治在今北京）、渔阳（郡治在今北京密云）、上谷（郡治在今河北怀来东南）、右北平（郡治在今天津蓟州）、辽西（郡治在今辽宁义县西）、辽东（郡治在今辽宁辽阳）。管辖京畿诸县的"内史"，是和郡平级的行政单位，然而不在"三十六郡"之内。后来，随着疆域的扩展，又设九原（郡治在今内蒙古包头西）、南海（郡治在今广东广州）、桂林（郡治在今广西柳州西）、象郡（郡治在今广西崇左）、闽中（郡治在今福建福州）五郡。于是，除了内史管理的京畿地区外，秦有四十一郡。

秦的政区范围的确定，标志着中华帝国最基本的文化圈的初步形成。后来中土文化向四方传播，都是以此作为主要基地的。

在秦的地方行政体系中，郡的下级单位是县。少数民族地区的县级行政单位则称"道"，这是因为当时中央政府对于这些地区一般只能控制主要交通线，并由此推行政令、集散物资的缘故。秦县的数量大约有一千。

郡县制度，是春秋战国时期以来逐步形成的地方行政制度。

关于"县"的设置的最早的资料，见于《史记·秦本纪》的记载，这就是秦武公十年（前688）伐冀戎后，在所占领地区设立了最初的"县"，以及秦武公十一年（前687）"初县杜郑"。《国语·齐语》说，齐桓公时，曾经有"三乡为县，县有县帅"的制度。《左传》中，可以看到有关晋国、楚国等国曾经设县的记录。顾炎武《日知录》卷二二《郡县》写道："当春秋之世，灭人之国者，固已为'县'矣。"就是说，"县"，起初是列国兼并时代管理新占领区的行政区设置。顾炎武又指出："当七国之世，而固已有郡矣。"通过战国时期的历史，我们可以看到，郡制，也是中原周边地区后起的强国赵、燕、楚、秦初创的新的地方行政制度。

郡县制度为秦王朝继承发展，成为后来历代王朝中央政权控制地方行政的基本形式。

秦王朝对于是否实行郡县制度，曾经过两次辩论。

秦统一初，丞相王绾曾经主张实行分封制以维护帝国的安定。他认为，诸侯初破，燕国、齐国、楚国旧地距关中遥远，如果不分置诸侯王，则无法镇抚管理。他建议秦始皇分立诸子。秦始皇吩咐朝廷对这一意见开展讨论，群臣大都表示赞同王绾此议，只有廷尉李斯提出了不同的政治见解。他说，周文王、周武王分封了许多子弟同姓为诸侯，但是后来这些诸侯国与周王朝的关系越来越疏远，又彼此如同仇敌一般互相攻击，连周天子也无力禁止。现在，赖有陛下之神灵，海内实现了一统，都成为直属朝廷的郡县，诸子和功臣可以用国家的赋税收入给予丰厚的赏赐，这样便于控制天下，这是实现海内承平的"安宁之术"。而分置诸侯，是不宜施行的建议。

秦始皇采纳了李斯的意见，他说：天下苦于战争长久不息，就是因为侯王割据相互争夺的缘故。现在幸有祖先神灵护佑，使天下终于安定，如果重新分立诸侯国，就会再次埋下战争的隐患，要想谋求海内安定，岂不难哉！廷尉的主张是正确的。

秦始皇三十四年（前213），就是否推行郡县制，又曾经发生过一次著名的御前辩论。秦始皇置酒咸阳宫，博士七十人在御前祝酒。仆射周青臣进颂说，以往秦国地方不过千里，赖陛下神灵明圣，平定海内，放逐蛮夷，日月所照，莫不宾服。以诸侯统治旧地设立郡县，于是人人自安乐，不再有战争之患，天下可以传之万世。自上古诸帝王，都不及陛下之威德。于是秦始皇大悦。随后博士齐人淳于越进言，反驳周青臣的说法。他说：殷周政权能维持千余岁，正是因为封子弟功臣，自为枝辅。今陛下有海内，却废除分封制而推行郡县制，"事不师古而能长久者，非所闻也"。秦始皇命令就此进行讨论。李斯又批驳了"师古"的主张，以为"五帝不相复，三代不相袭，各以治"，政制只能依时势而变化演进。明确了郡县制政治革新的意义。李斯又指出古来天下散乱，不能一统，以致出现"诸侯并作""诸侯并争"的严重危害。他坚持郡县制对于"创大业，建万世之功"有重要作用的主张。李斯肯定郡县制的意见得到秦始皇的赞同，而对于与此不同的政见，随后又有以"焚书"为标志的严厉打击的措施。

明代思想家李贽在《史纲评要》卷四《后秦纪》中曾经称李斯倡行郡县之议是"千古创论"，又就"置郡县"之举赞誉道："此等皆是应运豪杰、因时大臣。圣人复起，不能易也。"说郡县制度的确立，是"应运""因时"的历史创举，即使古之圣人当世，也同样会采取这样的政治举措的。

秦王朝的统治者确定了"置郡县"的地方行政管理制度，确实是英明的政治决策。郡县制为汉帝国继承。《汉书·叙传上》说："汉家承秦之制，并立郡县，主有专己之威，臣无百年之柄。"《后汉书·班彪传》记载班彪对隗嚣分析比较战国与当时形势，说道："周之废兴，与汉殊异。昔周爵五等，诸侯从政，本根既微，枝叶强大，故其末流有从横之事，势数然也。汉承秦制，改立郡县，主有专己之威，臣无百年之柄。"可知《汉书·叙传上》对"并立郡县"肯定的话，是班彪的言论，只是《后汉书》作"改立郡县"。而据中华书局标点本《后汉书》"校勘记"："'汉承秦制改立郡县'，按：张森楷校勘记谓'改'当依《前书》作'并'，既承秦制，则非汉所改也。"

《晋书·陆机传》载陆机著《五等论》总结"体过经野"制度，说"郡县之治，创于秦汉"。《周书·文闵明武宣诸子传》也说："郡县之设，始于秦汉之后。"这一制度规范了此后千百年中央与地方关系的政治格局，形成长久的历史影响。

三　秦政的成败

秦兼并六国，以军事强权摧毁各地的抵抗势力，实现了空前的"大一统"。中国政治史和中国文化史都进入了新的时代。

秦史能够在中国历史中形成深刻的影响，还在于秦的政制对于后来两千年的政治生活规定了一种模式。

秦史虽然短暂，却如雷驰电射，于中国古代社会震动极大。回顾秦政的成败，无论对于政治史、经济史还是文化史的总结，都可以得到有益的启示。

《吕氏春秋》：历史转型期的文化总结与政治设计

吕不韦原本是阳翟巨商，往来贸易，家累千金。秦昭襄王晚年，吕不韦结交了以质子身份居于邯郸的秦国贵族子楚。子楚是秦太子安国君之子，但是安国君有子二十余人，子楚的母亲早已失宠，因而地位低微，又因为秦赵两国长期频繁交战，不能得到赵国的礼遇。吕不韦细心观察形势，发现子楚是可"居"而以待增值的"奇货",于是利用安国君所爱幸华阳夫人无子的机会,进行政治投机。他给予子楚五百金作为交游之用,又以五百金买奇物玩好献给华阳夫人,说服她同意确立子楚为继承人。

秦昭襄王去世后,安国君即位,子楚成为太子。安国君即秦孝文王只在位一年就死去,子楚成为秦王,即秦庄襄王。秦庄襄王元年,吕不韦被任命为丞相,多年的政治投资得到回报。三年后,秦庄襄王去世,出生在赵国的嬴政立为王。少年秦王尊称吕不韦为"仲父"。

应当说,秦实现统一,在吕不韦专权时大势已定。后来大一统的中央集权的秦王朝的建立,吕不韦是当之无愧的奠基者之一。秦国用客可以专信,如商鞅、楼缓、张仪、魏冉、蔡泽、吕不韦、李斯等,"皆委国而听之不疑"[1],而论其功业,吕不韦可以与商鞅并居前列。

吕不韦是中国历史上以个人财富影响政治进程的第一人。从这一角度认识当时的社会与经济,或可有所新知。吕不韦以富商身份参政,并取得非凡成功,就仕进程序来说,也独辟新径。秦政治文化实用主义的特征,与东方文化"迂大而闳辩"[2]风格大异。而商人的务实精神,正与此相合。司马迁笔下巨商白圭自称"权变""决断"类同"商鞅行法"[3],是发人深思的。吕不韦的出身,自然也是他身后招致毁谤的原因之一。而这种由商从政的道路,虽然履行者罕迹,对于政治文化风貌的影响,也许是有特殊

---

[1] 〔明〕张燧:《千百年眼》卷四。
[2] 《史记·孟子荀卿列传》。
[3] 《史记·货殖列传》。

意义的。

吕不韦事迹中最为世俗之人所瞩目的，是关于秦始皇血统的传说。秦始皇身世之谜中赵姬有孕，后归子楚的说法始见于司马迁《史记》，然而明代已有学者指出此说乃"战国好事者为之"。梁玉绳《史记志疑》据司马迁说赵姬"至大期时，生子政"，以为本已"别嫌明微"，人们不应"误读《史记》"。所谓"大期"，有十月和十二月两种解说，但无疑不能理解为不足月。自然也不能排除这种可能，即如王世贞《读书后》所推想，吕不韦借此丑化秦皇，"而六国之亡人侈张其事，欲使天下之人谓秦先六国而亡也"。而后世文人炒作这一传闻，以艳市俗，则是出于另外的目的。而秦始皇私生之说即使属实，这种男女私密，知情者也只有吕不韦、赵姬和子楚，而他们都是绝无可能宣露于外的。以严肃的眼光看历史，秦始皇就是秦始皇，嬴政也罢，赵政也罢，吕政也罢，都不应当影响我们对于他的历史作用的评价。

吕不韦执掌朝政时，魏国有信陵君，楚国有春申君，赵国有平原君，齐国有孟尝君，都以礼贤下士、大聚宾客闻名。吕不韦羞于秦虽强国，却不能形成同样的文化气氛，于是也招致天下之士，给予特殊的优遇。一时宾客据说多达三千人，形成了实力雄厚的学术集团。

当时各地学者游学成风，多有倡论学说、著书传布天下者。吕不韦于是让他的宾客人人著述自己的所见、所思及所倡，又综合整理为《八览》《六论》《十二纪》，共二十余万言，以为天地万物古今之事，都充备其中，号为《吕氏春秋》。据说书成之后，曾经公布于咸阳市门，悬千金于其上，请列国游士宾客修正，号称有能增减一字者，给予千金奖励。可见这部书在当时的秦国已经占据了一种不容否定的文化权威的地位。

《汉书·艺文志》将《吕氏春秋》一书列入"杂家"之中，又说，"杂家"的特点，是兼采合化儒家、墨家、名家、法家诸说，而所谓"国体""王治"，即治国之体和王者之治，正应当兼合诸学，博采众说，取百家思想之所长。《吕氏春秋》的确是"兼""合"以前各派学说编集而成的一部文化名著。司马迁记述《吕氏春秋》成书过程的特点时使用"集论"一语，是符合事实的。

汉代学者高诱为《吕氏春秋》作注，曾经评价说，这部书的基本宗旨，是以"道德"作为目标，以"无为"作为纲纪的，儒学的说教只是被借用为形式。侯外庐先生在其《中国思想通史》第一卷中根据这样的说法分析说，吕书作者虽然包括有儒家学者在内，但是此书却是以道家学说为主体内容，以儒家学说为宣传形式，在吕不韦的主观上，两相比较是有意倚重于道家的。

《吕氏春秋·序意》写道，有人问这部书中《十二纪》的思想要点，吕不韦回答道，黄帝教诲颛顼帝说，天好比宏大的圆规，地好比宏大的矩尺，效仿天地规矩之道，才可以施行成功的统治。所以说古来之清世，都是法天地而实现的。凡《十二纪》者，所以纪治乱存亡也。要调整天、地、人的关系使之和谐，要点在于无为而行。吕不韦的这段话，很可能是当时说明《吕氏春秋》中《十二纪》写作宗旨的序言，全书的著述意图，自然也可以因此得到体现。其中关于"治乱存亡""无为而行"的话，说明《吕氏春秋》中表现的文化方向，是要营造一个接近道家理想的"清世"。

由于吕不韦政治生涯的终结，也由于秦王朝统治年祚的短暂，以致《吕氏春秋》中提出的这一思想，实际上并没有来得及走向真正的成熟。

《吕氏春秋》全书一百六十篇，从形式上看，《十二纪》《八览》《六论》中的论文，都有定数，比较整齐。可以说，《吕氏春秋》对诸子学说的整合，在系统上是相当严密的。形式齐整，内容系统，是被称为"杂家"的《吕氏春秋》的一个重要特点。这部文化名著的另一个重要特点，是在这样的形式下，对于百家之学，并没有采取对分歧之说简单地加以齐合裁断的做法，而比较多地保存了各自明显的歧见。于是有些篇章的内容，不免有相互矛盾的情形。

《吕氏春秋》博采诸子之说的特点，应当与吕不韦往来各地、千里行商的个人经历有关。这样的人生阅历，或许可以使得见闻较为广博，眼光较为阔远，胸怀比较宽容，策略比较灵活。不过，《吕氏春秋》能够成为杂家集大成之作的更主要的原因，可能还在于即将来临的"大一统"时代，对文化形态提出了涵容百家的要求。而曾经领略过东方多种文化因素不同风采的吕不韦及其宾客们，敏锐地发现了这一文化进步的方向，明智地顺应了这一文化发展的趋势。

《吕氏春秋》这部书的重要的文化价值，还突出表现在其实质，是在大一统的政治体制即将形成的时代，为推进这一历史进步所进行的一种文化准备。

在政治文化的总体构想方面，吕氏又是怎样为秦的最高统治者进行设计的呢？

"智"识应当"由公"，这是《吕氏春秋》提出的一个基本原则。

《吕氏春秋·序意》说，如果出于私，则会使公智、公识、公意受到阻塞，导致灾祸。"私视"则导致"目盲"，"私听"则导致"耳聋"，"私虑"则导致"心狂"。三者都是出于私意而"智无由公"。智识不能以"公"为基点，则福庆日趋衰减，灾祸日趋隆大。《吕氏春秋·贵公》还提出了政治公平的主张："昔先圣王之治天下也，必先公。公则天下平矣。平得于公。""天下非一人之天下也，天下之天下也。"这样的思想，曾经给后人以重要的影响。

《吕氏春秋·顺民》中还提出，执政要"顺民心"，先古圣王都是先顺民心，然后成就功名的。只有"以德得民心"，才可以"立大功名"。又说，凡有政治举措，一定要事先了解民心民意。这样的观点，在当时应当说是比较开明的政治思想的体现。

《吕氏春秋》还在《十二纪》中强调，施政要依照十二月令行事。而十二月令，实际上是长期农耕生活经验的总结。《吕氏春秋·上农》强调治国应当以农业为重，指出，古代的圣王所以能够领导民众，首先在于对农耕经济的特殊重视。民众务农不仅在于可以收获地利，而更值得重视的，还在于有益于端正民心民志。《吕氏春秋》提出了后世长期遵循的重农的原则，特别强调其意义不仅限于经济方面，又可以"贵其志"，即发生精神文化方面的作用。同篇又从这样三个方面说到推行重农政策的目的：

（一）"民农则朴，朴则易用，易用则边境安，主位尊。"

（二）"民农则重，重则少私义，少私义则公法立，力专一。"

（三）"民农则其产复，其产复则重徙，重徙则死其处而无二虑。"

就是说，民众致力于农耕，则朴实而易于驱使，谨慎而遵从国法，积累私产而不愿意流徙。很显然，特别是其中前两条，

"民农则朴，朴则易用"以及"民农则重，重则少私义"的内涵，其实都可以从政治文化的角度来理解。这样的思想，对于后来历代统治者有长久的影响。

此外，《吕氏春秋》又有《任地》《辨土》《审时》三篇，都是专门总结具体的农业技术的。《汉书·艺文志》称"农家者流"计有九家，班固以为其中"《神农》二十篇"和"《野老》十七篇"成书在"六国时"。然而这两种农书至今已经无存。因而《吕氏春秋》中有关农业的这些重要篇章，成为秦以前极其可贵的农史文献资料。

《吕氏春秋》有关农业的内容，不仅体现了一种重视农耕的政策传统，还体现了一种讲究实用的文化传统。

《吕氏春秋》是战国百家争鸣时代最后的文化成就，同时作为文化史即将进入新的时代的重要的文化标志，可以看作一座文化进程的里程碑。

《吕氏春秋》的文化倾向，对秦帝国的文化政策有重要的影响。

皇帝制度和中央集权的行政体系

秦灭六国之后，秦王政以"天下大定"，而名号如果不变更，则无法标志成功，使事业传之后世，于是承袭"三皇""五帝"传说，自称"皇帝"。据《史记·秦始皇本纪》，嬴政宣布："朕为始皇帝。后世以计数，二世三世至于万世，传之无穷。"秦的统治终于未能长久，但是，秦王朝的若干重要制度特别是皇帝独尊的制度，却对此后两千多年的历史演进产生了深远的影响。

三 秦政的成败　57

　　秦始皇管理天下，表现出非同寻常的勤政的风格。

　　他在统一战争进行期间，就曾经有三次远程出巡。剪灭六国、平定天下后，又曾经五次巡行各地。在灭齐之后的第二年，秦始皇就驱车出巡，在千里长途扬起了滚滚烟尘。《史记·秦始皇本纪》记载："二十七年，始皇巡陇西、北地，出鸡头山，过回中。"鸡头山在今六盘山一带。回中，在今陕西陇县西北。帝车的轨迹，可能已经西至于今甘肃临洮。同年，秦始皇开始"治驰道"。驰道工程虽然主要服务于帝王出行，但是对于秦汉交通网的构成也具有重要的作用。

　　秦王朝建立之后，秦始皇第二次出巡，即以东方新占领区为方向："二十八年，始皇东行郡县。"登泰山，禅梁父，又沿渤海海岸东行，至于胶东半岛的东端，又沿东海海岸南行，回程经过彭城（今江苏徐州），南渡淮水，又浮江而行，最后自南郡（郡治在今湖北江陵）经由武关（今陕西商南南）回归。这一次出巡，云梦睡虎地秦墓出土竹简《编年记》中也有反映，写作："[二十八年]今过安陆。"正是秦始皇"自南郡由武关归"，途中经过安陆（今湖北云梦）的记录。

　　《史记·秦始皇本纪》所记载秦王朝建立之后秦始皇第三次出巡的情形，竟有出入生死险境的经历。据说在阳武博浪沙（今河南郑州东北）地方，曾经遭到武装敌对者的袭击："二十九年，始皇东游。至阳武博狼沙中，为盗所惊。"追捕未得，于是令天下戒严十天，进行大规模搜捕。秦始皇又登临位于今山东烟台的之罘山。回程经过琅邪（今山东青岛南），由上党（郡治在今山西长治西）返回关中。

此后第三年,秦始皇再一次东巡,亲临碣石。又巡视北边,从上郡(郡治在今陕西榆林南)返回咸阳。同年,秦始皇派将军蒙恬发兵三十万北击匈奴,夺取了包括今河套地区的所谓"河南地"。

次年,即秦始皇三十三年(前214),又于西北对匈奴用兵,成功地将匈奴势力逐出今陕西、内蒙古交界地区直至阴山一带,在当地置四十四县,沿河修筑城塞。又派蒙恬北渡河夺取了高阙(今内蒙古杭锦后旗东北)等军事要地,修筑亭障以防御草原游牧民族的侵扰。并且从内地移民以充实边县。三十四年(前213),又调发工役人员修筑长城。

可以推知,秦始皇经营北边的一系列重大决策,是在他出巡亲历北边之后形成的。很显然,重要的区域政策的制定,是以他亲自对当地的实地考察为基础的。

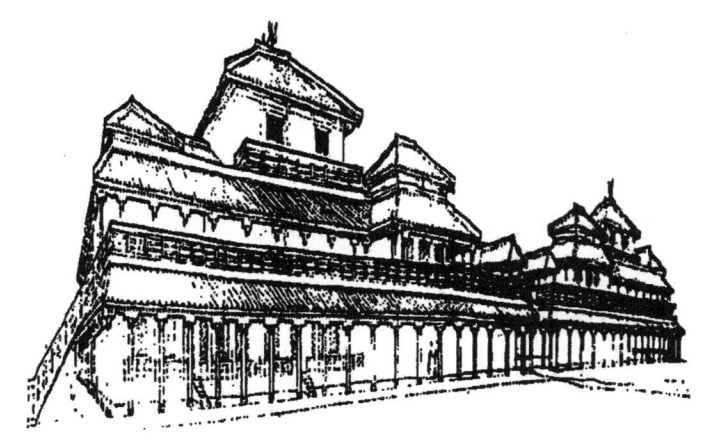

图 2 秦咸阳宫一号宫殿遗址复原图
(据杨鸿勋《建筑考古学论文集》)

秦始皇最后一次出巡,是在秦始皇三十七年(前210)。秦始皇行至云梦,望祀虞舜于九嶷山,又浮江而下,过丹阳(今安徽马鞍山东),至钱唐(今浙江杭州西),临浙江,上会稽山,祭大禹,望于南海,又还过吴(今江苏苏州),沿海岸北上,最终病逝于行途中。

据《史记·蒙恬列传》,秦始皇心怀"欲游天下"之志。关于秦始皇出行,《史记·李斯列传》有"祷祠名山诸神以延寿命"的说法,《史记·秦始皇本纪》又可见"东抚东土,以省卒士"词语。但是,秦始皇不避霜露,辛苦出行的目的,并不仅仅是祷祠各地名山诸神以求长生,也不仅仅是亲自慰抚镇守东方的秦军卒士。琅邪刻石所谓"皇帝之明,临察四方","皇帝之德,存定四极",其实也透露出秦始皇在当时的交通条件下,风尘仆仆,往来于东海北边的动机,有通过这种交通实践了解天下四方的文化风貌,从而巩固和完善秦王朝政治统治的因素。

秦始皇每天"以衡石量书",确定阅览一百二十斤文书的定额,不完成定额,不能休息。秦始皇通过琅邪刻石自称"皇帝之功,勤劳本事","忧恤黔首,朝夕不懈"。这样的言辞可能是大体符合事实的。在这种勤政作风的另一面,是绝对的独裁专断,"天下之事无小大皆决于上"。当时人对于他于是有"贪于权势"的批评。皇帝专权,使得丞相等诸大臣都只能依顺上意。大臣只是执行皇帝个人的意志,甚至丞相也没有独自处理重要政务的权力。臣下不敢发表不同的政见,各自"畏忌讳谀",不敢直接批评皇帝的过失,于是形成了皇帝无视自己的失误而日益骄横,臣下畏于帝王的威权而谄媚取容的政治空气。

秦代政治生活中的一个重要的现象,是"忠"的观念已经逐渐成为社会政治道德的基本规范。

秦始皇二十八年(前219)东巡郡县,至于琅邪,作琅邪台,立石刻,颂秦德,明得意。其中写道:"尊卑贵贱,不逾次行。奸邪不容,皆务贞良。""远迩辟隐,专务肃庄。端直敦忠,事业有常。"提出了对理想的政治秩序的期望。值得重视的是,"忠",已经被明确为臣民必须遵行的政治准则。与忠直贞良的政治品行相对立的所谓"奸邪",受到了严厉的指斥。

云梦睡虎地秦简《为吏之道》,是一篇约定当时官吏行为规范的文书。其中多处说到"忠"的要求,如"宽俗(容)忠信,和平毋怨","以忠为干,慎前虑后"等。其中还写到"吏有五善",指出好的官吏在五个方面有优异的表现,第一条就是"中(忠)信敬上"。相反,在"吏有五失"之中,最严重的就是所谓"非上",即反对和违抗上司,对于这种言行的惩罚,可以"身及于死"。

秦王朝正是期求用这样的政治规则,维护"尊卑贵贱,不逾次行"的秩序,最终实现居于最高权位的皇帝的绝对的专制。"忠",当时已经被看作为政之本。云梦睡虎地秦简《为吏之道》还写道,"为人君则鬼,为人臣则忠",并且以为"君鬼臣忠","政之本也"。"鬼",在这里读作"怀",指亲柔慈和。

"忠"和"不忠",在秦时专制制度下,其实常常是以帝王个人的态度为标尺的。秦始皇时代,蒙恬、蒙毅受到特殊信用,"名为忠信",于是权势超于诸将相之上。而后来蒙氏在上层政争中败落,"不忠"也曾经被指为主要罪名。秦二世时代,赵高欲灭蒙氏,则以所谓"不忠而惑主"使胡亥囚禁蒙毅,胡亥也遣御史对蒙毅说：“今丞相以卿为不忠，罪及其宗。”

秦王朝建立了比较完备的中央政权组织。

中央执政集团中权位仅次于皇帝的最重要的官职是所谓"三公"，就是丞相、太尉和御史大夫。

秦国制度原有相、相国之职，秦统一后，见于记载的相应官员有丞相隗林、丞相王绾、左丞相李斯、右丞相冯去疾等。丞相是朝廷首席文官，总理全国政务。

太尉原称尉、国尉，是朝廷首席武官，是负责全国军事事务的最高长官。

御史大夫地位略次于丞相，是负责监察的大臣，位列上卿。

"三公"之下又有"九卿"，分工管理不同的政务部门。实际上所谓"九卿"官职并不限于九。这一官僚制度体系大体为西汉王朝所继承。按照《汉书·百官公卿表上》的说法，这一级别的官职有：

> 奉常，秦官，掌宗庙礼仪。
> 郎中令，秦官，掌宫殿掖门户。
> 卫尉，秦官，掌宫门卫屯兵。
> 太仆，秦官，掌舆马。
> 廷尉，秦官，掌刑辟。
> 典客，秦官，掌诸归义蛮夷。
> 宗正，秦官，掌亲属。
> 治粟内史，秦官，掌谷货。
> 少府，秦官，掌山海池泽之税，以给供养。
> 中尉，秦官，掌徼循京师。

略次一级的官职，又有：

> 将作少府，秦官，掌治宫室。
> 詹事，秦官，掌皇后、太子家。
> 将行，秦官。
> 典属国，秦官，掌蛮夷降者。
> 内史，周官，秦因之，掌治京师。
> 主爵都尉，秦官，掌列侯。

我们看到，秦王朝的政治制度已经相当严整完备。后来有"汉承秦制"的说法，就是说秦代的这一制度为汉代统治集团大体继承沿袭。

在中国古代政治史中，秦代的官制确实有着特殊重要的意义。《汉书·百官公卿表上》说，周政衰败，官制混乱，战国并争，各有变异，秦兼天下，建皇帝之号，立百官之职。汉因循而不革。秦以前的官制还有待进一步研究，然而一般都公认，秦立百官之职，汉代基本因循又经进一步健全之后，确实确立了中国历代王朝官制的基本格局。

《史记·秦始皇本纪》记载，秦始皇二十九年（前218）之罘刻石，有歌颂皇帝所谓"圣德"的文字，如：

> 皇帝明德，经理宇内，视听不怠。作立大义，昭设备器，咸有章旗。职臣遵分，各知所行，事无嫌疑。……常职

既定，后嗣循业，长承圣治。

秦始皇三十二年（前215）碣石刻石也赞美在这一官僚机器管理下，"天下咸抚""事各有序""莫不安所"。秦始皇三十七年（前210）会稽刻石也写道："初平法式，审别职任，以立恒常"，"后敬奉法，常治无极，舆舟不倾"。都说这种政治秩序的确定，可以保障天下安定。

这种"职臣遵分，各知所行"的政治管理形式的特征之一，是使不同的行政机构并立，不相统属，只对皇帝负责。这种官僚体制在运行正常时，可以体现出较高的效率。另一方面，其特殊性质又保证了政治结构的稳固。秦始皇正是因此期望能够确定"常职"，后代世世相传，以求"长承圣治"的。

秦王朝的中央行政制度在一定程度上继承了秦国传统的制度，强化了官僚的行政职能，并且进一步削弱了宗法贵族对朝政的政治影响力。

秦始皇去世后，赵高、李斯发动政变，扶立胡亥，残害诸王子公主，宗室贵族只能俯首就戮，就连和将军蒙恬一起在北边统领重兵的秦始皇长子扶苏也无力反抗。可见在这样的政治体制下，宗法关系对于朝政大事的作用已经愈益淡薄。

秦的交通建设

秦汉时期，以农耕经济和畜牧经济为主，包括渔业、林业、矿业及其他多种经营结构的经济形态走向成熟，借助交通和商业的发展，各基本经济区互通互补，共同抵御灾变威胁，共同创造社会繁荣，物质文明的进步取得了空前的成就。而经济史的这一演进，由秦在"治道运行，诸产得宜，皆有法式"原则下所谓"一法度衡石丈尺，车同轨"①以及货币的统一起始。

秦维护统一的措施，尤以交通建设成就最为显著。《史记·秦始皇本纪》记载：秦始皇二十七年（前220），"治驰道"。驰道的修筑，是秦帝国交通建设事业中最具时代特色的成就。通过秦始皇和秦二世出巡的路线，可以知道驰道当时已经结成全国陆路交通网的基本要络。《史记·李斯列传》写道，曾经作为秦中央政权主要决策者之一的左丞相李斯被赵高拘执，在狱中上书自陈，历数功绩有七项，其中包括"治驰道，兴游观，以见主之得意"。可见修治驰道是统治短暂的秦王朝行政活动的主要内容之一。《汉书·贾山传》记载，秦"为驰道于天下，东穷燕齐，南极吴楚，江湖之上，濒海之观毕至"。驰道的形制，"道广五十步，三丈而树，厚筑其外，隐以金椎，树以青松。为驰道之丽至于此，使其后世曾不得邪径而托足焉"。

秦始皇时代所修筑的直道，其遗迹在陕西淳化、旬邑、黄陵、富县、甘泉、志丹等地发现多处，路面宽度往往也达五十至六十米②。看来贾山关于驰道规模的记述，并非虚言。从陕西甘泉桥镇方家河直道遗迹的路基断面，还可以看到清晰的夯层。方

---

① 《史记·秦始皇本纪》。
② 据张在明主编《中国文物地图集·陕西分册》，秦直道遗址富县段，路面"最宽处达58米"。秦直道遗址甘泉段，"最宽处58米"。秦直道遗址志丹段，"路面一般宽20~60米"。西安地图出版社，1998，下册第906、921、933页。

家河秦直道遗迹据说在大面积夯筑填方的路基外侧"夯筑出数个平面方形隔墙,隔墙内填土以形成护坡或路面"。这种建筑形式亦见于陕西富县桦沟口段直道遗迹①,或可作为"厚筑其外"的解说。

《史记·秦始皇本纪》:"三十五年,道九原抵云阳,堑山堙谷,直通之。"《史记·六国年表》:秦始皇三十五年(前212),"为直道,道九原,通甘泉"。《史记·蒙恬列传》:"始皇欲游天下,道九原,直抵甘泉,乃使蒙恬通道,自九原抵甘泉,堑山堙谷,千八百里。道未就。"秦始皇三十七年(前210),秦始皇出巡途中死于沙丘平台,"行从直道至咸阳,发丧"②。直道从甘泉宫北行一千八百里,直抵边防重镇九原。秦代经营的交通大道多利用战国原有道路,只有直道是在秦统一后规划施工,开拓出可以体现秦帝国行政效率的南北大通道。司马迁行经直道全程,曾经发感慨说:"吾适北边,自直道归,行观蒙恬所为秦筑长城亭障,堑山堙谷,通直道,固轻百姓力矣!"③直道对于当时交通结构的形成意义重大。对于秦直道的走向,认识则存在分歧。近年考古工作的收获,使若干疑问得以澄清。

---

① 2009年陕西省考古研究院张在明研究员主持的对陕西富县直道遗迹桦沟口段的发掘,对于路基结构、路面状况、护坡形式、排水系统以及规模可观的很可能性质为关卡的高等级道路附属建筑遗存进行了全面的揭露和分析,充实了我们对秦汉交通建设成就的认识。
② 《史记·秦始皇本纪》。
③ 《史记·蒙恬列传》。

经济管理体制的军事化特征

秦王朝建立后，即面临着管理天下经济运行的任务。《史记·秦始皇本纪》说，秦始皇期望"诸产得宜"，在谋求"男乐其畴，女修其业"，即民众都积极倾力于社会生产的基点上，形成新的经济秩序，并且以此为保证，使得农耕得以发展，社会得以富足，实现所谓"黔首是富""诸产繁殖"。

秦王朝在全新的历史条件下带有试验性质的经济管理形式，是值得重视的。秦时由中央政府主持的长城工程、驰道工程、灵渠工程、阿房宫工程、骊山工程等规模宏大的土木工程的规划和组织，表现出经济管理水准的空前提高。秦王朝多具有创新意义的经济制度，在施行时各有得失。

秦王朝经济管理的军事化体制，以极端苛急的政策风格为特征，而不合理地以关中奴役关东的区域经济方针等方面的弊病，也为后世提供了深刻的历史教训。

关于秦王朝经济生活的史料有限，由于秦王朝短促而亡，后人回顾秦制，多持全面否定的态度，秦代经济运行的总体面貌不能得到真切的反映。1975年，湖北云梦睡虎地十一号秦墓出土简书十种，其中多有可以补充史籍记载的珍贵资料。云梦睡虎地秦简所提供的经济史料，使我们对于当时社会经济生活的若干具体情形，得到了一些新的认识。

睡虎地秦简的一部分内容，整理者命名为《秦律十八种》。大致看来，十八种律文都不是该律的全文，抄写人当时只是根据自己的需要摘录了其中有关的部分。

《秦律十八种》涉及的内容相当广泛。

例如，《田律》规定，降雨及时，谷物抽穗，各地应当及时以书面形式上报受雨、抽穗的耕地顷数以及虽开垦却没有播种的田地的顷数。禾稼出苗之后降雨，也应当立即报告雨量多少和受益田地的面积。如果发生了旱灾、风灾、涝灾、蝗灾和其他虫灾，使农田作物遭受损害，也要上报灾区范围。距离近的县，由步行快捷的人专程呈送上报文书。距离远的县，由驿传系统交递，都必须在八月底以前送达。中央政府于是可以全面了解农业形势，严密注视生产进度，准确估算当年收成，进而实施必要的管理与指导，进行具体的规划与部署。

《厩苑律》规定，在四月、七月、十月和正月评比耕牛。满一年，在正月进行大规模的考核。考核中成绩领先的，赏赐田啬夫酒一壶、肉脯一束，饲牛者可以免除一年更役，有关人员还可以得到相应的奖励。律文还规定，如果用牛耕田，牛因过度劳累致使腰围减瘦，每减瘦一寸，主事者要受到笞打十下的惩罚。在乡里中进行的考核中，成绩优异和成绩低劣的，也各有奖惩。我们还看到这样的法律条文：借用铁制农具，因原器破旧而损坏，以文书形式做正常损耗上报，回收原器，不令赔偿。

律文还规定，使用或放牧官有的牛马，牛马若有死亡，应立即向当时所在的县呈报，由县进行检验之后，将死牛马上缴。如果上报不及时，要受到相应的惩罚。如果是大厩、中厩、宫厩的牛马，应将其筋、皮、角和肉的价钱呈缴，由当事人送抵官府。如果小隶臣死亡，也应将检验文书报告主管官府论处。每年对各县、各都官的官有驾车用牛考核一次，牛在一年间死亡超过定额的，主管官员和饲牛的徒有罪。

《仓律》中，对于不同身份的人的口粮定量都做了明确的规定。从事土木工程劳作的役人，根据劳动强度和是否出勤确定口粮的定量。服事劳役的人性别与地位不同，待遇也各不相同。

《金布律》是有关府库金钱布帛之事的法律，规定了关于财务管理的制度。其中说到政府征收和发出钱币的方式。可知当时法律要求，买卖往来，商品"各婴其贾（价）"，即明码标出价格。《关市律》还规定，从事手工业和为官府出售产品，收受金钱时必须当面立即把钱投入陶制容钱器之中，违反法令的要受到处罚。

特别值得注意的，是《工律》中这样的内容："为器同物者，其小、大、短、长、广亦必等。"要求制作同一种器物，其大小、长短和宽度必须相同。即使在官营手工业生产系统，这样讲究标准化的要求，也是值得重视的。《工律》还规定，县和工室由官府有关机构校正其衡器的权、斗桶和升，至少每年应当校正一次。本身有熟习校正方法的工匠的，则不必代为校正。这些度量衡用的标准器在领用时也要加以校正。

《工人程》是关于劳动生产定额的规定。例如，其中写道，冗隶妾二人相当于工匠一人，更隶妾四人相当于工匠一人，可以役使的小隶臣妾五人相当于工匠一人。我们还可以看到，律文明确规定，隶臣、下吏、城旦和工匠在一起生产的，在冬季劳作时，得放宽其标准，三天的定额相当于夏季两天。汉代算术书《九章算术》中有《商功》篇，其中列有计算劳动生产定额和劳动生产率的应用算题，其中写道："冬程人功四百四十四尺"，"夏程人功八百七十一尺,并出土功五分之一"。也说冬夏劳动生产定额有所区别,这是因为冬季和夏季昼夜长短不同。

睡虎地秦简又有《均工律》,体现了使劳役人员才尽其用的原则:隶臣有特殊技艺可以作为工匠的,不承担驾车、烹炊的劳作。《均工律》还说,新工匠开始工作,第一年应当达到规定生产定额的二分之一,第二年所完成的数额应当和熟练工匠相当。工师精心指教,有一定技术基础的工匠,应当一年学成;新工匠则应当两年学成。能够提前学成的,向上司报告,应有所奖励。逾期未能学成的,也应记录在案。

从睡虎地秦简的有关律文可以看到,当时政府对经济生活的控制是相当全面、相当具体的,政府进行经济管理的措施,也达到极细微、极严密的程度。以往以为秦政简略粗疏的成见,其实并不符合历史事实。

秦王朝经济法规的制定和实行,提供了有益的历史经验。

秦王朝的经济管理,有明显的军事化的特征。

《汉书·刑法志》说,秦始皇兼并战国,"灭礼谊之官,专任刑罚",可见秦统一后,关东地区行政人员的成分发生了重要的变化。当时关东地区相当一部分地方官可能出身军人。据考证,秦南郡守腾与伐韩"尽内其地"的内史腾应为一人。云梦睡虎地十一号秦墓墓主作为文吏,也曾长期从军。

秦始皇东游海上,沿途礼祠名山大川以及所谓八神。八神之中,天、地之次即为兵神,所祠神主,是传说时代的战神蚩尤。对于兵神即战神的礼敬,反映战时军事体制的历史惯性仍然有明显的文化影响。据《史记·秦始皇本纪》,琅邪台刻石称"东抚东土,以省卒士",也说明省视慰问留驻关东的部队,包括因军功就任地方官吏的"卒士",受到最高统治者的重视。

秦国在商鞅时代推行新法,奖励军功,给予英勇作战的军人以特殊的厚遇。这样的政策使秦国军力空前强大,但是带来的消极作用也是不可否认的。《韩非子·定法》曾经对秦国杀敌一人者赐爵一级,愿意做官的可以任五十石之官,杀敌二人者赐爵二级,愿意做官的可以任百石之官的商君之法提出批评。韩非指出:现在如果推行这样的法令,让杀敌斩首有功的军士做医师和匠人,那么疾病一定不能解除,屋舍不能建成。匠人,要有施工的技艺。医师,要有医药的知识。如果让有斩首之功的军人承当他们的职责,则必然难以胜任。行政管理,要依靠智能。而杀敌斩首,所依靠的是勇力超人。任用勇力超人的人来做智能之官,就好比让有杀敌斩首之功的军人去充任医师和匠人。

秦王朝以军人为吏,必然使各级行政机构都容易形成极权专制的特点,使行政管理和经济管理都具有军事化的形制,又使统一后不久即应结束的军事管制阶段在实际上无限延长,终于酿成暴政。我们对秦整个官僚机构的特点(这一特点的形成有历史传统的因素)进行分析,就不难觉察到,以往探究秦虐政的根源往往归于秦始皇、秦二世个人的看法未免失之于片面。《史记·秦始皇本纪》和《陈涉世家》都有关东人"苦秦吏"的说法。秦末起义时,关东郡县民众苦于秦吏的残酷,纷纷奋起,皆杀其守、尉、令、丞以反,以应陈涉,甚至秦地方官如沛令、会稽守通等愿意发兵响应民众的抗秦斗争,也为起义军所不容。据《汉书·谷永传》,汉代人谷永回顾这一段历史时也指出,秦政权迅速崩溃的主要原因，是"刑罚深酷，吏行残贼"。所谓关东民众"苦秦吏"，所谓"吏行残贼"，都说明秦军吏在关东地区推行苛政的作用是不容忽视的。

在秦末爆发反秦大起义，起义军直逼秦统治中心的形势下，秦王朝迅速将秦始皇陵和阿房宫建筑工程征用的役人即所谓"骊山徒"临时编集为具有较强战斗力的军队，又屡创胜绩，说明秦王朝对于人数众多的徭役人员，很可能是按照军队编制进行组织，运用军事化形式予以管理的。

"焚书坑儒"和"以吏为师"

秦王朝的专制统治表现出高度集权的特色，其思想文化方面的政策也具有与此相应的风格。秦王朝虽然统治时间不长，但是所推行的文化政策却在若干方面产生了相当深远的历史影响。

"书同文"原本是孔子提出的文化理想。孔子的孙子子思作《中庸》，引述孔子的话说："今天下车同轨，书同文，行同伦。"虽然据有政治地位，但是没有相应的政治道德，是不能够主持礼乐的；而即使有相应的政治道德，但是未能据有政治地位，也是不能够主持礼乐的。

"书同文"，成为文化统一的一种象征。但是在孔子的时代，按照儒家的说法，有其位者无其德，有其德者无其位，"书同文"实际上只是一种空想。战国时期，分裂形势更为显著，书不同文也是体现当时文化背景的重要标志之一。正如东汉学者许慎在《说文解字叙》中所说，"诸侯力政，不统于王"，于是礼乐典籍受到破坏，天下分为七国，"言语异声，文字异形"。

于是，秦灭六国，实现统一之后，丞相李斯就上奏建议以"秦文"为基点，欲令天下文字"同之"，凡是与"秦文"不一致的，统统予以废除，以完成文字的统一。

历史上的这一重要文化过程，司马迁在《史记·秦始皇本纪》的记载中写作"书同文字"与"同书文字"，在《六国年表》与《李斯列传》中分别写作"同天下书"和"同文书"。

《汉书·艺文志》和《说文解字叙》都曾经说到秦文字有八体，即大篆、小篆、刻符、虫书、摹印、署书、殳书和隶书。其中主要是小篆和隶书。大约郑重的场合用小篆，一般的情况用隶书。李斯的《仓颉篇》，赵高的《爰历篇》，胡毋敬的《博学篇》，是官方正式颁布的文字范本，都用小篆书写。

秦统一文字，是中国文字演变史上的一次大转折。不过，所谓"书同文"，并不是一个简单的只靠行政命令就可以在短时期内全面实现的过程。文字的变革，因秦王朝短促而亡，并没有能够真正完成。"书同文"的事业在汉初继续进行，实际上到汉武帝时代才可以说逐步走向定型了。经过了这一转折，汉代的文字和先秦的文字表现出相当大的差异，以致汉时以渊博著称的学者也已经难以通谙先秦的文字。

秦王朝的"书同文"虽然并不像有些人理解的那样成功，但是当时能够提出这样的文化进步的规划，并且开始了这样的文化进步的实践，应当说，已经是一个值得肯定的伟大的创举。秦王朝推行文化统一的政策，并不限于文字的统一。

我们在秦始皇出巡时在各地的刻石文字中，可以看到要求各地民俗实现统一的内容。比如琅邪刻石说到"匡饬异俗",之罘刻石说到"黔首改化,远迩同度",都表示各地的民俗都要改造,以求整齐统一。而强求民俗统一的形式,是法律的规范,就是所谓"普施明法,经纬天下,永为仪则"。

更为明显的实例,是会稽刻石中还说到皇帝"亲巡天下,周览远方""宣省习俗,黔首斋庄",对于当地民俗的干预,已经相当具体。例如,"有子而嫁,倍死不贞""妻为逃嫁,子不得母"等现象都受到谴责,期望建立所谓"防隔内外,禁止淫泆,男女絜诚"的新的道德秩序,甚至宣称"夫为寄豭,杀之无罪"。对各地民间家庭婚姻习俗的强制性改造的方针,表现出新政权文化统制的严酷。

掌握最高政治权力的秦帝国的统治者期望直接以强制手段改变民俗,确定新的有利于"常治无极"的"法""令""轨""则",即新的文化规范,以实现会稽刻石所说的"大治濯俗,天下承风"的局面。

《汉书·地理志下》写道:民众的性情是有地方差异的,"刚柔缓急,音声不同",和水土之风气有关,这就是"风";"好恶取舍,动静亡常",与君上之情欲有关,这就是"俗"。孔子说:"移风易俗,莫善于乐。"是说圣王在上,有"统理人伦"的责任,以正确的文化导向使民间风俗"混同天下一之乎中和",然后则可以成就"王教"。

统一国家的建设,必然促成文化的融合与统一,然而问题在于实现这一过程的手段和方式。战国时代,各地居民因长期分裂的政治形势造成的不同的心理状态是很明显的,秦人风俗与东方各国更有较大差异。秦统一后，秦王朝企图以强制手段将秦地风俗推行全国以"匡饬异俗""大治濯俗"，追求所谓天下民俗文化的"混同""中和"。而云梦睡虎地秦墓竹简《语书》写道："圣王作为法度，以矫端民心，去其邪避（僻），除其恶俗。"这说明秦政府在实现统一的过程中，在战争警报尚未解除之际，就已经将这种"移风易俗"的事业作为主要行政任务之一，并以法律为强制手段，以军事管制的形式强力推行这一政策了。

古代风俗中至今能够留下最明显遗迹的莫过于葬俗。秦始皇陵西侧赵背户村秦刑徒墓的葬式大多与秦人墓葬东西方向的传统相一致，出土骨架一百具，仅有四具为仰身直肢葬，绝大多数为蜷曲特甚的屈肢葬，与关中地区春秋战国时期秦国屈肢葬的蜷曲情况相同。这种现象，应该理解为出身关东地区的劳役人员在专制制度下生前备极劳苦，死后仍被迫以秦人风俗就葬。

秦王朝在思想文化方面谋求统一，是通过强硬的专制手段推行有关政策的。所谓"焚书坑儒"，就是企图完全摈斥东方文化，以秦文化为主体实行强制性的文化统一，甚至不惜采用极端残酷的手段。

秦王朝力求以专制手段实现文化统一的政策和战国以来思想文化倾向自由的传统，终于发生了激烈的冲突。

秦王朝建立了高度集权的专制主义政治体制之后，战国时代旧有的文化体制被否定，文化成为政治军事的附属，私学盛起的形势一去不复返，生动活跃的文化气氛被洗荡一空。一些儒生和游士于是私下批评时政，引用儒学经典《诗》《书》及百家语，以古非今。

在秦始皇三十四年(前213)关于郡县制的御前辩论中，丞相李斯批判了儒者遵行古制、实行分封的主张。他说，先古五帝三代制度不相承袭，各因时势之变异用不同的方式治理天下。当今陛下创大业，建万世之功，其意义，当然是狭隘浅薄的儒生不能理解的。儒者所说三代分封之事，当代不可以遵法。李斯又说，古者天下散乱，不能统一，诸侯并争，厚招游学，形成了"道古以害今，饰虚言以乱实"的风气。现在天下已经平定，法令出于皇帝，而私学却公然非毁法教，诸生不师今而学古，批判当世之政，惑乱民众之心，政令一旦颁下，都各自站在其学派的立场上妄加批评否定，以超越主上、标新立异来抬高自己的名位，甚至公然诽谤朝政。如此不加制止，上则损害皇帝的威望，下则扩大私党的影响，因此应当严厉禁绝。

李斯又建议，除秦官定史书《秦记》以外，其他历史记载都予以烧毁。除了博士官所掌管的以外，天下有私人收藏《诗》《书》、百家语者，都必须交地方官员烧毁。有敢私下讨论《诗》《书》的，处以弃市之刑，以古非今的，诛灭其家族。官员知情而不举报者与其同罪。焚书令颁下三十天仍然拒不遵行的，罚做筑守边城的劳役。而医药卜筮种树之书，不在禁烧之列。

李斯的建议得到秦始皇的批准。

秦始皇焚书，是对先秦思想文化成就的冷酷的否定和粗暴摧残，是中国文化史上一次严重的浩劫。

焚书之后不久，又发生了坑儒事件。

秦始皇晚年，独断专行，又迷信方术，欲求长生。曾经受到他信用的侯生和卢生不满秦始皇贪于权势，专好以刑杀强化自己的威权，于是相约逃亡。秦始皇大怒，以侯生和卢生的"诽谤"之罪，疑心诸生在咸阳者多以妖言扰乱民心，于是使御史严厉拘审，将所谓诸生"犯禁者"四百六十余人坑杀于咸阳，以警告天下有不同政见的文化人。

秦始皇长子扶苏劝谏道，天下初定，远方人心尚未安宁，诸生不过诵法孔子之学，现在以严酷之法处置，担心天下将会发生动荡。秦始皇大怒，斥令扶苏离开咸阳，到北方边疆蒙恬的部队中担任监军的职务。

秦始皇"焚书坑儒"等极端的措施造成了思想文化的凋零，同时也激起了知识界对秦政普遍的抵触和反抗。

对于"焚书坑儒"，历来有种种的否定与抨击，但是历史条件和文化背景的复杂是不可以简单论定的。明代思想家李贽在《史纲评要》卷四《后秦纪》中曾经这样评论李斯关于焚书的上书："大是英雄之言，然下手太毒矣。当战国横议之后，势必至此。自是儒生千古一劫，埋怨不得李丞相、秦始皇也。"

秦王朝对思想文化的严酷控制，反映了秦王朝当政集团比较激进的行政作风，同时又表现出长期战争之后行政军事化的历史惯性。

秦王朝文化政策的一个重要特征，是强调所谓"以吏为师"，也就是由官吏承担思想文化方面的领导，代替了先前私学繁盛时代的"师"。

李斯在建议焚书时，曾经说道，异时诸侯并争，因而游学大盛。而今天下已定，法令出一，百姓应当努力投身生产，文人应当学习法令制度，并且对于所谓"私学"批评干扰"法教"的情形提出严厉的指责，以为如此将致使专制权力在思想文化领域动摇。在李斯等人的眼里，"私学"和"法教"形成了尖锐的文化对立。推行焚书令之后，他又提议用行政力量指导文化行为，明确要求："若欲有学法令，以吏为师。"

以所谓"若欲有学法令，以吏为师"，取代了原先相当活跃的"私学"，表现出秦政权重"法"而轻"学"的文化价值取向。后来汉代人评价秦政时，对此多有严厉的批判，指出了秦王朝这一文化政策的反文化的实质。如贾谊《过秦论》所谓"废王道，立私权，禁文书而酷刑法，先诈力而后仁义"，《史记·淮南衡山列传》引伍被语所谓"绝圣人之道，杀术士，燔《诗》《书》，弃礼义，尚诈力，任刑罚"，《汉书·吾丘寿王传》引吾丘寿王语所谓"废王道，立私议，灭《诗》《书》而首法令，去仁恩而任刑戮"，《盐铁论·褒贤》所谓"弃仁义而尚刑罚，以为今时不师于文而决于武"，《汉书·刑法志》所谓"毁先王之法，灭礼谊之官，专任刑罚"等。

其实，所谓"以吏为师"，或许也可以理解为并不以简单的"学法令"为限。这一指令所针对的"学"的意义，实际上涵盖了极宽泛的文化范畴①，于是形成了秦政关于文化统制的一个基本原则。

云梦睡虎地秦简所见南郡守腾颁发给本郡各县、道的公告《语书》中，就写道：圣王制定法律，用以端正百姓的意识，改造邪戾的性情，清除恶劣的习俗。由于法律不尽完备，百姓中多有

---

① 《史记·秦始皇本纪》裴骃《集解》引述徐广的说法："一无'法令'二字。"也就是说，当作："若欲有学，以吏为师。"

伪诈奸巧，以致干扰法令实施的。所有的律令，都是要教导百姓改造邪戾的性情，清除恶劣的习俗，使他们能够成为良善之民。①

《语书》又责备道：现在法律已经齐备，但是仍然有一些官吏民众不予遵守，习俗淫佚放荡的人未能收敛，这将导致主上的大法不能实行，邪恶的风气得以助长。如此，则严重危害国家，也不利于百姓。② 可见，"民心""乡俗"等文化形态，是"法度"所"矫端"的对象，而"吏"的作用，确实也是相当突出的。按照《语书》中的说法，即："凡良吏明法律令，事无不能涏（也）。"以为良吏如果明习了法律令，则可以应对任何复杂的行政难题。在秦王朝的价值评定体系中，"法律令"被抬高到万能的地位，"良吏"也被抬高到万能的地位。

"以吏为师"，宣告了春秋战国时代发生于民间，曾经向历史提供过伟大文化贡献的"私学"终于被取缔。于是，政治领导文化、政治规范文化、政治统制文化、政治奴役文化的历史定式开始形成。这一定式对于后来中国文化演进的历程发生的影响，是十分显著的。

秦王朝关东政策的失败

人们一般多强调秦王朝成就了许多有利于统一的事业，如定

---

① 原文为："圣王作为法度，以矫端民心，去其邪避（僻），除其恶俗。法律未足，民多诈巧，故后有间令下者。凡法律令者，以教道（导）民，去其淫避（僻），除其恶俗，而使之于为善殹（也）。"
② 原文为："今法律令已具矣，而吏民莫用，乡俗淫失（泆）之民不止，是即法（废）主之明涏（也），而长邪避（辟）淫失（泆）之民，甚害于邦，不便于民。"

疆域、书同文、车同轨、行同伦等（这些政策的具体形式和真正意义还可以继续讨论），而往往忽视事情的另一方面，即秦王朝的行政制度总的来说是以秦人对关东地区的征服、压迫和奴役为前提的。可以说在秦帝国最初的基土中，就已经生发出不利于统一的裂痕。

秦统一后，采取一系列措施以防范关东地区的反抗力量。平毁城郭，拆除堡垒，收天下兵器聚之咸阳加以销毁，秦始皇四次出巡山东，封禅泰山，求鼎泗水，刻石纪功，宣扬皇帝的权威。其出巡目的，如秦二世所说，即巡行郡县，宣示强权，威服海内，臣畜天下。途中曾经使刑徒三千人伐尽湘山林树，使山色为赭，又入海射大鲛鱼，特意在六国中较强的楚、齐故地显示武力。

秦始皇曾经强行迁徙天下豪富十二万户至于咸阳，以削弱关东地区的经济力量，又曾经往琅邪移民三万户。又经营"新秦"，迁徙罪人充实之。还曾经向丽邑（今陕西临潼）移民三万户，向云阳（今陕西淳化西北）移民五万户，向北河榆中（今内蒙古中部、陕西北部）移民三万户。史书还有"徙天下不轨之徒于南阳"的记载，据《汉书·地理志下》说，徙处南阳的移民，不得不脱离农耕生产，改事"商贾渔猎"，可见这种大规模的强制性的移民必然使关东地区原有的农业、手工业经济遭受破坏。迁徙者往往只得到"复"，即免除一定时间劳役的有限代价，经过对土地和其他不动产掠夺式的再分配过程，关东豪富的经济实力大为削弱。他们经济上受到政府的盘剥和扼制，政治上的反秦立场自然日益坚定。

当时有"秦富十倍天下"的说法。据云梦睡虎地秦简《仓律》，各地仓储均为"万石一积",即以"万石"作为积储单位,而只有"栎阳二万石一积,咸阳十万石一积"。关中经济之丰饶富足与关东经济之凋敝残破形成鲜明对比,正是由于所实行的政策有明显的区别。①

冯去疾、李斯、冯劫曾经进谏秦二世说,关东民众反抗激烈,都是由于戍漕转作劳苦不堪,而且赋税负担过于沉重的缘故。已经认识到引起人民起义的直接原因是滥发徭役、横征赋税。

秦始皇统治的最后几年,连续组织了多项规模宏大的土木工程。据《史记·六国年表》,秦始皇三十四年(前213)"筑长城",三十五年(前212)"为直道"。秦长城西起临洮(今甘肃岷县),东至辽东,长达一万余里。长城工程使北边结成了牢固的军事防御体系。直道工程完成了从九原直通关中的军用道路,沿途削颓山峰,填平峡谷,直通南北。从现有道路遗迹看,路面往往宽达五十至六十米,可知当时工程量的浩巨。秦始皇又在渭河以南营建以阿房宫为主体的新的宫廷建筑体系。同时,其他服务于皇帝本人的宫殿建筑群也在各地营造,据《史记·秦始皇本纪》说,关中地区计有宫室三百处,关外则多至四百余处。秦始皇陵即骊山工程也进入了集中数十万人力紧张施工的阶段。史书记载阿房宫工程和骊山工程使用人力多达七十余万人,根据对秦始皇陵土方工

---

① 《史记·高祖本纪》记载,刘邦入咸阳后,还军霸上,谢绝秦人献飨,说道:"仓粟多,非乏,不欲费人。"以粮仓充实,决定不对当地民众多所征敛。楚汉战争时,萧何曾经以关中为根据地,漕运军粮,使刘邦军主力得到充足的军需给养。据《史记·留侯世家》,汉并天下,娄敬劝刘邦建都关中,刘邦心有疑虑。而张良以关中"沃野千里""天府之国",力促刘邦做出了定都长安的正确决策。

程量和当时人劳动生产率的核算,可知这样的记载是符合历史事实的。

此外,秦王朝又肆意征发军役,北敌匈奴,南戍五岭。当时丁男被甲出征,丁女转输军粮,远戍者战死于边地,转输者僵仆于道路。征发徭役如此严酷,致使所余从事正常生产的丁壮极其有限。《汉书·食货志上》说,秦时百姓承担的力役达到古时的三十倍。徭役无疑成为当时人民感受到的最沉重的压迫。

值得注意的是,以运输为主要劳役形式的服役者也多来自关东地区。从这一分布形势来看,当时承受繁重徭役负担的主要是关东人。①

陕西临潼秦始皇陵西侧赵背户村发掘的劳役人员的墓地中发现十九人的瓦文墓志,其中计有标志刑徒籍贯的地名十四个,分别属于原三晋、齐、鲁和楚国故地。进行勘查、清理的考古工作者指出:"瓦文与记载相互参证,说明修建始皇陵的大批刑徒,都从原山东六国诏调而来。"②屯大泽乡谪戍渔阳九百人中,阳城人陈胜、阳夏人吴广等有明确籍贯者也均为关东人。

---

① 《史记·平津侯主父列传》:"天下蜚刍挽粟,起于黄、腄、琅邪负海之郡,转输北河。"《史记·淮南衡山列传》:"转负海之粟致之西河。"贾谊《新书·属远》:"输将起海上而来。"《淮南子·人间》:"发卒五十万,使蒙公、杨翁子将筑修城,西属流沙,北击辽水,东结朝鲜,中国内郡挽车而饷之。"秦时,关中人主要畏惧秦法之严苛,并不以赋役为最重的负担。《史记·秦始皇本纪》记载:"始皇初即位,穿治骊山,及并天下,天下徒送诣七十余万人。"很显然,此处"天下",大致是指关东地区。"徙天下豪富于咸阳""徙天下不轨之民于南阳"(《汉书·地理志下》)也是如此。沛人刘邦曾经以亭长为县送徒骊山,六人黥布也曾经论输骊山。都是关东人往关中服役的例证。
② 始皇陵秦俑坑考古发掘队:《秦始皇陵西侧赵背户村秦刑徒墓》,《文物》1982年第3期。

秦二世三年（前207）十一月，发生了项羽在新安（今河南渑池东）坑杀秦章邯军降卒二十万的著名事件。事件起由在于项羽率领的关东诸侯联军对秦人的怀疑和歧视，而最初则又与诸侯军吏卒早时曾经徭役屯戍经过秦中，受到秦中人的歧视有关。① 秦人由于不负担繁重徭役，与关东人形成的鲜明对比，以及基于类似因素而产生的显著的地方优越感和特权观念，进一步激发了关东人的复仇心理。

沙丘政变

秦始皇三十七年（前210），秦始皇再次东巡。左丞相李斯、右丞相冯去疾以及公子胡亥随行。

秦始皇和他的随行人员从咸阳出发，向东南行经云梦，然后浮江而下，视察吴越旧地，登会稽山（今浙江绍兴东南），临望东海。又沿海岸北上，至于琅邪（今山东青岛南）。接着沿海岸行经荣成（今山东荣成）、之罘（今山东烟台），又继续西行，至平原津（在今山东平原）时，病重不起。

病情愈益恶化的秦始皇用皇帝玉玺封书赐监军于上郡的公子扶苏，令他与丧车相会于咸阳，主持葬事。

七月丙寅这一天，秦始皇在沙丘平台（今河北广宗西北）去世。

这位后来得到"千古一帝"称誉的王者的人生历程结束了。秦

---

① 《史记·项羽本纪》："诸侯吏卒异时故徭使屯戍过秦中，秦中吏卒遇之多无状。"

人叱咤风云、号令天下的英雄时代也结束了。

因皇帝死于京城之外,左丞相李斯担心诸公子及天下会发生变乱,于是秘不发丧。将秦始皇遗体载于可以密封车厢的车中,百官奏事,宦者进食,都一如往日。时值暑季,尸车散发出恶臭,赵高等人又吩咐车队加载一石鲍鱼,以掩盖其气味。

秦始皇赐公子扶苏书虽然已经封缄,却停置在主持机要办公事务的中车府令赵高手中,没有来得及交付使者发出。赵高因为曾经教授胡亥文书法律知识,私人关系较为密切,于是和胡亥、李斯阴谋毁掉秦始皇所赐扶苏书,重新伪造秦始皇遗诏,假称秦始皇生前交付丞相李斯,立公子胡亥为太子。

赵高在阴谋帮助胡亥取得皇位继承权的同时,又与胡亥、李斯伪造赐公子扶苏及将军蒙恬书,责问其罪过,并且令其自杀。扶苏、蒙恬心有疑惑,但扶苏从父赐子死不能违抗的观念出发,随即自尽。蒙恬不肯死,被囚禁于阳周(今陕西子长北),后来也被迫吞药自杀。于是,对胡亥地位的主要威胁得以排除。

胡亥及赵高、李斯的车队经行直道回到咸阳。在这一年(前210)的九月,在骊山安葬秦始皇。

十月戊寅日,秦二世胡亥诏令大赦罪人,正式宣告自己继承了帝位。这正是秦始皇去世之后的第七十二天。

秦二世胡亥以非法手段取得帝位之后,担心诸公子及大臣疑而不服,导致变乱,于是密谋杀害诸公子及先帝故臣。在咸阳处死十二位公子,在杜县(今陕西长安西南)处死十位公主。秦始皇陵东侧上焦村西清理的八座秦墓,其中十八号墓没有发现人骨,其余七座墓墓主为五男二女,年龄在二十岁至三十岁左右,大多骨骼分离散置。十五号墓的墓主肢骨相互分离，置于椁室头箱盖上，头骨则发现于洞室门外填土中，右颚骨上仍插有一支铜镞。据考古工作者分析，这批墓葬墓主身份可能是秦宗室的成员。①《史记·李斯列传》记载，公子高曾准备逃走，又担心其家族受到残害，于是上书请求从葬于骊山脚下。胡亥准许了这一请求，并赐钱十万予以安葬。

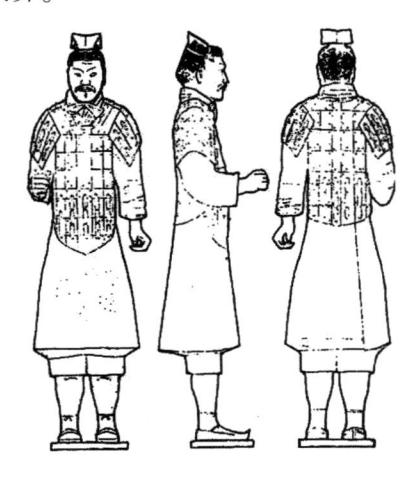

图3　秦始皇陵兵马俑

《史记·秦始皇本纪》记载，赵高对秦二世说，先帝临制天下年久，所以群臣不敢发表不同的政见。现今陛下年轻，刚刚即位，如何在与公卿廷议决策大事时维护权威呢？如果所言有误，则在群臣面前暴露了短处，天子称"朕"，本来就是说不能轻易听到其声音。秦二世信从他的话，于是常居于宫禁之中，只单独会

---

① 秦俑考古队：《临潼上焦村秦墓清理简报》，《考古与文物》1980年第2期。

见赵高决定朝事，后来公卿大臣也很少能够朝见。

这种表现出严重内在封闭性特征的政治形式，使新政权原有的积极的政治活力也窒息了。司马迁说，秦二世统治时期"用法益刻深"，就是说，其专制统治的严酷，可能更超过了秦始皇时代。当时，不仅"黔首振恐"，而且"宗室振恐"，社会上下都被深重的黑色恐怖所笼罩。

秦时专制制度的明显弊病，已经严重妨碍了政治机器的正常运行。

大泽乡暴动

秦二世当政初，年仅二十一岁。他自以为年少，即位不久，百姓不能集附，又仰慕秦始皇巡行郡县而威服海内的事迹，决意东巡。据司马迁在《史记·秦始皇本纪》中的记载，秦二世元年（前209），李斯、冯去疾等随从新主往东方巡行。这次出行，时间虽然颇为短暂，行程却甚为辽远。秦二世及其随从由咸阳东北行，"到碣石，并海，南至会稽"，又再次北上至辽东，然后回归咸阳。

秦二世春季启程，四月还至咸阳。如果记载不误，在当时的交通条件下，作为帝王乘舆，这次出巡无疑已经创造了连续高速行驶的历史记录。

四月秦二世回到咸阳，七月就爆发了陈胜起义。不久，秦王朝的统治就迅速走向崩溃。可以说，秦二世"巡行郡县，以示强，威服海内"的政治目的并没有实现，沿途山海之神"皆礼祠之"所表现的虔敬也没有得到预想的回报。

从秦二世东巡经历所体现的行政节奏，可以反映这位据说辩于心而讷于口的新帝对秦始皇所谓"勤劳本事""夙兴夜寐""朝夕不懈""视听不息"，以及每天"以衡石量书"，不完成审阅一百二十斤文书的定额则决不休息的勤政风格的继承。但是，秦王朝所面临的政治危机，已经不是一两个政治活动家凭个人的才智和努力能够挽回的了。

秦王朝统治时期，民众所承受的最沉重的负担，是徭役的征发。这一现象的极端表现，是征发"闾左"服役。据说正是因此而导致了政权的崩溃。汉代人总结秦亡的原因，往往以"发闾左之戍"与"收泰半之赋"并称。"闾左"，就是"闾佐""里佐"，也就是秦王朝基层政权的基本支持力量。徭役征发的过度，已经不得不使这些原先基层农耕生产的组织者和地方治安秩序的维护者也受到冲击，终于使《史记·李斯列传》中所谓"人人自危，欲畔（叛）者众"的政治危机演进到无以挽回的严重地步。①

秦二世元年（前209）七月，被征发赴渔阳（郡治在今北京密云西南）戍边的九百名士兵在大泽乡（今安徽宿州东南）遇大雨，道路不通，不能按时抵达指定地点。而秦法规定，失期要判处斩首之刑。

农民出身，在戍卒中担任屯长的陈胜和吴广，商议在"天下苦秦久矣"的社会背景下举兵反抗秦的暴政。据司马迁在《史记·陈涉世家》中的记载，他们利用当时民众的神秘主义观念，在鱼

---

① 王子今：《"闾左"为"里佐"说》，《西北大学学报》1985年第1期。

腹中暗置丹字帛书，书写"陈胜王"。又在宿营地附近丛祠中篝火狐鸣，呼曰"大楚兴，陈胜王"，作为宣传鼓动形式。于是初步形成政治威望。他们杀掉两名秦尉官，号召同行戍卒说，大家行途遇雨，都已经不能够在规定的日期抵达戍地，而失期当斩，即使免除斩首之刑，戍边而死的往往多达十分之六七，"且壮士不死则已，死即举大名耳，王侯将相宁有种乎！"

陈胜、吴广首义反秦，得到了众戍卒的响应和拥护。

于是陈胜自立为将军，吴广为都尉，率领部众，攻大泽乡，又攻蕲县（今安徽宿州南），接着进攻战略要地陈（今河南淮阳）。这时起义军已经发展到战车六七百乘，骑兵千余，士卒数万人。攻克陈后，陈胜立为王，号为"张楚"。

陈胜在大泽乡举起义旗之后，各地民众闻风而起。如贾谊《过秦论》所说，"斩木为兵，揭竿为旗，天下云集响应"。按照《史记·六国年表》的记载，七月，陈胜起兵，九月，各地郡县都举起义旗。就楚地而言，人众多至数千的反抗秦王朝的武装集团已经多不胜数。

陈胜派遣将军周文率军西进击秦。周文部行抵函谷关时，已经集结了战车千乘，士卒数十万。周文率领的起义部队进军到戏（今陕西临潼东），使秦王朝的统治中心咸阳受到直接的威胁。

秦二世大为震惊，召集群臣商议对策，章邯建议赦免骊山工程劳役人员，授以兵器，以迎战周文军。秦二世于是大赦天下，武装骊山役人，命令章邯统率这支临时组成的大军，击破了孤军深入的周文军。

周文被迫向东退却，至于曹阳（今河南三门峡西），在章邯军的追击下再次溃败。又撤退到渑池（今河南渑池西），再次遭到章邯军主力的攻击。十一月，周文全军惨败，被迫自杀。章邯军又进兵击破围攻荥阳（今河南荥阳东北）的吴广军。吴广在内部争斗中丧生。章邯军又相继击破多支陈胜属下起义军部队。十二月，陈胜在转战至于下城父（今安徽涡阳）时，被御者庄贾杀害。

陈胜起义虽然从起事到失败前后只有六个月时间，但是从根本上动摇了秦王朝的统治，号召和鼓舞了各地各阶层民众的反秦斗争。正如司马迁《史记·陈涉世家》所说，陈胜虽然个人陷于悲剧结局，举事不久就死去，而他所分立派遣的其他军事政治集团首领，曾经归附于他的侯王将相们最终埋葬了秦王朝。挑战暴政，终于灭秦的历史事业的胜利，陈胜功在第一。陈胜大泽乡倡义的首功是不可磨灭的。

四　楚汉春秋

从陈胜起义到刘邦在垓下决战时击灭项羽军,虽然只有七年时间,但是在这一时期,历史却有极其生动的变化。诸多英雄智士有声有色的历史表演,使秦汉之际战火之中的社会文化面貌,依然显得活泼而丰实。

通过秦亡之后以刘项为主的强权集团之间的军事竞争,终于使其中一个最强大的政治组合取得了主宰天下的权力。

六国旧贵族的复国运动

陈胜起义爆发之后,各地反秦政治势力纷纷以恢复六国为政治目标。

陈胜集团的领导中枢也确定了"复立楚国之社稷"的方针。此后,除陈胜号为"张楚"外,又先后有葛婴立襄为楚王,秦嘉立景驹为楚王,项梁立楚怀王孙心为楚王。

民间流传的"楚虽三户,亡秦必楚"的说法,也印证了楚国复国力量最为强盛的历史事实。

短时间内，又有武臣自立为赵王，韩广自立为燕王，田儋自立为齐王，陈胜立魏国旧王族咎为魏王。

这一政治形势的出现不是偶然的。

从历史文献的记载看，秦始皇时代秦帝国的反抗力量主要活动于关东。《史记·秦始皇本纪》记载，秦始皇二十九年（前218）东巡途中，发生良与客狙击秦始皇的博浪沙事件。三十六年（前211），有人书刻东郡陨石，宣示："始皇帝死而地分。"同年，平舒道又有人拦截使者，预言"今年祖龙死"。反秦武装集团的活动，见于史籍的则有《史记·魏豹彭越列传》所说彭越在巨野泽中纠集亦渔亦兵的"群盗"，《史记·黥布列传》所说黥布在江中"为群盗"，等等。秦末大起义中十数家反秦武装力量也均崛起于关东，如贾谊《过秦论》所说，陈胜振臂一呼，"天下云集响应，赢粮而景从，山东豪杰遂并起而亡秦族矣"。从另一方面看，自陈胜起事到秦亡，起义军始终被称为"关东盗"，关中地区未曾燃起一星反抗的火花。

事实上，所谓"天下苦秦久矣"这一反秦战争中最富于号召力的口号，其意义是有地域性局限的，它集中表抒出关东地区社会各阶层对秦王朝统治的怨愤。秦王朝关东政策的失败确实是秦覆亡的主要原因之一。

其实，秦国历来与东方各国保持着风俗、制度等方面的不同特点。秦孝公以前，秦人僻在雍州，与中原诸侯交往有限，因而被视为"夷翟"。据《史记·秦本纪》，秦人曾经自以为"诸侯卑秦，丑莫大焉"。事实上，秦文化确实有来自西北少数民族文化的若干因素。司马迁在《史记·六国年表》中也说"秦杂戎翟之俗"。秦人文化表现最富有德义色彩之处,也不如鲁国卫国最可指责为暴戾之处。文化鸿沟之深,是不可能在短期内特别是通过强制手段克服的。云梦睡虎地秦墓竹简《法律答问》中,有关于关东人与秦人争斗使秦人致伤时要严厉处置的规定。① 秦法律条文中"邦客"与"主人"的不同的专用称谓,体现在秦地,关东人与秦人身份等级不同,社会待遇也不同。

秦统一以后,这种长期对立造成的敌对情绪仍有表现,但是作为统一帝国主宰的秦王朝最高统治者并不注意努力消弭这种情绪,而且本身也受到这种狭隘观念的局限。《史记·平津侯主父列传》记载,西汉政论家严安曾经批评秦"循其故俗"。贾谊《过秦论》也指出,战争时期谋求并兼与和平时期谋求安定,政治方针和政治策略应当有所不同,然而秦实现统一之后,仍然未能改变战时的政治风格,所以"取之"的政策与所以"守之"的政策竟然没有区别。② 秦王朝最高统治者仍然以取天下之道规划守天下之政,并且仍然以倚据关中对峙关东为战略思想。关于秦始皇陵兵马俑的主题尚有争论,但秦始皇时代所经营的这一规模宏大的军阵模型是以东方武装集团作为假设敌的事实是毋庸置疑的。这也说明秦始皇的统治思想尚未完成应有的时代性转变,以这种思想为基础制定的关东政策自然表现为苛重的赋役和恐怖的虐杀。

---

① 云梦睡虎地秦墓竹简《法律答问》:"邦客与主人斗,以兵刃,投(殳)梃、拳指伤人,毄(擊)以布。"
② 贾谊《过秦论》:"夫并兼者高诈力,安定者贵顺权,此言取与守不同术也。秦离战国而王天下,其道不易,其政不改,是其所以取之守之者无异也。"

再者，秦王朝关东政策制定的基点，在于对关东经济和文化的发展水平缺乏充分的估计。秦孝公时，承认列国"卑秦"是莫大之耻辱，秦惠文王时代的《诅楚文》，也并不自诩经济文化的先进，但是秦始皇各地刻石，则甚至敢于在包括"义""理"等各方面指斥六国君王，俨然以先进经济和优秀文化的传布者自居。这种意识，显然来源于统一战争中所表现出的绝对的军事优势和因关东地区战时经济凋敝的片断历史现象引起的错觉。于是，秦政权将以往对经济、文化落后的戎狄居地和巴蜀地区的一些政策，直接移用于关东地区，例如颁布强制移易风俗的法令等等，甚至于实行"殖民"政策。《史记·商君列传》说，商鞅曾将所谓"乱化之民""尽迁之于边城"。《华阳国志·蜀志》也记载，秦惠文王置巴郡，迁移秦民万家以实之。《史记·项羽本纪》也说："巴蜀道险，秦之迁人皆居蜀。"《萧相国世家》也有"秦之迁民皆居蜀"的说法。统一战争中，秦执政集团又曾经对关东地区实行殖民。秦惠文王时代占领曲沃（今河南三门峡西南），占领陕（今河南三门峡西），秦昭襄王时代占领安邑（今山西夏县西），占领穰（今河南邓州），占领南阳（今河南南阳），占领鄢（今湖北宜城南）、邓（湖北襄阳西）等地，都曾经"出其人"，而移徙秦人充实其地。①

秦统一后，仍然实行"徙谪实之初县"的政策。仅据已发表的

---

① 《史记·樗里子列传》："(惠文王八年)伐曲沃，尽出其人，取其城地入秦。"《史记·秦本纪》："(十三年)使张仪伐取陕，出其人与魏。"《史记·六国年表》："魏哀王五年，秦拔我曲沃，归其人。"《史记·秦本纪》："(昭襄王)二十一年，(司马)错攻魏河内，魏献安邑。秦出其人，募徙河东赐爵，赦罪人迁之。""(二十六年)赦罪人迁之穰。""(二十七年)(司马)错攻楚，赦罪人迁之南阳。""(二十八年)大良造白起攻楚，取鄢、邓，赦罪人迁之。"

考古材料，这一时期，含有秦文化因素的墓葬发现在陕县后川，三门峡，郑州岗社，泌阳官庄，侯马乔村，榆次猫儿岭，准格尔旗勿尔图，云梦睡虎地、大坟头，江陵凤凰山，宜昌前坪，宜城楚皇城，成都羊子山、洪家包、天回镇，涪陵小田溪，广州淘金坑、华侨新村，广西灌阳、兴安、平乐等地[①]。应当指出，这一部分"迁人"的地位和作用显然与被迫迁徙的关东居民不同，他们或免除徒刑，或赐以爵位，是被作为秦王朝在全国统治的支柱而得到优遇的。这些在落后地区可能比较成功的政策，在人口众多、地域广阔，特别是经济并不落后，文化尤其先进的关东地区，则只能激起敌对势力的反抗。《荀子·议兵》说，兼并是容易实现的，但是"坚凝"却比较困难。指出以军事力量占领新的领土相对容易，而维持巩固的统治，长期实现安定则相当艰难。荀况主要根据关东地区兼并的形势而提出的政策应该说是正确的，这就是："凝士以礼，凝民以政。"礼修则士人心服，政平则民众安乐。士人心服，民众安乐，则可以称之为"大凝"。如此则防守可以坚固，征伐可以强战，令行禁止，王者的事业可以实现。在这里，"凝"，有聚合、辑睦、安定、巩固的含义。战国时代的政治家为统一前景所提出实现"大凝"的主张，堪称远见卓识。如果说由于战争形势进展得异常迅速使得秦在关东新领土的具体政策来不及得到时间检验就必须推广施行，那么，秦统一后始终未能将这些政策的合理性调整到能够使关东人接受的程度，就不能不认为是秦王朝最高统治者政治上的严重失误了。秦末起义中关东

[①] 叶小燕：《秦墓初探》，《考古》1982年第1期。

政治活动家以复国旗帜为号召,如《史记·陈涉世家》记载,陈胜起事初,曾经诈称公子扶苏,"从民欲也",不久则继而以"伐无道,诛暴秦,复立楚国之社稷"为宗旨,号为"张楚",反映出陈胜等人已经敏锐地觉察到"民欲"的基本倾向。秦二世三年(前207)八月,子婴被迫放弃帝号,称秦王,而关东诸侯军仍不以实现复国、秦帝国崩溃为满足,可见秦王朝的关东政策积怨之深。

定陶之战:钜鹿之战

章邯击败陈胜军之后,又移军东进,进攻其他各路反秦武装。

在反秦义军蜂起的时代,起兵于沛(今江苏沛县)的刘邦军和起兵于吴(今江苏苏州)的项梁、项羽军有比较强的军事实力。陈胜失利之后,刘邦军攻取砀(今河南永城北)、下邑(今安徽砀山)。项梁率军渡江,收容诸部,立楚怀王孙心,仍称楚怀王,在盱台(今江苏盱眙东北)建立政权。项梁自称武信君,引军北上,大破秦军于东阿(今山东东阿西南)。又派项羽、刘邦攻克城阳(今山东菏泽东北)、雍丘(今河南杞县),歼灭秦军数部。项梁主力又转战至定陶(今山东定陶),击破秦军。

项梁因连连取胜,渐有骄色。得到增援的章邯军全力进攻项梁军,楚军溃败,项梁不幸战死。定陶之战败后,一度取得军事优势的项羽、刘邦的部队于是不得不改变向西挺进的战略,引军而东,退守于彭城(今江苏徐州)附近。

章邯军击破楚军后,以为楚地已经大体安定,于是渡河击赵,围攻困守于钜鹿(今河北平乡西南)的赵军主力。

《史记·项羽本纪》记载,楚怀王派宋义率军救赵。宋义期望待秦赵苦战,实力相互削弱之后,再一举破秦,于是行至安阳,停兵四十六天不发布进军的命令。项羽于是毅然杀宋义,取得军事指挥权,引兵急援钜鹿。楚军破釜沉舟,以示士卒必死,无一还心。战斗中,楚军战士无不以一当十,呼声动天,终于大败秦军。项羽于是以刚强神勇受到各路反秦力量的拥戴,被尊奉为诸侯上将军,成为反秦联军的军事领袖。

秦二世当政初,赵高建议"严法而刻刑"以加强统治,于是"法令诛罚日益刻深,群臣人人自危",多有反叛之心。

关东反秦起义严重威胁秦王朝的统治之后,秦二世数次责备李斯居三公之位而未能安定天下。李斯阿谀逢迎,建议进一步强化君权,严酷刑罚,以谋求建立所谓君主独制于天下而其他力量无所制约的绝对集权的体制。一时路人中受刑致残者往往多达半数,死刑犯的尸体每天都堆积于街市,执法残厉、杀人众多的官员被看作忠臣。[①]

秦二世听从赵高的建议,深居宫中,政事皆决于赵高。赵高诬称"丞相居外,权重于陛下",又提出对李斯之子,当时担任关东要害地区三川郡(郡治在今河南洛阳东)行政长官的李由可能与关东反秦起义军暗自联络的怀疑。李斯与右丞相冯去疾、将军冯劫进谏秦二世,请求减轻民间赋役,停止阿房宫工程。秦二世命令将李斯等下狱治罪。冯去疾、冯劫被迫自杀,李斯被腰斩于咸

[①]《史记·李斯列传》:"刑者相半于道,而死人日成积于市,杀人众者为忠臣。"

阳市。赵高于是把握了朝中主政大权。

钜鹿之战后，秦军主力受到重创。赵高指斥章邯作战不力，章邯恐惧，派员向赵高面陈军情。赵高拒不接见，又表露猜疑章邯之心。军使畏惧逃亡，赵高又派人追捕。在朝中政治气候十分阴晦的情况下，章邯不能抵挡反秦起义军的连续强攻，率军向项羽投降。

刘邦入关

刘邦军在西向途中没有遭遇强有力的秦军主力，进取陈留（今河南开封东南）后，缴获了充足的粮储，又由宛县（今河南南阳）、武关（在今陕西商南）、蓝田（今陕西蓝田西）一路进军，兵锋直指关中。

秦二世三年（前207）八月，秦二世以东方战事危局责难赵高。赵高指使亲信在望夷宫逼杀秦二世，又以继任的秦贵族子婴"以空名为帝，不可，宜为王如故"，取消帝号，秦政权的统治被迫恢复到战国时代的状况。

子婴废帝号改称秦王四十六天之后，刘邦军入咸阳，秦亡。

后来有人总结秦亡的教训时说："秦之积衰，天下土崩瓦解，虽有周旦之材，无所复陈其巧。"[①]就是说，秦政权的迅速覆亡，是多年弊政导致的必然后果，纵然有周公这样的巨匠能臣，也是无力挽回的。

[①]《史记·秦始皇本纪》附录班固的评论。

从鸿门到鸿沟：智与力的较量

刘邦和项羽都是在推翻秦王朝暴政的战争中崛起的有作为的政治活动家和军事家。

刘邦出身于平民阶层，曾经在秦基层政权任亭长。《史记·高祖本纪》记载，他曾因公事出行咸阳，见到秦始皇车列，感叹道："嗟乎，大丈夫当如此也！"项羽是楚国名将之后，随叔父项梁避难江东，据《史记·项羽本纪》，他在见到秦始皇出巡时则说道："彼可取而代也。"秦末大规模的社会动乱，为刘项创造了成就功业的历史时机。秦末战争中，在楚怀王为名义上的最高统领的反秦军事阵营中，刘邦和项羽曾经多次联合作战。项梁战死后，楚怀王封刘邦为武安侯，封项羽为长安侯，令项羽随宋义北救赵，而令平素以能宽容待人著称的刘邦引军长驱西进，避开秦军主力直取关中。并且正式约定，先入定关中者为关中王。

刘邦在进军关中途中，已经开始注重网罗人才，在军事行动中，又往往在遇到顽强抵抗时与守军约降，保留其首领原有的军权和地方行政权，因而可以避免过多的伤亡，率领主力急速西进。他在入武关之后，甚至曾经与秦权臣赵高联络，谋求以反秦为基点的合作。① 入关中后，约法三章，甚至曾经利用行政能力和政治影响力都不容忽视的"秦吏"宣喻其政令，事实上对秦国本

---

① 《史记·秦始皇本纪》记载："沛公将数万人已屠武关，使人私于（赵）高。"子婴曰："我闻赵高乃与楚约，灭秦宗室而王关中。"

土政治经济现状没有根本性触动。这些都说明了刘邦政治思想的成熟，正与《史记·高祖本纪》所谓"沛公素宽大长者"的形象是相一致的。据说当时秦人大喜，唯恐刘邦不为秦王。

刘邦军虽然先入关，并且在函谷关设防，项羽却无视先入定关中者为关中王的定约，率军突破关防，以诸侯军共同拥戴的最高军事指挥"上将军"的身份入据关中。

当时，项羽军四十万人，屯据在新丰鸿门（今陕西临潼骊山东北），刘邦军十万人，在霸上（今陕西蓝田西）集结。项羽听说刘邦据有秦宫珍宝，准备在关中建立政权，并且准备任用秦王子婴为相，大怒，于是接受了重要谋臣范增的建议，准备发军击灭刘邦军。

刘邦得知了这一消息，亲自往鸿门项羽帐下谢罪。在著名的鸿门宴上，刘邦以谦恭诚恳的态度，又借助属下张良的机智和樊哙的刚勇，使项羽否定了范增当即击杀刘邦的谋策。

项羽以反秦军事联盟最高首领的地位，自立为西楚霸王，都彭城（今江苏徐州），又分封十八诸侯。刘邦的封地，僻在巴、蜀、汉中。其行政中心在南郑（今陕西汉中）。

为了防止刘邦北上，项羽三分关中，封秦降将。以章邯为雍王，管辖咸阳以西地方，都废丘（今陕西兴平）；以司马欣为塞王，管辖咸阳以东地方，都栎阳（今陕西高陵东北）；以董翳为翟王，管辖上郡地方，都高奴（今陕西延安）。

与刘邦重视以"宽大"作为政策基点相反，项羽在新安坑杀秦军降卒二十万人。入关中后，又处死秦降王子婴，火烧秦宫室。项羽简单化的粗暴政治形象，引起了秦人的惶恐不安。

有远见的政治家刘邦则深刻认识到秦王朝失败的教训。

当时，张楚政权的领袖陈胜、西楚霸王项羽都以建立楚国霸业为目标，实行复国主义政策，只有刘邦注意克服狭隘的地方主义观念，致力于建立统一的帝国。同项羽与诸侯屠烧咸阳、掠货宝妇女而去截然不同，刘邦殊为信任的高级政治助手萧何入咸阳后，就抢先完整地接收了秦丞相御史府的律令图书案卷，妥为收藏。刘邦于是得以具体知晓天下形势、户口多少、强弱之处以及民所疾苦。

对于刘邦与项羽政治风格的不同，王夫之在《读通鉴论》中曾经感叹道："项羽之暴也，沛公之明也！"

刘邦虽然先入关中，然而因兵势弱小，不能不承认项羽的军事霸权。在项羽分定十八诸侯之后，被迫以汉王身份率部众前往汉中。刘邦当时统辖的地域，包括巴、蜀、汉中，以南郑为都城。

项羽分封的其他诸侯，还有西魏王魏豹、河南王申阳、韩王韩成、殷王司马卬、代王赵歇、常山王张耳、九江王黥布、衡山王吴芮、临江王共敖、辽东王韩广、燕王臧荼、胶东王田市、齐王田都、济北王田安。

称西楚霸王的项羽据有九郡之地，定都于彭城（今江苏徐州）。

刘邦南下汉中，项羽允许他以三万士兵随行，其他慕从者又有数万人。刘邦军一路烧毁栈道，宣称防止其他武装力量南下侵扰，又向项羽表示无心北上发展。

当时，项羽是以松散的军事联盟首领的身份确定这一政治格局的，他的权威只是建立在军事霸权的背景之下，没有坚实的基础。他所分封的十八诸侯很快就不再服从这一权威。在诸侯各自就国后，很快就发生了变故。除了项羽本人废韩王韩成为侯，以及臧荼杀韩广据有其地而外，没有得到封地的齐地实力派军事领袖田荣愤而起兵迎击项羽指定的齐王田都，逐之于楚地，又杀胶东王田市、济北王田安，在实际上控制了齐地，于是自立为齐王。同时，彭越起兵于梁地，陈余与田荣合力击常山王张耳。项羽所封韩王、燕王、辽东王、齐王、胶东王、济北王、赵王和代王的辖地都相继发生武装变乱。各拥重兵的列国诸侯之间烽烟再起。

刘邦也决策东向，争权天下，暗度陈仓，还定三秦。

刘邦采用张良制定的战略，在汉王元年（前206）八月起兵，暗自从故道北上，袭击雍王章邯。首战陈仓（陕西宝鸡东），再战废丘（陕西兴平），平定雍地，随后继续东进，塞王司马欣、翟王董翳、河南王申阳相继投降。

刘邦平定三秦后致书项羽，表示只是要如约取关中之地，不敢继续东进。项羽为这一假象所迷惑，并不以刘邦为主要敌手，只是首先部署在齐地用兵。

刘邦又听从萧何的建议，破格提拔普通军官韩信做独当一面的主将，令他率军平定韩地。次年三月，刘邦渡河，西魏王魏豹降。汉军又占领河内，俘虏殷王司马卬。刘邦至洛阳后，为据说被项羽派人杀害的义帝发丧，以诸侯首领的身份进行攻击项羽的政治动员。不久，乘项羽主力在齐地进攻田荣之机，刘邦率诸侯联军五十六万人全力伐楚，一举攻破彭城。

项羽率三万精兵迅速回军反击，大破刘邦军。刘邦军死者二十余万人。刘邦本人仓皇西逃，其父太公以及其妻吕雉等都为楚军所拘捕。在这样的形势下，诸侯又大多背汉亲楚。

刘邦退据荥阳（今河南荥阳北）一带，收拾残部，接着得到萧何组织的关中人力的补充，军势又大振。楚汉两军在荥阳以南争战，互有胜负。项羽军屡屡断绝刘邦军往敖仓取军粮的通路，使汉军陷于窘境。而刘邦则用计使项羽猜忌疏远范增。范增愤而辞归，在行途中病逝。汉王三年（前204），韩信以背水之阵破赵。次年，韩信定齐。由于韩信军在侧翼的配合，以及彭越军在敌后的骚扰，以致刘邦军主力虽然势弱，却成功地抵抗了项羽军，使其无法西进。

项羽军与刘邦军在成皋（今河南巩义东北）、荥阳（今河南荥阳东北）、广武（今河南荥阳北）反复攻守，长期相持。于汉王四年（前203），双方约定中分天下，鸿沟以西者为汉，鸿沟以东者为楚。

也许是历史的巧合。鸿沟一线所划分的战略形势，恰巧与秦始皇即位时秦与其他六国政治军事地图的形势相似。

秦当时由西而东以武力实现了统一。刘邦又复演了这一历史过程。

垓下决战与乌江悲剧

项羽军如约退兵而东。而在这时，刘邦采用张良、陈平的计谋，进兵追击项羽军。

汉王五年(前202),刘邦军又与诸侯军合击楚军,与项羽决战于垓下(今安徽泗县西南)。项羽军兵少食尽,夜闻汉军四面皆楚歌,以为刘邦已经占领楚地,于是士气沮丧,在会战中大败。项羽本人逃至江边,因当年率江东子弟八千人渡江而西,现在无一人还,认为无面目见江东父老,于是拒绝东渡,在乌江自刎而死。

同年二月,刘邦即皇帝位。

秦亡后,刘邦、项羽两个军事集团百战厮杀,虎争天下,最终刘邦以弱胜强,建立了西汉王朝。楚汉相争,项羽曾经拥有威震天下的强大军势却终于败亡,其原因,成为历代史家辛苦探求与论争的热点。

一些学者把项羽失败的原因归结为其性格的暴戾与行为的残虐。

有人说,除了政治方面的原因而外,"又因其残暴好杀,致使众叛亲离,日益孤立,落了个四面楚歌的可悲下场"。[1] 有的学者也认为,"残忍暴虐",是项羽"终至由优势转为劣势,最后兵败被杀"的主要原因之一。[2] 有的学者又把项羽的有关行为判定为"对秦作野蛮氏族部落的复仇"[3]。

司马迁在《史记·太史公自序》中总结《高祖本纪》的主题时,曾经这样写道,项羽"暴虐"而刘邦"行功德",所以终于得天下。在司马迁笔下,刘邦的王业,只是在于"诛籍业帝,天下惟宁",

---

[1] 朱绍侯主编:《中国古代史》上册,福建人民出版社,1982,第279页。
[2] 林剑鸣:《秦汉史》上册,上海人民出版社,1989,第255页。
[3] 尚钺:《尚氏中国古代通史》上册,高等教育出版社,1991,第155页。

灭秦之功竟然受到忽视。而项羽则受到"暴虐"的指责,据说其主要表现,是所谓"诛婴背怀",就是处死秦降王子婴以及背弃义帝楚怀王。

处死秦降王子婴,实际上是一种杀降行为。反映所谓"项羽之暴"的,还有司马迁在《史记》中记录的另一起严重的杀降事件,即项羽在新安坑杀二十余万秦降卒事。《史纪·项羽本纪》记载,钜鹿之战后,项羽受降,以秦兵为前队,进军关中。然而不久就发生变故。因为秦吏卒担心秦必尽诛其父母妻子的顾虑,不能与诸侯军同心,于是楚军夜坑杀秦降卒二十万人于新安(今河南渑池东)城南。

《史记·淮阴侯列传》记载韩信为刘邦分析形势时说"项王所过无不残灭者",所以天下多怨,百姓不愿意归附,只能以军事强力维护其权威,虽然以霸为名,其实失去了天下民心。

所谓"项王所过无不残灭者",似乎可以与《史记·田儋列传》所谓"(项王)所过者尽屠之"联系起来理解。《史记·高祖本纪》也写道,"(项羽)屠烧咸阳秦宫室,所过无不残破"。可以说,"项王所过无不残灭"最典型的史例,当是屠城。

有的学者在分析楚汉战争刘胜项败的原因时,就引用了韩信这番话,并且指出:"在战争中除个别情况下,刘邦很少屠城,故有'忠厚长者'之称。项羽于国计民生一无建树,在战争中又有许多过分残暴的行动,如杀降、屠城等,带有很大的破坏性。"[1]

《史记》数处记录项羽屠城事,然而仅计有三例,即屠城阳

---

[1] 田昌五、安作璋主编《秦汉史》,第91—92页,人民出版社,1993。

(今山东菏泽东北)、屠咸阳、屠齐地所得城。不过,"屠城阳"是项羽与刘邦共同的行为;"屠咸阳"时,刘邦仍在项羽指挥下的诸侯联军之中,作为也是诸侯联军共同的行为,刘邦集团严格说来,其实也是实际参与者。刘邦可以谴责项羽之残暴的,应当只有"屠齐城郭"一事。

可是,从《史记》中可以看到,刘邦所指挥的部队,屠城的记录却不胜枚举。刘邦初起事时,就曾经以"屠沛"相威胁,迫使沛人反秦。

而刘邦军确实屠城的实例,又有阳(今河南许昌西)、武关(今陕西商南南)、煮枣(今山东东明南)、胡陵(今山东鱼台东南)、城父(今安徽涡阳西北)、六(今安徽六安北)、参合(今山西阳高南)、马邑(今山西朔州)、浑都(今北京昌平南)。起义初,刘邦军与项羽军一同屠城的事件,又有屠城阳等例。

看来,刘邦军进攻宛时,宛人"自以为降必死"的深切担忧,并不是没有根据的。

《史记·项羽本纪》说:"闻沛公已破咸阳,项羽大怒。"《汉书·项籍传》则写作:"闻沛公已屠咸阳,(项)羽大怒。"分析刘邦屠城的一贯行为,"已屠咸阳"传闻的发生,应当也不是偶然的。

据《史记·项羽本纪》,刘邦还曾经因项羽死后,鲁地仍然拒不降服,有屠鲁的计划。[①] 通过史籍的有关文字,可以看到屠城

[①]《史记·项羽本纪》:"项王已死,楚地皆降汉,独鲁不下。汉乃引天下兵欲屠之,为其守礼义,为主死节,乃持项王头视鲁,鲁父兄乃降。"

行为所透露的刘邦内心之残戾,并不能因为"汉并天下"政治事业的最终成功而得以完全掩盖。更值得我们注意的是,刘邦军在秦末战争和楚汉战争中的"屠城"事迹,许多是作为军功记录的形式存留下来的。

《史记》中虽然早至春秋战国,晚至汉武帝时代,都有屠城的记录①,不过,屠城事件最为密集的,还是秦汉之际,而刘邦屠城事,尤为频繁。司马迁对于刘邦屠城事的揭露,表现出他的情感倾向,这或许也是《史记》所以被称为"谤书"②的因素之一。

班固曾经说,司马迁因为身陷严刑,于是与最高权力者立场不一,能够以文笔发泄怨愤,刺讥帝王,"贬损当世"③。一般多以为司马迁所"谤",针对的是汉武帝。然而也有人认为,"司马迁因受腐刑之辱,对于汉家诸帝,皆有微词"。对于高祖屠城的记载,或许可以看作例证之一。不过,其实质却绝不是论者所谓

---

① 如《史记·晋世家》:"晋追,遂围临淄,尽烧屠其郭中。"《史记·天官书》:"秦、楚、吴、越,夷狄也,为强伯。田氏篡齐,三家分晋,并为战国。争于攻取,兵革更起,城邑数屠。"《史记·田单列传》:"燕人曰:'子不听,吾引三军而屠画邑。'"《鲁仲连邹阳列传》:"聊城乱,田单遂屠聊城。"《范雎蔡泽列传》:"(范雎)数曰:'为我告魏王,急持魏齐头来!不然者,我且屠大梁。'"《高祖本纪》:"陈王使魏人周市略地。周市使人谓雍齿曰:'……齿今下魏,魏以齿为侯守丰。不下,且屠丰。'""是时秦将章邯从陈,别将司马𡰥将兵北定楚地,屠相。"《齐悼惠王世家》:"三国将劫与路中大夫盟,曰:'若反言汉已破矣,齐趣下三国,不且见屠。'"《吴王濞列传》:"遂召昆弟所善豪吏告曰:'吴反兵且至,至,屠下邳不过食顷。'"《大宛列传》:"至仑头,仑头不下,攻数日,屠之。""岁余,宛贵人以为昧蔡善谀,使我国遇屠,乃相与杀昧蔡。"
② 汉末权臣王允说:"昔武帝不杀司马迁,使作谤书,流于后世。"(《后汉书·蔡邕传》)以所谓"谤书"批评《史记》者,又如李晚芳《读史管见·读史摘微》等。
③ 《文选》卷四八班固《典引》。

"借以泄忿"①之辞，而是客观的历史记录。

汉并天下

正是因为刘邦具有较宽广的政治胸怀，运用较明智的政治策略，在楚汉战争中，能够以富足的关中作为稳固后方，使兵员和作战物资不断得到补充，虽百战百败，但垓下一役，终于战胜项羽。

汉并天下后，刘邦从建立统一帝国的大局出发，接受曾被项羽讥讽为"衣绣夜行"的建议②，定都关中，实行促进楚文化、齐鲁文化和秦文化交汇融合的正确政策，建立起空前强大的中央集权的帝国。

刘邦时代确定的政治文化导向得到遵行，到汉武帝以后，具有最鲜明地方特点、表现出秦人传统风俗的以屈肢葬为基本葬式的"秦式墓葬"在全国已经不复出现，使全国各地区居民融为一体的汉民族基本形成。秦始皇时代曾经热切企望的"周定四极""远迩同度"的局面，这时才基本实现了。

刘邦出身楚地平民，然而却能够以宽怀之心行政。他曾经和臣下就"我为什么能够据有天下，项羽为什么终于失去天下"进行

---

① 吴贯因：《史之梯》，上海联合书店，1930，第23页。
② 《史记·项羽本纪》："项羽引兵西屠咸阳，杀秦降王子婴，烧秦宫室，火三月不灭；收其货宝妇女而东。人或说项王曰：'关中阻山河四塞，地肥饶，可都以霸。'项王见秦宫室皆以烧残破，又心怀思欲东归，曰：'富贵不归故乡，如衣绣夜行，谁知之者！'说者曰：'人言楚人沐猴而冠耳，果然。'项王闻之，烹说者。"

讨论。有的将领回答道，刘邦能够"与天下同利"，项羽则妒贤嫉能，对于有功者忌害，对于贤者怀疑，功臣不能得到实际的利益，这是他所以失去天下的原因。刘邦则指出，这种见解是知其一，不知其二。他说，运筹策帷帐之中，决胜于千里之外，我不如张良；管理国家，抚定百姓，筹集运输军需给养，我不如萧何；统率百万之军，战必胜，攻必取，我不如韩信。他们三人，都是人中俊杰，然而我能够用之，这就是我之所以能够取天下的原因。项羽有一范增而不能用，所以最终为我所击败。

刘邦善于团结部众，任用文化背景不同的有才之士的所谓"宽大""宽容"的政治性格，实际上表现出一种能够以较宽广的胸怀对待其他区域的文化传统的"宽仁"[①]的文化观。这种文化观所以优胜，是因为和体现为文化融合趋势的历史进步的方向是一致的。

天下大定之后，刘邦罢遣军中士卒，表示结束战争状态，恢复经济生产的决心。这一决定，也顺应了社会上下期盼安定和平的共同意愿。大批出身农人的兵士的复员，使农耕经济复苏得到了最基本的条件。

刘邦宣布对于罢遣的军士给予政治地位和经济利益方面的优遇，即赐爵授田。并且明确宣称，所依据的原则，正是"法以有功劳行田宅"，即按照战争中的功绩和劳绩分配土地宅屋。这一政策虽然文辞内容似乎与秦法相类同，但是在当时的时代背景下

---

① 《史记·韩信卢绾列传》："遗（韩王）信书曰：'陛下宽仁，诸侯虽有畔亡，而复归，辄复故位号，不诛也。'"

却表现出新的意义。对于所谓"从军归者"及"有功者""赐爵"及"先与田宅",安定了人心,使最有生机的社会力量倾心归复到农业生产中。同时,也使一个包括中小地主和富裕自耕农的较富有实力的阶层,成为新兴的西汉王朝的坚实的社会基础。

刘邦同时还宣布了两项重要的政策:

(一)"民前或相聚保山泽,不书名数,今天下已定,令各归其县,复故爵田宅,吏以文法教训辨告,勿笞辱。"

(二)"民以饥饿自卖为人奴婢者,皆免为庶人。"

平民在战乱以前的身份地位以及私有财产的所有权,在回归故乡后,得到政府的全面承认。地方官不得歧视欺凌。战乱中被迫自卖为奴婢者,恢复平民的地位。这样,使战乱中大量流亡于野山大泽的民众重新回归到政府控制之下,成为编户齐民,又使一定数量的奴婢得到人身解放。

事实上,历代王朝谋求天下之治的成与败,在很大程度上取决于政府实际控制人口数量的比率。刘邦在汉初实行的有关政策,有利于当时社会经济的恢复,有利于西汉王朝政权的巩固。

汉高祖十一年(前196),又宣布士卒当年跟随入蜀、汉、关中的,终身免除徭役。刘邦早期军事集团成员的特权,又得到进一步的确定。

一些曾经与刘邦合力击败项羽的主要将领因为手握重兵、身兼殊勋,被封为诸侯王。

韩信被封为楚王,都下邳(今江苏邳州南)。彭越被封为梁王,都定陶(今山东定陶)。韩王信被封为韩王,都阳翟(今河南禹州)。吴芮被封为长沙王,都临湘(今湖南长沙)。淮南王英布、燕王臧荼、赵王张耳等，仍然保持原有的政治地位。

刘邦分封异姓功臣，是因为他们已经拥兵据地，对于这一既成事实不能不承认的缘故。当时的七个异姓诸侯王国，封域大致相当于汉疆域的一半。当时西汉中央政府直接管理的土地，只有二十四郡。

也许又是历史的巧合。西汉帝国中央政府所直辖的地区与异姓诸侯王国辖地对国土的分割，除齐地诸郡直属中央外，其形势与刘邦、项羽以鸿沟一线分划天下时的情形极其相似。异姓诸侯王国的存在，显然和专制皇权有直接的矛盾。于是刘邦待时机成熟，从高祖六年（前201）起，开始逐一剪灭异姓诸侯。

楚王韩信首先被废黜为淮阴侯。同年，改以太原郡为韩国，徙韩王信王之，都马邑（今山西朔州）。在与匈奴作战时，韩王信被围困于马邑，派使者与匈奴议和。汉朝廷疑心韩王信有二心，派使者前往责问。韩王信心存畏惧，向匈奴投降。汉高祖九年（前198），赵王张敖被废。汉高祖十一年（前196），韩信、彭越相继被杀。淮南王英布起兵与中央政权对抗，于次年败死。

刘邦正是在这一年，即汉高祖十二年（前195）去世。在他临终前，主要的异姓诸侯王都被剪灭。

刘邦认为秦王朝迅速灭亡的原因之一，是没有同姓王国屏卫中央政权。于是在削弱和去除异姓诸侯王势力的同时，大建同姓诸侯王国，以作为中央朝廷的藩护。在刘邦统治时期的最后阶段，刘邦子弟同姓为王者计有九国，即都于彭城（今江苏徐州）的楚王刘交，都于临淄（今山东淄博东）的齐王刘肥，都于邯郸（今河北邯郸）的赵王刘如意，都于晋阳（今山西太原西南）的代王刘恒，都于定陶（今山东定陶）的梁王刘恢，都于陈（今河南淮阳）的淮阳王刘友，都于寿春（今安徽寿县）的淮南王刘长，都于广陵（今江苏扬州）的吴王刘濞，都于蓟（今北京）的燕王刘建。刘邦末年，诸侯王中，只有长沙王吴芮异姓。

九个同姓诸侯王国加上异姓的长沙国地域连通，总封域仍然占全汉疆域的一半以上。

不过，这些诸侯王国虽然有相对独立的地位，但是原则上仍然受中央政府节制，其封域仍然是西汉帝国的一部分。

在汉高祖刘邦的时代，另外还有周边地区三个政权，其领地在汉疆域之外。他们只是向西汉中央政府纳贡称臣，却并不受西汉王朝的控制。这样的异姓诸侯，又被称作"外诸侯"。刘邦曾经封外诸侯三人，即封故越王亡诸为闽越王，都闽中地；封秦南海尉赵佗为南越王，统领南海、桂林、象郡地区；封南武侯织为南海王。南海王的属地，大致在闽越国、南越国和淮南国三国之间。

刘邦订立非同姓不王、非功不侯的誓约，确定了最高权力集团组成的原则。这一原则后来成为历代专制主义王朝共同遵守的定制。

五　汉帝国的建立与巩固

汉帝国的建立,表现出与秦不同的政治风格。有的历史学者认为,这一历史"变局"有重要的意义。而"汉承秦制"的说法,则体现出秦的高度集权的专制主义的政治制度基本得以继承。

汉初历经长期战乱所导致的民生凋敝的形势,经汉文帝和汉景帝两代的努力,终于转变为经济的富足繁盛。于是"文景之治"的成功,美誉流于千载,成为历代治国守成的典范。

汉初布衣将相之局

秦王朝的国家行政体制建筑在军功贵族政治的基地之上。这对于以宗法制为主体的先秦政制传统,已经表现出历史的革新。但是政体的基本形式,从某种意义上来说,仍然大致是先秦国家体制的修改和放大。

考察汉初政治格局,则可以发现一种平民风格。

刘邦本人出身平民,在秦时任过亭长。他的功臣集团大多出身低微，除了张良家世高贵而外，其余多为所谓"亡命无赖之徒，立功以取将相"者。萧何、曹参、任敖、周苛都是基层政权的普通小吏，陈平、王陵、陆贾、郦商、郦食其、夏侯婴等都是一般平民，樊哙是屠狗者，周勃是织席、吹箫服务于丧事者，灌婴是卖织品的小贩，娄敬是挽车的普通役人。清代历史学者赵翼总结西汉初期政治结构，曾经称此为"汉初布衣将相之局"。他同时指出，这种打破贵族政治传统定式的"前此所未有"的新的政治格局的形成，具有重要的历史意义，由此可以说明，"盖秦汉间为天地一大变局"。

赵翼在《廿二史札记》卷二中写道，自古以来，都是封建诸侯各君其国，卿大夫也世袭其官，成例相沿，视为固然。后来这种政治格局积弊日甚，暴君荒主，于是以残虐之心役使民众，没有任何力量可以约束限制；而强臣大族，又篡弑相仍，政治争斗激烈，以致祸乱不已。这样的政治形势是不能不改变的，但是数千年来世侯世卿之局，一时也难以迅速扭转。战国晚期，这种贵族政治体系实际上已经动摇，不过，新的政治体制的面貌尚不明朗。秦开一统之局，政体焕然一新，但是，"虽无世禄之臣，而上犹是继体之主也"。大臣的任用虽然已经打破"世禄"的传统，而最高统治者，依然是王族世袭。直到汉初，新王朝之气象大变，似乎"天意已另换新局"，新的政治体制得以开创，"天之变局，至是始定"。而且新的贵族在高度集权的中央政府统治之下，权位随时可以消除。于是三代以来世侯世卿之陈旧政统，荡然净尽，"而成后世征辟、选举、科目、杂流之天下矣"。

看来，当时的官僚阶层在一定程度上比较能够接近社会下层，作风也与后世有所不同。萧何以丞相之尊，置田宅时，专门挑选穷僻之处，经营宅第，并不大兴土木。他说，后世如果贤良，则一定会效法我的俭朴；如果不贤良，家产也不至于为强势之家所夺。汉王朝建国之初，朝廷仪礼简省，据《史记·刘敬叔孙通列传》说，当时朝中往往"群臣饮酒争功，醉或妄呼，拔剑击柱"，这一情形，也反映了新王朝政风的平易。

白登之围

汉王朝建立之初，经济残破，民生艰辛。秦时已经兴起的匈奴部族的势力逐渐强大，所控制的地域包括贝加尔湖以南辽阔的草原大漠。在秦末战争中，尽数收回了秦将蒙恬所占领匈奴地方，又进入长城以南，至于朝那（今宁夏固原东南）、肤施（今陕西榆林南），同时出兵侵掠燕国和代国。楚汉战争时，中原疲于征战，无力北防，匈奴于是日益强盛，军中勇士竟然多达数十万，对新生的西汉帝国形成了严重的威胁。

韩王信徙封于代之后，以马邑（今山西朔州）为都。匈奴进军，猛攻马邑，韩王信投降匈奴。匈奴又发军攻太原郡，兵临晋阳（今山西太原南）城下。刘邦于是亲自率军北击匈奴。

时值冬季严寒，士卒多有冻伤堕指者。匈奴单于冒顿佯败，诱汉军北上。汉军三十二万追击。刘邦先到平城（今山西大同东北），主力尚未抵达，匈奴精兵四十万骑将刘邦围困于平城东北的白登。

匈奴骑兵铁围之中，汉军指挥中枢七日未能与汉军主力取得联系，也无法得到后勤补给，据说用陈平之计，贿赂单于阏氏，使说服单于解围之一角，终于脱逃，得以与主力会合。

匈奴退军，刘邦也引兵而罢。此后，汉与匈奴结和亲之约，相互约为兄弟。汉以宗室公主为单于阏氏，每年给予匈奴织品酒米食品各有定数。

不过，匈奴仍然时时南下侵扰代（郡治在今河北蔚县东北）、云中（郡治在今内蒙古土默特左旗东南）、上谷（郡治在今河北怀来东南）等郡，使北边地区社会经济生活难以安定。在刘邦时代，还屡有汉将因个人政治地位的变化而叛降匈奴，成为匈奴南侵的向导和前锋。

吕后称制

在汉代，妇女有较高的社会地位。作为最显著的史例，人们对于吕后专政印象极深。

吕后名雉，单父（今山东单县）人。其父吕公避仇家，迁居沛县，在一次宴会上交识刘邦，见其状貌风度而重敬之，于是将女儿吕雉许配。刘邦为亭长，曾告归于田，吕雉曾经有从事田间农耕作业的经历。楚汉战争中，刘邦军失利时，吕雉和刘邦父母曾经被项羽俘获，拘于军中以为人质。汉王四年（前203），战争形势发生变化，刘项言和，吕雉和刘邦父母获释。第二年，刘邦称帝，立吕雉为后。

吕后有谋略且为人刚毅而狠厉，在刘邦剪除异姓诸侯王时曾经临事决断,发挥了重要的作用。高祖十年(前197),刘邦率军平定陈豨叛乱,吕后留守长安,听说韩信有诈赦诸官徒举事策应陈豨的企图,于是与萧何商议,谎称前线来报陈豨已死,令韩信入宫贺。韩信入宫,被处死于长乐宫钟室,并夷灭三族。刘邦击陈豨时,至邯郸,向都于定陶(今山东定陶)的梁王彭越征兵,彭越称病,只派遣属将率兵前往,刘邦怒,废彭越为庶人,徙居蜀地。彭越行至郑(今陕西华州),路遇东行前往雒阳(今河南洛阳东)的吕后,自言无罪,请求徙处昌邑(今山东金乡西)。吕后以为彭越至蜀则"此自遗患",于是与俱往雒阳。随后又指使人诬告彭越谋反,夷灭其宗族。

吕后之子刘盈即后来的汉惠帝被立为太子,刘邦以为刘盈性情柔弱不可执政,曾经准备另立戚夫人子赵王如意为太子。由于吕后和诸大臣反对,太子废立之议没有实现。刘邦去世后,吕后杀害赵王如意,又砍断戚夫人手足,去眼耳,饮药令其不能言,置于厕中,称之为"人彘"。对于其他刘氏诸王,也加以残害。汉惠帝因吕后的残虐而惊怖,从此不再听政,后来郁悒病逝。

汉惠帝死后,吕后临朝称制,封吕氏子弟吕台、吕产、吕禄等为王,控制了京师卫戍部队,又擅权用事,排斥老臣,拔擢亲信,一时"号令一出太后"[①]。

吕后称制,造成了西汉王朝上层的政治矛盾和政治危机。

[①]《史记·吕太后本纪》。

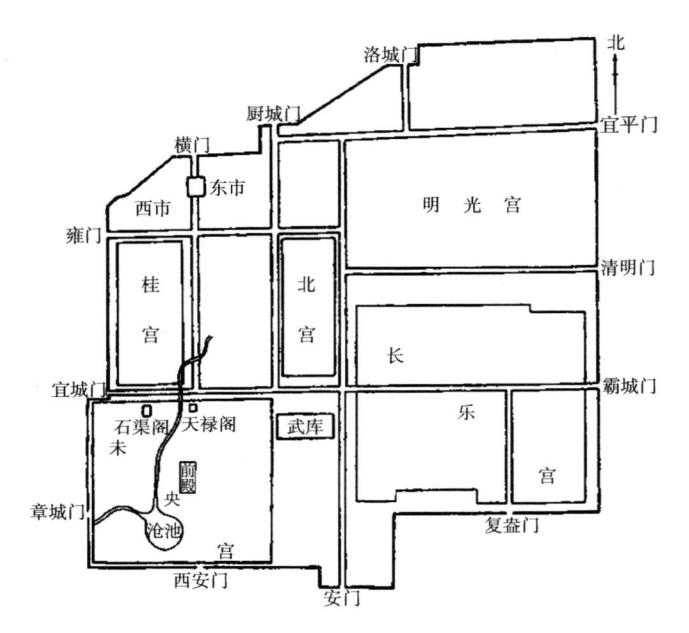

图 4　汉长安城平面图

由于刘邦生前与大臣有"非刘氏而王,天下共击之"的誓约,吕后以诸吕为王,遭到刘氏宗室和诸大臣的强烈反对。

吕后临终,告诫诸吕据兵卫宫,防止大臣为变。吕后死后,诸吕把握南北军的指挥权。太尉周勃不得入军中主兵,只得伪用符节以非法形式入北军。北军指挥官吕禄放弃了军权,解印而去。朱虚侯刘章在未央宫击杀南军指挥官吕产。于是长安形势得以控制。反对吕氏的势力又分部悉捕诸吕男女,无论年龄长幼都一律处斩。

诸大臣议定迎立代王刘恒为帝,是为汉文帝。

司马迁写《吕太后本纪》

虽然通常以为吕后执政导致了汉帝国的政治危机，但是她在称制的八年期间，仍然继续执行了与民休息的政策，奖励农耕，又废除了夷三族罪和妖言令等苛重的法令。因此，在这一时期，社会比较安定，经济生产也得以逐步恢复。

《史记》在《高祖本纪》之后就是《吕太后本纪》。《汉书》则有《惠帝纪》。看来班固努力维护正统。而司马迁更尊重政治史的实际。吕太后残害戚夫人即后人所谓"人彘剧豺狼"[1]事件后，召汉惠帝观看。汉惠帝得知是戚夫人，大哭，"因病，岁余不能起。使人请太后曰：'此非人所为。臣为太后子，终不能复治天下。'"于是，"以此日饮为淫乐，不听政"。实际上，在汉惠帝时代，主持政务的，依然是吕雉老太太。《汉书·高后纪》有这样一段记载："元年春正月，诏曰：'前日孝惠皇帝言欲除三族罪、妖言令，议未决而崩，今除之。'"据颜师古注："罪之重者戮及三族，过误之语以为妖言，今谓重酷，皆除之。"这项可以看作法制改革的举措，也算是对秦政的拨乱反正。然而清人王懋竑《白田杂著》以为："此本惠帝之意，《通鉴》不载此诏，是没惠帝之美而反移之于吕后也。"其实，如果知道汉惠帝时代真正的执政者是谁，就可以明白此"惠帝之美"，其实是可以归于吕太后名下的。有意思的是，据《史记·孝文本纪》，汉文帝诏书又有"今法有诽谤妖言

---

[1] 刘筠《宣曲》诗。

之罪，是使众臣不敢尽情，而上无由闻过失也"，"自今以来，有犯此者勿听治"的说法。《汉书·文帝纪》同样的记载，颜师古注："高后元年诏除妖言之令，今此又有訞言之罪，是则中间曾重复设此条也。"似乎法令的改革又出现过反复。

吕后称制时的一些政策设计，可以说对文景之治的历史成功有引导性的意义。司马迁在《吕太后本纪》篇末以"太史公曰"的形式表扬说："孝惠皇帝、高后之时，黎民得离战国之苦，君臣俱欲休息乎无为，故惠帝垂拱，高后女主称制，政不出房户，天下晏然。刑罚罕用，罪人是希。民务稼穑，衣食滋殖。"《汉书·高后纪》末尾的"赞曰"，也发表了类似的评断，只是字句略有不同。

明代学者胡广在《胡文穆杂著》中指出《汉书》有一事于两处记载，而情节有出入者，举了《季布传》记载匈奴单于致书吕后，语有欺嫚，樊哙称"臣愿得十万众横行匈奴中"，遭季布驳斥的故事。而《匈奴传》则记录了匈奴来信的具体言辞，季布的话也更为具体。而回信有"退日自图，年老气衰，发齿堕落，行步失度，单于过听，不足以自污"语。胡广说，季布一个人的话，前后不同，前说本于《史记》，"后说不知有何从出也"。特别是"中间二书，媟秽尤甚"，都应当"刊削，不宜留污简牍"。《史记》的相关记录相对简略，"于此亦可见《史记》《汉书》之优劣也"。然而我们今天读史的人，则大致都会认为《汉书》的记录更为可贵。

宋人谢采伯《密斋笔记》卷二注意到，《汉书》的《外戚传》在《匈奴传》之后，以为缘由在于吕后对国家的祸害甚至超过匈奴威胁："班固以为平日后宫之费，不下一敌国，而吕太后、赵飞燕等内戕皇嗣，外擅兵权，汉之存亡，在其掌握，甚于匈奴，虽谓之'女戎'可也,置之于'匈奴'之后亦可也。"她们因为"负宗社、误国家",附之于帝纪之后,是不可以的。这位谢先生又说:"是百万之师不若一女子足以亡人之国也。"他以为其他正史都没有将《外戚传》置于《匈奴传》之后的,这体现了班固《汉书》的优越,"此班史所以为诸史冠也"。这样的分析,恐怕许多关心《史》《汉》的朋友都未必同意。

文景之治:"无为"政治的成功

西汉王朝经历吕后专政的时代之后,进入了汉文帝刘恒和汉景帝刘启当政的文景时期。文景两代三十九年间,政局稳定,经济得到显著的发展,历来被看作安定繁荣的盛世的典型,史称"文景之治"。

从社会经济、文化进步的总历程看,文景时代的成就,使秦以来的历史实现了由急峻向宽和、由阴暗向光明的转变。

秦王朝的政治特色以严酷苛暴最为鲜明。《史记·秦始皇本纪》所谓"不师文而决于武力""乐以刑杀为威""用法益刻深",都体现了这一特征。《汉书·食货志上》引董仲舒的话说,秦时民众承受的屯戍力役等负担,相当于古时的三十倍,田租口赋等负担,相当于古时的二十倍。当时普通民众感受到极其沉重的压迫和剥削,社会经济生活的正常秩序也因此受到严重的破坏。

西汉王朝建立之初的政治基点,是对秦王朝暴政的否定。

汉世政治语汇中,常可看到"拨乱反正"的说法。《史记·高祖本纪》写道,刘邦去世,群臣赞美道:高祖出身低微,"拨乱世反之正，平定天下"，创立汉家帝业，功最高。于是上尊号为"高皇帝"。《史记·三王世家》也说，"高皇帝拨乱世反诸正"，宣扬至德，平定海内。《史记·秦楚之际月表》中也有"拨乱诛暴，平定海内，卒践帝祚，成于汉家"的说法。《汉书·礼乐志》也写道："汉兴，拨乱反正，日不暇给。"唐代学者颜师古解释说：所谓拨乱反正，是说"拨去乱俗而还之于正道也"。

"拨乱反正"的说法，最早见于《公羊传·哀公十四年》所谓"拨乱世，反诸正"①。原意是指治理混乱的政治局面，恢复合理的政治秩序。

西汉初期，最高统治集团确实在许多方面进行了"拨乱反正"的努力，取得了"拨乱反正"的成功。

萧何是主持汉初政治体制的有作为的政治活动家，他希望既定方针确定之后，应当"无令后世有以加也"②。《史记·萧相国世家》说，汉兴，萧何利用民众对秦王朝残厉法制的不满，顺从民意，进行了政治改革，"因民之疾秦法，顺流与之更始"。顺应民心以否定秦法，成为汉初政治的标志之一。萧何之后，曹参继任为相，仍然坚持这一方针，据说行政诸事无所变更，依然遵行萧何时创置的制度，以为"治道贵清静而民自定"。他选择身边作

---

① 司马迁在《史记·太史公自序》中也写道："《春秋》以道义。拨乱世反之正，莫近于《春秋》。"
② 《史记·高祖本纪》："萧丞相营作未央宫，立东阙、北阙、前殿、武库、太仓。高祖还，见宫阙壮甚，怒，谓萧何曰：'天下匈匈苦战数岁，成败未可知，是何治宫室过度也？'萧何曰：'天下方未定，故可因遂就宫室。且夫天子以四海为家，非壮丽无以重威，且无令后世有以加也。'高祖乃说。""无令后世有以加也"，不仅仅是指宫室规模，其实也可以理解为有指喻政治体制之权威的含意。

为助手的主要干部，专门任用"木讷于文辞"的"重厚长者"，而部下有言辞激切，刻意追求个人声名的，均予以斥退。司马迁于是以肯定的态度说道：曹参为汉相国，政风"清静"，使百姓在秦代酷政之后"休息无为"，于是"天下俱称其美"。①

正是在这样的政治背景下，西汉统治阶层成就了世代称誉的"文景之治"。

西汉王朝的政治管理与秦王朝的政治管理相比较所表现出的历史性的进步，所提供历史性的经验，都可以于"文景之治"得到突出的说明。西汉王朝政治风格的优异之处，也因"文景之治"为史家所瞩目。

汉初上层领导集团以崇奉黄老之学作为基本政治导向，努力推行清静无为的政治方针。黄老之学主张"无为无不为"，这一原则应用于政治范畴，就是强调少有急切的举措，避免苛烦扰民，使社会生活在自然的状况下得以安定。史书关于汉初政治的记载，如《汉书·楚元王传》所谓"持老子知足之计"，《史记·汲黯列传》所谓"治道贵清静而民自定"，"其治责大指而已，不苛小"等，都体现了这种政治风格。

清静无为的政治思想原则在汉初典籍中有集中的体现。长沙马王堆汉墓出土的帛书中，《道法》所谓"至正者静，至静者圣"，《称》所谓"善为国者，太上无刑"，《名理》所谓"重柔者吉，重刚者灭"等，都反映了这样的政治思想。

回顾历史，我们可以看到，积极进取的精神对于政治成功往

---

① 《史记·曹相国世家》。

往有重要的作用。但是我们还发现，在某些历史背景下，中国带有原始朴素色彩的"重柔者吉"的辩证法应用于政治生活中，其实有时可以表现出神奇的力量。汉初政治的成就就是例证之一。

无为而治的思想，当时曾经占据着正统的地位。

成书于汉武帝初年的《淮南子》一书，可以作为汉初思想的总结。其中《原道》篇所谓"漠然无为而无不为也，澹然无治也而无不治也"，也阐述了这一思想原则。在行政实践中推行这样的原则，就应当做到如《淮南子·览冥》中说到的"除苛削之法，去烦苛之事"，以及《淮南子·齐俗》中说到的"上无苛令，官无烦治"。

无为政治有消极保守的倾向，但从某种角度看，却透露出一种科学的客观主义的精神。汉文帝对秦代极端严酷的刑罚制度进行了重大的改革。这样的改革主要包括如下内容：

（一）秦法规定，大多数罪人都没有确定的刑期，服劳役者往往终生不能解脱。汉文帝诏令重新制定法律，按照犯罪情节的轻重，规定不同的服役期限。罪人服役期满，则当免为庶人。

（二）秦法规定，罪人的父母、兄弟、姊妹、妻子和子女都要连坐，重者甚至处死，轻者则没入为官奴婢。这一制度，称作"收孥相坐律令"。汉文帝对这一法令明令予以废除。

（三）秦法规定，对罪人施行黥、劓、刖、宫四种残酷的肉刑。汉文帝诏令废除黥、劓、刖三种肉刑，改以笞刑代替。汉景帝时代，又进一步减轻了笞刑。

上述法制改革的后两项内容虽然实际上并没有得以完全落实，但是汉文帝和汉景帝统治时期的许多官员能够执法宽厚，断狱从轻，于是狱事比较清明，刑罚比较简省，一般民众所受到的压迫可能较秦代有所减轻。

《史记·张释之冯唐列传》记载，一次，汉文帝出行，途经中渭桥，有行人突然冲犯其车马。汉文帝要求严厉惩处，而主持司法的廷尉张释之则主张严格按照刑法治以罚金之罪。汉文帝大怒，以为惩罚过轻。张释之则坚持说，"法者，天子所与天下公共也"，现在法律条文规定如此，而处罚却要依据陛下个人的情感倾向无端加重，则必然会使法律在民众心目中的确定性和严肃性受到损害。事后，汉文帝承认张释之的意见是正确的。这一故事，说明当时一些重要的执法官员能够以公正为原则，而汉文帝以天下之尊，在盛怒之下也能够虚心纳谏。

在汉文帝、汉景帝时代，对边地少数民族也尽量避免战争，努力维护和平相安的关系。

在吕后专权的时代，有关部门提出严格控制关市，在铁器等先进生产工具的流通方面对南越国实行封锁。南越王赵佗于是愤怒，采取和中央政府相对抗的态度，自立为南越武帝，又北上发兵，攻汉南边长沙国。在吕后发军击南越以后，南越与汉王朝正式进入交战状态。因为气候条件的不适应，汉军不能逾岭，两军事实上在南岭一线相持了一年之久，吕后去世方才罢兵，于是出现了所谓"（赵）佗得以益骄"的局面。汉文帝即位，对于吕后时代的政治多所否定，为赵佗在真定（今河北石家庄）的家族墓地置守邑，岁时祭祀，又尊官厚赐予赵佗亲属以优遇。据《汉书·南粤传》记载，汉文帝又派陆贾为使者出使南越，赐书致意，文辞颇为诚挚。赵佗为这篇言辞恳切、情感亲和的外交文书所打动，致书谢罪，自称"蛮夷大长老夫臣佗"，表示愿意长为藩臣，奉贡职，并宣布废去帝制。

于是，自陆贾还报，一直到汉景帝时代，南越称臣遣使入朝。虽然据说在其国内仍然暗自沿用旧的称号，但是使臣入见天子时，称王朝命如诸侯之礼。

汉文帝后元二年（前162），与匈奴订立和亲之约。此后虽然匈奴屡次背约侵犯北边地区，但是汉文帝只是诏令边郡严加守备，并不组织军队主动出击，以避免加重百姓的负担，使恢复不久的正常的经济生活再次受到破坏。

汉文帝即位不久，就废除了诽谤妖言之罪，以为这一罪名使得众臣不敢尽情直言，而皇帝也无法得知自己的过失。允许臣下大胆提出不同的政见。汉文帝十五年（前165），他又诏令诸侯王公卿及地方行政长官推荐品学贤良能直言极谏者，亲自策问，接受其合理的政治建议并且予以任用。

秦代以来，有所谓"秘祝"之官。每当发生灾异时，令"秘祝"之官祈祝，将罪过和不幸转移于臣下和百姓。汉文帝十三年（前167）下诏废除这一制度，并且申明：百官的过失，都应当由我负责，令"秘祝"之官移过于下，是公开张扬我的不德，实在是我不能赞同的。

文景时代比较宽和的政治空气，有利于当时社会经济的发展和文化的进步。

《汉书·食货志上》说，"文帝即位，躬修俭节，思安百姓"，对于当时经济的恢复和发展，有重要的意义。

在汉初经济恢复阶段，据说皇帝乘车不能驾系同样毛色的马，有的将相甚至不得不乘坐牛车。汉文帝是历史上著名的讲究节俭的帝王。他在位二十三年，据说宫室苑囿狗马服御等无所增益。起先曾经规划在宫中建造一座露台，召工匠预算，大约要花费百金，汉文帝得知后说道，百金相当于中等人家十户的产业，我居住在先帝营造的宫殿中，已经常常感到惶恐羞愧，为什么还要建造新的露台呢？

每逢灾荒之年，汉文帝往往令诸侯不必进贡，又解除"山泽之禁"，即开放以往属于皇家所专有的山林池泽，使民众能够通过采集渔猎及副业生产保障温饱，度过灾年，扭转经济危局。汉文帝还宣布降低消费生活的等级，精简宫中近侍人员，以减轻社会的负担。

汉文帝还曾经多次下诏禁止郡国贡献奇珍异物。他平时常服用价格平易的黑色织品，所宠爱的慎夫人也衣不曳地，宫中的帏帐不施纹绣，为天下做敦朴节俭的榜样。

汉文帝力倡节俭的极端表现，是在营建他的陵墓霸陵时，提出了薄葬的原则。据《史记·孝文本纪》说，汉文帝明确指示埋葬时"皆以瓦器，不得以金银铜锡为饰，不治坟"，即随葬品使用陶器，地宫不用豪华的装饰，陵上地面不筑封土，以求俭省，不致烦扰民众。临终时，他在遗诏中又重申薄葬的意愿，并且具体规定了减省葬祭之礼的内容，明令"霸陵山川因其故，毋有所改"。

根据后来霸陵也曾经出土珍宝之器的传说，有人疑心汉文帝霸陵薄葬只是一种政治宣传。其实，霸陵因山为陵，没有动员大量民众从事土木工程，是确凿无疑的。墓中随葬品的等级和数量，可能因入葬时情形之复杂，有与汉文帝个人意愿不尽相合的情形出现。还有一种因素也未可排除，这就是汉景帝的母亲孝文窦皇后是在汉武帝建元六年（前135）方才去世的，而与汉文帝合葬霸陵。也就是说，霸陵随葬品即使丰富，也有汉景帝的母亲窦皇后在汉武帝时入葬霸陵的因素。西汉皇室女性地位相当高。其时天下空前富足，在汉武帝已经成年的情况下，祖母逝世，也是不可能迁就汉文帝二十余年前的遗制实行薄葬的。以这一思路考虑汉文帝霸陵是否薄葬之谜，可能是有益的。《汉书·东方朔传》说，窦太后之女馆陶公主寡居，"年五十余矣，近幸董偃"。金钱恣其所用，曾经令中府："董君所发，一日金满百斤，钱满百万，帛满千匹，乃白之。"而最终"窦太主卒，与董君会葬于霸陵"。由此也可以推知在世风浮侈的影响下，后来盗掘霸陵"多获珍宝"，有可能是陵园中其他从葬者的随葬品，而未可作为否定汉文帝霸陵薄葬的直接依据。

贾谊及其政治思想

贾谊是西汉文帝时的政论家、思想家。他的政治思想在当时和后世都有重要的影响。

公元前200年，贾谊生于洛阳。十八岁时，就以熟读诗书、善属文章闻名。后来被河南守吴公招至门下。汉文帝即位后，听说吴公曾师事秦时名相李斯，又号称治政为天下第一，于是征以为廷尉，主持天下司法。因吴公的推荐，贾谊得任为博士。吴公以"治政"闻名，贾谊因吴公举荐，可知贾谊得以入朝，大约主要不是因其文采，而是因其政识。贾谊当时不过二十余岁，是朝中最年轻的博士。"每诏令议下,诸老先生不能言,贾生尽为之对,人人各如其意所欲出。诸生于是乃以为能,不及也。"①于是被破格提拔为太中大夫。

汉文帝十分赏识贾谊的识见,曾经准备任贾谊为公卿,但是因为周勃、灌婴等老臣的反对,未能实现。后来任贾谊为长沙王太傅。贾谊在长沙著《鵩鸟赋》,发抒内心的怨郁哀伤。后来汉文帝思念贾谊,又曾特地召见,问鬼神之事于宣室殿,君臣畅谈至夜半。后人因此有"不问苍生问鬼神"的诗句②,感叹其政治思想受到漠视。贾谊又被任命为梁怀王太傅。汉文帝十一年(前169),梁怀王坠马而死,贾谊自伤失职,不久也悲郁去世,年仅三十三岁。

贾谊的政论著作,据《汉书·艺文志》著录,有《贾子》五十八篇,赋七篇。今本《新语》是后人纂辑的贾谊著作汇编。

贾谊的《过秦论》,是最早的较系统地总结秦王朝兴亡的历史,较全面地分析秦政之功过得失的著名政论。司马迁在《史记·秦始皇本纪》中,已经大段引录了贾谊《过秦论》的内容,并且真诚地感叹道:"善哉乎贾生推言之也!"

《过秦论》说秦以弱胜强,终于实现统一,"鞭笞天下,威振四海",然而迅速败亡,原因在于"仁义不施,而攻守之势异也"。

这里所说的"仁义不施",是指责秦王朝的统治者以暴虐之心与暴虐之术治国,终于导致了不可挽救的政治危局。贾谊还批评

---

① 《史记·屈原贾生列传》。
② 李商隐《贾生》诗:"宣室求贤访逐臣,贾生才调更无伦。可怜夜半虚前席,不问苍生问鬼神。"

说:"秦王怀贪鄙之心,行自奋之志,不信功臣,不亲士民,废王道而立私爱,焚文书而酷刑法,先诈力而后仁义,以暴虐为天下始。"而秦二世又"重以无道",更变本加厉地推行暴政,"坏宗庙与民,更始作阿房之宫,繁刑严诛,吏治刻深,赏罚不当,赋敛无度",以致"天下多事,吏不能纪;百姓困穷而主不收恤"。最终"奸伪并起","天下苦之","自群卿以下至于众庶,人怀自危之心,亲处穷苦之实,咸不安其位,故易动也"。从高官贵族到平民百姓,人人自危,因此形成了一旦发生变乱,就迅速土崩瓦解的政治局面。

秦政之失,在于"吏治刻深"与"赋敛无度",是人们大都注意到的。贾谊特别指出秦始皇"行自奋之志,不信功臣,不亲士民,废王道而立私爱"的事实,实际上涉及秦王朝专制政治在体制方面的根本弊病。

贾谊说:"秦王足己而不问,遂过而不变。二世受之,因而不改,暴虐以重祸。"这样的政权,"亡不亦宜乎?"以为极端专制的秦王朝迅速灭亡,是历史的必然。贾谊还具体描述了秦政的这一特色:"秦俗多忌讳之禁也,忠言未卒于口,而身糜没矣。故使天下之士侧耳而听,重足而立,阖口而不言。"言论的严格禁锢,是专制制度的突出特征。不过,这种禁锢并不能平息民众的怨愤,反而会激起更强烈的反抗。正如《过秦论》所指出的:"秦之盛也,繁法严刑而天下震;及其衰也,百姓怨而海内叛矣。"

所谓"攻守之势"有"异"的观点,体现出贾谊清醒的政治识见。

贾谊指出:"夫并兼者高诈力,安定者贵顺权,此言取与守不同术也。秦离战国而王天下，其道不易，其政不改，是其所以取之守之者无异也。"也就是说，"攻"与"守"，"并兼"与"安定"，"取"天下与"守"天下，夺取政权与巩固政权，战争时期谋求并兼与和平时期谋求安定，政治方针、政治策略、政治风格，也就是贾谊所谓"术""道""政"等，应当是有所不同的。

然而秦实现统一之后，却仍然未能改变战时的政治形式，所以"取之"的政策与所以"守之"的政策竟然没有区别。秦王朝最高统治者仍然以取天下的政治方针面对守天下的政治现实。秦始皇的统治思想尚未完成应有的时代性转变，以这种思想为基础制定的关东政策自然表现为恐怖的虐杀和苛重的赋役，其结果终于导致秦王朝的迅速败亡。

贾谊所谓"攻守之势异也"，所谓"取与守不同术也"，提出了治国思想的一个重要原理。贾谊的这一认识，是《过秦论》的思想精髓。

贾谊先后多次上疏陈治安之道，这些奏疏被后世史家称为《治安策》，又题《陈政事疏》。《治安策》比较集中地反映了贾谊的主要社会思想和基本政治主张。《治安策》作为贾谊有代表性的主要论著，也是体现对后世政论有重要影响的贾谊政论文风格的典型。

贾谊在《治安策》中对汉初的社会问题和政治弊病进行了深刻的揭露，并且提出了一系列对策。

汉初以来，中央政权与诸侯势力的矛盾，长期成为危害政治安定的严重隐患。因为中央政府政策的宽容，一些诸侯王确有与朝廷分庭抗礼的倾向。面对当时的这一形势，贾谊建议及早采取有力措施抑制与朝廷离心的势力。他提出"众建诸侯而少其力"的办法，削弱其实力。后来吴楚七国之乱的发生，证实了贾谊的政治预见。而汉武帝时代"削藩"事业的成功，实际上也采用了贾谊"众建诸侯而少其力"的策略。

贾谊的《治安策》主张确立等级制度："令君君臣臣上下有差，父子六亲各得其宜。"专制制度下的"等列"体系，使高下尊卑形成确定不移的"理势"："等级分明，而天子加焉，故其尊不可及也。"他认为，"此业一定，世世常安"。这样的主张，对于汉初及整个汉代政治体制的形成与巩固，有重要的影响。

贾谊还认为礼谊与法令、教化与刑罚不可偏废，特别强调倡导礼乐，"厉廉耻，行礼谊"，实行以儒学为主体的道德教化，以"移风易俗，使天下回心而乡（向）道"。汉武帝时代，确定了儒学在百家之学中的主导地位，实现了《汉书·武帝纪》所谓"罢黜百家，表章《六经》"的历史性转变。这一标志性的政策确定，《汉书·董仲舒传》称作"推明孔氏，抑黜百家"。儒学地位的这种上升，当然已经超过了《治安策》中的设计，但是贾谊重视文化建设作用的治国思想顺应历史演进方向的进步意义，确实是值得肯定的。治国务在"安民"的主张，是儒学民本思想的基本内容之一。贾谊《新书·大政上》写道："闻之于政也，民无不为本也。国以为本，吏以为本，更以为本。"他又指出："夫民者，至贱而不可简也，至愚而不可欺也。故自古至于今，与民为仇者，有迟有速，而民必胜之。"民为邦本，民众虽然至贱至愚，却不可以简慢，不可以欺压。在任何时代，敢于与民众为敌者，或早或晚，最终将为民众所战胜。而以民为本的治国思想，应当落实于使民众得到看得见的物质利益的有效政策上。对于这样的主张，贾谊是这样表述的："夫为人臣者，以富乐民为功，以贫苦民为罪。"也就是说，执政者成功的政绩，应当表现为使民众"富乐"。《汉书·食货志上》说，"文帝即位，躬修俭节，思安百姓"，对于当时经济的恢复和发展，有重要的意义。实际上，所谓"为富安天下"，在实现"文景之治"的时代，已经成为汉王朝的基本国策。

"为富安天下"的局面

除了削省刑罚、避免征战而外，轻徭薄赋，也是清静无为的政治思想的体现。

汉初，西汉政府比较清醒地认识了当时的社会形势，对征发兵役和徭役有所自制，又曾经多次对农民减免田租。汉文帝时代，多次下诏劝课农桑，还在农村乡里设"力田"之职，最基层的农官，经常和"三老""孝悌"同样得到政府的赏赐。西汉王朝以这样的方式鼓励农民发展生产，取得了明显的效果。

在汉文帝时代，直接从事耕作的农民的负担得以减轻。汉文帝二年（前178）和十二年（前168），曾经两次宣布将租率减为三十税一。十三年（前167）还宣布全部免去田租。三十税一成为汉代的定制。

汉文帝时代，算赋也由每人每年一百二十钱减少到四十钱。

汉初统治者一改秦时徭役繁重之苛政，注意以"省徭役，以宽民力"作为执政原则。如都城长安修筑城墙这样重要的工程，直至汉惠帝时才开始经营。

《汉书·惠帝纪》记载，汉惠帝元年（前194）春正月，修造长安城墙；三年（前192）春，"发长安六百里内男女十四万六千人城长安，三十日罢"；同年六月，又调发诸侯王、列侯徒隶二万人城长安；五年（前190）春正月，再次调发长安六百里内男女十四万五千人承担长安筑城的劳役，三十日解除。这就是说，修筑长安城墙这样重大的工程项目，调用民力十分有限，劳役人员来自长安六百里内，人数最多十四万六千人，工期也以三十日为限。

汉文帝时，徭役征发制度又有新的变革，一般民众的负担减少到每三年服役一次。

汉景帝二年（前155），又把秦时十七岁傅籍，即正式成为征发徭役对象的制度改为二十岁傅籍，而著于汉律的傅籍年龄则是二十三岁。汉景帝中元元年（前149），诏令诸侯王丧葬，包括开掘墓圹、修治墓冢及送葬等事，征用民役不得超过三百人。

汉初统治者实行与民休息的政策，对于促进当时社会经济的恢复和发展，有重要的作用。《汉书·食货志上》说，汉文帝在位时，贾谊曾经建言重视农耕，他说，驱使民众归于农耕，就意味着依附于国家经济的根本，如此，则可以使天下各食其力。贾谊以为，这样则"可以为富安天下"。这位有识见的思想家"为富安天下"即通过发展经济以保障安定的政治设计，在文景时代基本上实现了。

当时，一系列合理的经济政策促进了战乱之后农人回归于农耕生产实践。汉初功臣封侯，据《汉书·高惠高后文功臣表》说，诸侯实力较大的，不过万家，小者则只有五六百户。可是，到了文景时代，流民逐渐返回故土，户口也逐渐有所蕃息，列侯实力较大的，可以拥有三四万户，小国与先前比较，也往往户口倍增，经济富足的程度，也大致如此。户口的充分回归与迅速蕃息，是社会生产逐步走向安定有序，实现正常化的反映。西汉王朝的国力，也因此得到了空前的充实。

荀悦《前汉纪·文帝二年》引述了晁错这样的话：现今农夫五口之家，其直接劳作者不过二人，其能够耕作的田地不过百亩，百亩农田收益的谷物，不过三百石。有的学者据此推断，当时农业生产恢复并且得到发展，粮食亩产已经赶上并略超过战国后期的水平了。"汉时小亩比战国时的周亩略小"，因而"单产实际上是提高了"。"折合今量就是产粟二百八十一市斤／市亩"[1]。

《汉书·食货志上》有一段关于当时经济形势的记述，形象具体地反映了国家经济实力的充备和民间经济生活的富足：从汉初经历文景时代至于汉武帝即位之初七十年间，国家没有经历严重的政治动乱，又没有遭遇严重的水旱灾荒，于是民间人给家足，城乡的大小粮仓也都得以充满，而朝廷的财政也历年有所盈余。京师的钱财累积至于千百万，以致钱贯朽坏而不可清校。国家粮仓太仓的存粮年年堆积，陈陈相因，至于满溢而堆积于露天，导致腐败不可食用。民间大小民户都风行养马，阡陌之间驰游成群。人们竞相逞示富饶，骑乘母马的人，甚至没有资格参与乡间

---

[1] 吴慧：《中国历代粮食亩产研究》，农业出版社，1985，第111页。

聚会。①

　　农耕经济的空前发展，使得粮价普遍降低。楚汉战争时，有"米石万钱""米斛万钱"的记载②。而据《太平御览》卷三五引桓谭《新论》，汉文帝时，谷价至于石数十钱。据《史记·律书》记载，当时粮价甚至有曾经达到每石"粟至十余钱"的历史记录。

吴楚七国之乱

　　文景时代推行的政治方针，使国家安定，经济富实，但是匈奴贵族因为未曾遭到有力的反击，对汉地的侵扰愈益频繁。

　　因为中央政府政策的宽容，一些诸侯王也有与朝廷分庭抗礼的倾向，汉景帝三年（前154）终于爆发了史称"吴楚七国之乱"的吴王刘濞、楚王刘戊、赵王刘遂、济南王刘辟光、淄川王刘贤、胶西王刘卬、胶东王刘雄渠的联合叛乱。

　　刘濞是刘邦的哥哥刘仲的儿子。二十岁时，曾经从刘邦平定黥布反叛，被刘邦立为吴王，封地有三郡五十三城。

　　吴地豫章郡（郡治在今江西南昌）有铜矿，刘濞于是招致天下亡命者盗铸钱，又利用海盐资源，所以不向百姓征收赋税，而国用饶足。

---

① 《史记·平准书》："至今上即位数岁，汉兴七十余年之间，国家无事，非遇水旱之灾，民则人给家足，都鄙廪庾皆满，而府库余货财。京师之钱累巨万，贯朽而不可校。太仓之粟陈陈相因，充溢露积于外，至腐败不可食。众庶街巷有马，阡陌之间成群，而乘字牝者傧而不得聚会。"

② 《史记·货殖列传》："楚汉相距荥阳也，民不得耕种，米石至万。"《汉书·高帝纪上》："（汉王二年六月）关中大饥，米斛万钱。"

汉文帝时，吴太子来到长安，曾经与皇太子，也就是后来的汉景帝一同宴饮游艺。吴太子性情骄悍，在因六博游戏而发生争执中言语不恭，皇太子怒，以博局掷吴太子，竟然将其打死。后来归葬于吴，吴王刘濞愤愤地说：天下刘姓都是一宗，死在长安就葬在长安罢了，何必归葬！此后心中怨望，不再遵守藩臣的礼节，称病不朝。又利用铜山海盐的资源优势，吸引人口，发展经济，积累三十余年，得到国中民众的拥戴。

汉景帝即位后，曾经任太子家令的晁错就任御史大夫，提醒汉景帝说，刘濞长期以来，愈益骄恣，又即山铸钱，煮海为盐，招诱天下流亡人口，预谋发动动乱。现在，削夺其封地，可能会发生反叛。可是不削夺其封地，也会发生反叛的。削之，则反叛较早，祸害较为轻微；不削，则反叛较迟，祸害更为严重。晁错又因楚王刘戊的过失，削夺其东海郡（郡治在今山东郯城）。此前赵王刘遂封地中的常山郡（郡治在今河北元氏西北）被削夺，胶西王刘卬也被削夺六县之地。正当朝廷讨论削吴事宜时，刘濞曾经亲自前往胶西国，与刘卬商议反叛，有"天下可并，两主分割"的密约。不久，削吴会稽、豫章两郡的诏书颁布，刘濞正式约胶西、胶东、淄川、济南、楚、赵诸国一同反叛。

叛军以诛贼臣晁错，清君侧，"以安刘氏"为名，军势浩大。刘濞举事，闽越、东越也曾发兵追随。据说赵王刘遂甚至还私下派使者请匈奴发兵策应。

在复杂危急的形势下，汉景帝曾经一度犹疑，听从前吴相袁盎的建议，杀掉晁错，希望能够平息叛乱，但是刘濞并不因此罢兵。

太尉周亚夫受命率三十六将军平定吴楚之乱。周亚夫会兵荥阳(今河南荥阳东北),用邓都尉的计谋,引兵东北,坚壁昌邑(今山东金乡西)以南,隔断吴楚与胶西、胶东、淄川、济南、赵诸国叛军的联络,放弃梁国,使吴楚兵在攻梁的战役中消耗实力,又派遣轻兵据淮泗口截断吴军粮道。果然,吴楚之乱很快就被平定,吴王刘濞被东越人所杀。

吴楚七国之乱,作为汉初以来最严重的政治危机,是对汉王朝的严峻的政治考验。西汉王朝凭借文景以来所创造的稳固的政治基底和雄厚的经济实力,迅速平定了叛乱。吴楚叛乱发生于正月,三月即告终结。

文景时代的社会进步,和清静无为的政治原则的推行分不开。然而,在好大喜功的汉武帝专政的时代,急进的政治倾向又占了上风,上层统治集团集中权力,强化专制,扩张疆土,大规模征调民力为自己争得更多的利益,政治经济形势于是又发生了重大的变化。

六　汉武帝时代

公元前141年，十六岁的汉景帝子刘彻即位，是为汉武帝。

汉武帝在位五十四年，是中国古代统治年代比较长的帝王。汉武帝时代，西汉王朝开始进入全盛时期。

作为胸怀雄才大略的政治家，汉武帝的政治思想与政治实践对当时的历史形成了深刻的影响。汉武帝时代，以汉族为主体的统一的多民族国家得到空前的巩固，汉文化的主流形态基本形成，中国开始以文明而富强的政治文化形象雄立于世界东方。

司马迁在《史记·太史公自序》中说到历史之总结，在于"原始察终，见盛观衰"，就是考察其由始至终的过程，分析其盛衰转化的变化。"盛"与"衰"，并不仅仅是指王气的兴旺与凋灭，其实又意味着一个历史时期社会创造力总和的价值，意味着生活在这一时期的人们的思想成就在人类智慧宝库中的比重，意味着这一时期向历史总体奉献的精神产品与物质产品的数量与质量，意味着这一时期文明进步的速度。也就是说，"盛"与"衰"的演变，在某种意义上也可以理解为历史节奏与文化节奏变化的征象。从这样的角度来理解，汉武帝时代可以说是中国历史上真正的盛世。

汉武帝时代是英才荟萃的时代。文学、史学、哲学、政治学、经济学、军事学等，在这一时期都有足以傲视历代的丰盛的成果。

当时的西汉帝国以其精神文化和物质文化的辉煌成就成为东方文明的骄傲，在林立于世界的不同文化体系之中居于领先的地位。

汉武帝时代的政治体制、经济形式和文化格局，对后世都有相当重要的历史影响。

削藩事业

汉武帝即位时，西汉社会经过汉初六七十年的休养生息，遭到秦代暴政和秦末战争严重破坏的经济机制得以恢复。国家积累了相当充实的财富，也具备了可以调整中央和地方关系的实力。经过汉景帝时对吴楚七国之乱的平定，同姓诸侯王的势力大为削弱。在这样的历史条件下，汉武帝为了巩固大一统的国家，加强专制主义的中央集权，又进行了多方面的努力。元朔二年（前127），汉武帝采纳了主父偃的建议，下"推恩令"。允许诸侯王推"私恩"，把王国土地户口的一部分分给子弟，以子弟为列侯，由皇帝确定这些侯国的名号。于是诸侯王多以分户邑封子孙，致使王国里不断分出若干由郡统辖的小侯国。一时诸王的子孙都能够成为列侯,这就是《汉书·王子侯表》所说的"支庶毕侯";另一方面,对于一直渴望削弱地方诸侯势力的王朝中枢来说,收到了《汉书·诸侯王表》所谓"不行黜陟而藩国自析"的效用,中央政府不必专意打击损抑,各个诸侯国实际上已经在自行解体。

随后,发生淮南王刘安和衡山王刘赐谋反的事件。汉武帝利用此案,在元狩元年(前122)下令尽捕他们的宾客党羽,牵连致死的多达数万人。汉武帝又颁布"左官律"和"附益之法",规定王国职官为"左官",宣示其等级低下,明确歧视之意,以此控制人才流向,压抑诸侯王属下官吏的地位,严惩服务于诸侯王的犯罪官吏,并且严格限制士人和诸侯王交游,又严禁朝臣外附诸侯王,限制诸侯王结党营私。

此后,诸侯只能衣食租税,不得参与政事。诸侯王宗族中支脉疏远的人,逐渐与一般民户没有什么差别了。

元鼎五年(前112),汉武帝又借口列侯所献宗庙祭祀用的酎金分量和成色不足,夺爵一百零六人。其他列侯因为其他原因而陆续失去爵位的,也不在少数。

"中朝"的形成

自汉初以来,继承秦制,丞相有相当大的权力。汉高祖刘邦和汉惠帝刘盈分别以第一代功臣中功次居于前列的萧何、曹参为丞相①，丞相位望曾经盛极一时。《汉书·百官公卿表上》说，丞相的职能，是"掌丞天子助理万机"。当时的丞相，实际上是朝廷掌握行政实权的总理大臣。汉景帝时，窦太后期望封皇后的哥哥王信为侯，汉景帝表示："请得与丞相计之。"于是与丞相周亚夫商议，周亚夫以高帝刘邦"非有功，不得侯"的预先约定予以坚定的拒绝。汉景帝默然而有沮丧之色。可见当时相权之重。

《史记·魏其武安侯列传》记载，汉武帝初年，田蚡任相，一次奏事，坐谈竟日，荐举升迁的官员，有从平民直接任职级二千石的高级官僚的，使皇帝的用人权力受到侵犯。汉武帝终于表露出内心的不满，说道：你荐举的官吏说完了吗？我也有要荐举的官吏呢。田蚡又曾经请求占用官营手工业管理部门少府考工室的地方用以扩建宅第，汉武帝愤怒地说：你为什么不索性占用武库之地呢！

汉武帝成年，亲自主持政务之后，有意改变丞相位尊而权重的传统。他频繁任免丞相，在位五十四年间，先后用相十二人。其中除四人在任上正常死亡之外，有三人被免职，二人有罪自杀，三人下狱处死。政府高层官员受到严厉处置数量如此之多，密度如此之大，在历史上是空前的。汉武帝还曾经有设置左右二

---

① 《史记·萧相国世家》说："汉五年，既杀项羽，定天下，论功行封，群臣争功，岁余功不决。高祖以萧何功最盛，封为酂侯，所食邑多。""列侯毕以受封，及奏位次，皆曰：'平阳侯曹参身被七十创，攻城略地，功最多，宜第一。'"而刘邦心欲萧何第一。关内侯鄂君进言说："夫汉与楚相守荥阳数年，军无见粮，萧何转漕关中，给食不乏。陛下虽数亡山东，萧何常全关中以待陛下，此万世之功也。……萧何第一，曹参次之。""高祖曰：'善。'于是乃令萧何第一，赐带剑履上殿，入朝不趋。"

丞相的意图。征和二年(前91),他任命刘屈氂为左丞相,颁布诏书,宣布分丞相官署为两府,以期待天下远方合适的人选。这一后来未曾实行的分设左右丞相的设想,其主要出发点显然也是为了分弱相权。汉武帝还特意从身份低微的士人中破格选用人才,担任参与国家政治中枢主要决策的侍中、常侍、给事中等职,让他们能够出入宫禁,随侍左右,顾问应对,参议要政。这些成为近臣的官员,身份相当于皇帝的宾客和幕僚。皇帝亲自任命和直接指挥的高级将领,也往往参议机要。大司马大将军卫青、大司马骠骑将军霍去病等,权势都超过丞相,又兼以"侍中"之职,具有了参与宫廷重要决策的特殊地位。于是,和属于丞相、御史大夫和九卿所构成的官僚机构"外朝"相对应的"中朝"得以形成。

"中朝"又称"内朝",由皇帝左右的亲信和近臣所构成。重要政事,"中朝"在宫廷之内就先自做出了决策。

尚书,本来是皇帝身边掌管文书的官员。"中朝"形成之后,尚书的地位日益重要。尚书和一般仅仅参与宫廷议政的官员不同,由于既有官署、官属,又有具体的职司,作为皇帝的秘书机构,在"中朝"逐渐居于核心地位。

主管郡国上计和考课,并且根据官吏的政绩,奏行赏罚,是丞相的主要职责之一。然而在汉武帝时代,却有皇帝亲自接受"上计"的情形。《汉书·武帝纪》记载,元封五年(前106)春三月,汉武帝曾经东巡至于泰山,接受诸侯王列侯朝贺,"受郡国计"。太初元年(前104),又曾经"受计于甘泉"。汉武帝直接"受计",说明当时他已经牢牢把握了对诸郡国的控制权。

十三州部刺史

西汉王朝进一步完善了秦王朝初创的御史监察制度。汉武帝时,设置十三州部,即在全国统治重心三辅(京兆尹、冯翊、扶风)、三河(河南、河内、河东)和弘农以外的各地区设定十三个监察区域,每州部设部刺史一人,以监察地方政治,加强中央对地方的控制。十三州部,为冀、青、兖、徐、扬、荆、豫、益、凉、幽、并、交趾、朔方。其地域大体是:

  冀州[1]——今河北中南部、山东西端及河南北端;
  青州[2]——今山东大部及河北一部;
  兖州[3]——今山东西南部、河南东部;
  徐州[4]——今江苏长江以北及山东东南部;
  扬州[5]——今安徽淮水和江苏长江以南及江西、浙江、福建三省,湖北东部,河南东南部;
  荆州[6]——今湖北大部,湖南及河南、贵州、广东、广西一部;

---

[1] 冀州:东汉时治所在高邑(今河北柏乡北)。
[2] 青州:东汉时治所在临(今山东淄博东北)。
[3] 兖州:东汉时治所在昌邑(今山东金乡西北)。
[4] 徐州:东汉时治所在郯(今山东郯城)。
[5] 扬州:东汉时治所在历阳(今安徽和县)。
[6] 荆州:东汉时治所在汉寿(今湖南常德东北)。

豫州①——今河南东部、安徽北部；

益州②——今四川大部、云南东部、贵州西部、甘肃南部、陕西南部、湖北西北部；

凉州③——今甘肃大部、宁夏大部及青海湟水流域，陕西西北部及西南部；

幽州④——今河北北部、辽宁大部及朝鲜大同江流域；

并州⑤——今山西大部及内蒙古、河北一部；

交阯⑥——今广西、广东大部及越南北部和中部；

朔方⑦——今宁夏东部，内蒙古阴山南北，陕西北部，甘肃东部。

汉武帝后来又设置司隶校尉一职，负责督察三辅、三河和弘农郡，职权和部刺史相当，其地域相当于陕西关中、山西西南部、河南西部及北部。

刺史和司隶校尉的设置，使地方行政官员受到直接的监察，有利于西汉王朝的大政方针有效地在地方落实。

刺史没有固定治所，在每年的八月巡视所部郡国，考察吏

---

① 豫州：东汉时治所在谯（今安徽亳州）。
② 益州：东汉时治所先后在雒（今四川广汉北）、绵竹（今四川德阳东北）、成都（今四川成都）。
③ 凉州：东汉时治所在陇（今甘肃张家川）。
④ 幽州：东汉时治所在蓟（今北京西南）。
⑤ 并州：东汉时治所在晋阳（今山西太原西南）。
⑥ 交阯：东汉时治所在龙编（今越南河内东北）。
⑦ 朔方：东汉废，入并州。

治，监督豪强。其职级仅为六百石官，秩位虽然不高，但是出刺时却作为朝廷的正式代表，可以监察二千石的地方实力派官僚和王国相，也可以监督诸王。刺史的职权虽重，却又不直接处理地方行政事务。刺史制度因此具有小大相互制约、内外相互协调的优越性。汉武帝时代政治体制表现出的灵活性与合理性的特色，也由此得到体现。

察举制度

传统的政治结构是通过一级级的官僚由上而下实行严密的管理的。最高统治者一般都希望吏治清明，以维护正常的政治秩序，保证国家机器的顺利运转。然而另一方面，他们又面临与各级官吏均分实际利益的问题。使各级官吏都得到相应的实利以维持其工作热情，又不使其超过一定的合理度以危害整个国家的利益，是一件相当困难的事。

西汉时期的官僚制度逐渐走向完备。

汉初，逐步建立和健全了一系列选官制度和监察制度。在汉武帝时代，有关制度又得以进一步完善。中国古代王朝在开国初年，最高执政集团多由创业功臣构成。有的学者称之为"功臣政治"。随后往往有功臣子弟集中从政并占据高位的情形，这就是所谓"功臣子政治"。此后才能够逐渐实现贤臣执政的所谓"贤臣政治"。汉武帝时代，大体完成了由"功臣政治"向"贤臣政治"的转变。

汉武帝开创了献策上书为郎的选官途径，在一定限度内欢迎批评政治的意见。一时四方人士上书言得失者多达千人，其中有些因此而取得了相当高的职位。田千秋就是原任高寝郎这样的低级职官，因为上书言事称旨，很快被任命为位列九卿之一的大鸿胪，不过数月又超迁为丞相的。

中国古代选官制度的演进，大体可以表现出"世官制""察举制""科举制"三个阶段。汉文帝时，已经有从社会基层选用"贤良""孝廉"的做法，指令中央官吏和地方官吏得从下级属吏、民间地主和部分自耕农人中选拔从政人员。名臣晁错就是曾经以"贤良文学"之选，又经帝王亲自策试，得以升迁为中大夫的。不过，当时既没有规定选举的确定期限，也没有规定各地方选举的人数。也就是说，这种选举形式还没有成为完备的制度。汉武帝在即位第一年，就诏令中央和地方的主要行政长官"举贤良方正直言极谏之士"。六年之后，又下诏策试贤良。特别是在这一年，明确规定了郡国必须选举的人数。

正是在汉武帝时代，察举制得以基本成为正统的政制。这一历史进步的意义十分重大。有的学者曾经指出，汉武帝"初令郡国举孝廉各一人"[1]的元光元年（前134），是中国学术史和中国政治史的最可纪念的一年。这是因为这一诏令表明察举制已经发展成为一种比较完备的仕进途径，察举制作为选官制度的主体地位已经得以确立。

---

[1]《汉书·武帝纪》。

出击匈奴

汉武帝时代，以军事成功为条件实现了汉帝国的疆域扩张。其最重要的成就，是北边军事形势的改变。

匈奴游牧部族联盟的军事力量长期以来压迫着中国北边，使农耕生产的正常经营受到严重的威胁。在形势最严峻的时期，匈奴骑兵甚至曾经侵扰长安邻近地区。与匈奴的关系，成为汉武帝时代在对外关系方面所面临的最为严重、最为困难的问题。

汉武帝作为表现出非凡胆识的帝王，克服各种困难，发动了对于匈奴的反侵略战争。由于对于战争主动权的牢固把握，这一战争后来又有了以征服匈奴为目的的战争的性质。

元光二年（前133），汉武帝计划引诱匈奴人进占马邑（今山西朔州），以汉军三十万人伏击，企图一举歼灭匈奴军主力。匈奴单于察觉，中途撤回全军。此后，匈奴屡屡犯边，汉军也多次发动反击和主动的进攻。

元朔二年（前127），匈奴攻入上谷（郡治在今北京延庆西南）、渔阳（郡治在今北京密云西南），杀掠吏民。汉武帝命卫青率数万大军从云中（郡治在今内蒙古托克托东北）沿黄河北岸迅速向西北挺进，一举攻占军事要塞高阙（在今内蒙古杭锦后旗东北），切断了占据河南地的匈奴白羊王、楼烦王所部与匈奴王庭间的联系。随后卫青率军又沿黄河西进，直下陇西（郡治在今甘肃临洮），完成了对白羊王、楼烦王所部的战略包围。匈奴在河南地的防务全线崩溃之后，白羊王、楼烦王只得率残部逃往塞外。卫青以收复河南地的战功,被封为长平侯。

丧失河南地的匈奴贵族又连年率部袭扰汉边境。元朔五年(前124),汉武帝又派遣卫青出击匈奴。卫青部经朔方(郡治在内蒙古乌拉特前旗南),出高阙,北出边塞六七百里,奔袭匈奴右贤王部成功。卫青在军中被拜为大将军,取得了统率各路诸将的权力。这次战役的胜利,确保了朔方郡的安全,又切断了匈奴单于主力与占据河西地区的休屠王、浑邪王所部的联系。

元狩二年(前121),骠骑将军霍去病率领汉军远征。霍去病自陇西出兵,过焉支山(今甘肃山丹东南),西北行千余里,数战数捷,缴获匈奴休屠王祭天金人。同年夏季,又从北地(郡治在今甘肃庆阳西北)出击,逾居延海,南下祁连山,孤军辗转二千余里,在鱳得(今甘肃张掖西北)一带大败匈奴军,斩杀三万二千余人,俘虏匈奴贵族五十九人、官吏六十三人。这次战役,沉重地打击了匈奴右部。同年秋,浑邪王杀休屠王,率四万余众降汉。霍去病奉命受降,又在极复杂的情况下,坚定果敢地平定了匈奴部众的内部叛乱,使安置匈奴内附的计划得以成功。

霍去病曾经先后六次出击匈奴,屡建奇功。《史记·卫将军骠骑列传》记载,汉武帝要为他修治宅第,他谢绝道:"匈奴未灭,无以家为也!"元狩六年(前117),这位功勋卓著的青年将领病逝,终年不足三十岁。

汉武帝在河西休屠王、浑邪王故地设置酒泉(郡治在今甘肃酒泉)、武威(郡治在今甘肃武威)、张掖(郡治在今甘肃张掖西北)、敦煌(郡治在今甘肃敦煌西)四郡,从关东地区徙置数十万移民充实这一地区。河西地区的安定,不仅断绝了匈奴人与羌人的联系，同时使西北地区的开发进入了新的纪元，打通了中原文化与西域文化交往的通路。正如有的学者所指出的，这一举措，"不仅对于中国的历史，具有重大意义，即对于整个东方的历史，亦具有重大意义"①。

汉王朝对匈奴作战的连续胜利，使得西北边境上的威胁基本解除。然而活动于汉王朝北边东部的匈奴左贤王的军队，始终没有遭受过沉重的打击，仍然在右北平（郡治在今内蒙古宁城西南）、定襄（郡治在今内蒙古和林格尔北）诸郡侵扰边地。而且匈奴主力退居大漠以北，以其具有飘忽若飞、出没无常的高度机动性方面的优势，依然威胁着汉王朝北部边地的正常的农耕生活。元狩四年（前119），汉武帝又发动了远征匈奴的规模空前的战略大决战。卫青率军从定襄出发，向北直进一千余里，战胜匈奴伊稚斜单于的主力，推进到位于阗颜山（在今蒙古杭爱山南端）的赵信城。霍去病率军从代郡（郡治在今河北蔚县东北）出发，轻装疾进，长趋二千余里，在大漠击溃匈奴左贤王的主力，进军至狼居胥山（一说即今蒙古克鲁伦河之北的都图龙山），祭姑衍山（在今蒙古乌兰巴托东南）而还。

这次战役的胜利，使汉王朝在与匈奴的军力对比上占有了优势，一百多年来匈奴骑兵肆虐边地，对中原北边农耕经济造成严重破坏的局面得以扭转。匈奴在军队主力以及人畜资产受到严重损失的情况下继续向北远遁，形成了漠南无王庭的形势。汉军占领了从朔方至于张掖、居延间的大片土地，保障了河西走廊的安

---

① 张维华：《论汉武帝》，上海人民出版社，1957，第152页。

全。此后相当长的一段时间,匈奴已经无力向汉王朝发动大规模的军事进攻,汉与匈奴军事冲突的重心地域,也由东而西,转移到西域方向。①

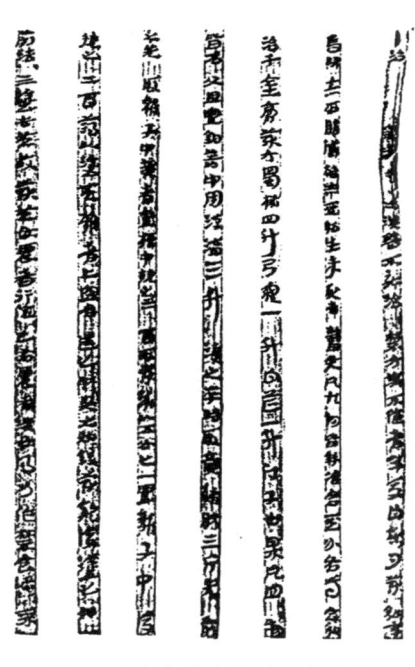

图 5　甘肃武威出土的汉代医简

"初郡"的设置

汉武帝建元三年(前138),闽越进攻东瓯,东瓯粮绝,向汉

---

① 宋超:《汉匈战争三百年》,华夏出版社,1996,第63页。

王朝告急。西汉政府派中大夫严助发会稽郡驻军浮海救援。汉军未到，闽越军退走。东瓯王担心闽越再次进犯，请求举族内迁，得到汉武帝准许，于是举众共四万余人迁移到江淮之间。据《史记·汉兴以来将相名臣年表》记载，内徙的东瓯人聚居在庐江郡（郡治在今安徽庐江西南），即今安徽无为、霍山、宿松、安庆之间的地区。

汉武帝元鼎五年（前112），南越国相吕嘉弑王及太后，另立赵建德为王。汉武帝发大军分五路南下，以武力平定南越，西瓯部族也一起归汉。汉王朝从此控制了今广东、广西大部地区及越南北部和中部。汉武帝以其地分置儋耳（郡治在今海南儋州西北）、珠崖（郡治在今海南海口东南）、南海（郡治在今广东广州）、苍梧（郡治在今广西梧州）、郁林（郡治在今广西桂平西）、合浦（郡治在今广西合浦东北）、交趾（郡治在今越南河内西北）、九真（郡治在今越南清化西北）、日南（郡治在今越南广治西北）九郡。南越、西瓯以及相邻地区于是成为汉王朝中央政府直属的地域。

元鼎六年（前111），东越攻入豫章（郡治在今江西南昌）。元封元年（前110），汉军数路击破东越，将越人徙处江淮之间。

张骞在中亚的大夏时，见到邛竹杖和蜀布，得知巴蜀有西南通往身毒的道路。汉武帝根据这一发现，在元狩元年（前122）派使者从巴蜀启行，试图由此实现和西域的交通。于是，汉王朝和当时称作"西南夷"的西南地区滇、夜郎等部族的文化联系密切起来。

汉初，燕人卫满聚众千余人，东渡坝水（今朝鲜清川江），后击破自称为王的朝鲜侯箕准，自王朝鲜。元朔元年（前128），汉武帝接受岁君南闾率二十八万口内属，以其地为苍海郡（在今朝鲜安边、高城一带）。元封二年（前109），发兵五万，分海陆两路进攻朝鲜。第二年，朝鲜发生内乱，汉军平定朝鲜。汉武帝在朝鲜置真番（在今朝鲜海州至韩国首尔一带）、临屯（在今韩国江陵一带）、乐浪（郡治在今朝鲜平壤南）、玄菟（郡治在今辽宁新宾西）四郡。

对于汉武帝时代政治进程有具体生动记述的史学家司马迁，二十岁曾经出游。据《史记》记载，他曾经"南游江、淮"，"浮于沅、湘"，又"北涉汶、泗"。对于各地文化名城，历史胜迹，如"齐、鲁之都"，以及"邹、峄""鄱、薛、彭城""梁、楚"地方，均千里寻访。后来又曾"奉使西征巴、蜀以南，南略邛、笮、昆明"。对于司马迁在《史记·太史公自序》中所说到的"二十"之游，王国维《太史公行年考》有所分析。他写道："史公此行，据卫宏说，以为奉使乘传行天下，求古诸侯之史记也。然公此时尚未服官，下文云'于是迁始仕为郎中'，明此时尚未仕，则此行殆为宦学而非奉使矣。"王国维还总体评价了司马迁的出行："是史公足迹殆遍宇内，所未至者，朝鲜、河西、岭南诸初郡耳。"[1]王国维使用"初郡"一语，指出了汉武帝时代汉帝国的疆域扩张。

---

[1]《观堂集林》卷一一。

张骞"凿空"

汉武帝建元年间,汉中人张骞以郎的身份应募接受联络大月氏的使命,率众自长安出发西行。途中遭遇匈奴人,被拘禁十余年方得逃脱。张骞继续履行使命,又西越葱岭,行至大宛,抵达大月氏。后来在归途中又被匈奴俘获,一年后乘匈奴内乱,于元朔三年(前126)回到长安。张骞出行时随从百余人,最终只有两人生还。他亲身行历大宛、大月氏、大夏、康居诸国,又细心调查了附近国家的国情,向汉武帝做了汇报。张骞的西域之行,以前后十三年的艰难困苦为代价,使中原人得到了前所未闻的关于西域的知识,同时使汉王朝的声威和汉文化的影响传播到了当时中原人世界观中的西极之地。

张骞又曾跟随大将军卫青出击匈奴。因为了解地理情势及水草资源,为远征军的胜利提供了交通条件的保障,功封博望侯。张骞又奉命出使乌孙。乌孙遣使送张骞归汉,又献马报谢。后来与汉通婚,一起进军击破匈奴。

此后,汉与西域的通使往来十分频繁,民间商贸也得到发展。西域地区五十国接受汉帝国的封赠,佩汉家印绶的侯王和官员多至三百七十六人。而康居、大月氏、安息、罽宾、乌弋等绝远之国也有使者与汉往来,据说一时诸国"莫不献方奇,纳爱质"①，于是"异物内流则国用饶"②。据《史记·大宛列传》，张骞在大夏见到据说"得蜀贾人市"的"蜀布邛竹杖"，获知巴蜀有通往身毒即今印度的道路。汉武帝"乃令骞因蜀犍为发间使，四道并出"，"皆各行一二千里"，探求更为便捷的联系西域的道路。

《史记·大宛列传》于"西北国始通于汉矣"句后写道："然张骞凿空，其后使往者皆称博望侯，以为质于外国，外国由此信之。"司马迁以"凿空"一语，高度赞扬张骞的历史功绩。

关于"凿空"的语义，唐代学者裴骃引用了苏林的解释："凿，开；空，通也。骞开通西域道。"另一位唐代研究《史记》的专家司马贞说："谓西域险阨，本无道路，今凿空而通之也。"都强调"开通"或者"通之"的意思。《大宛列传》说汉武帝指令张骞从蜀犍为（犍为郡治在今四川宜宾）派出使团，"四道并出"，寻求通身毒的道路。这一努力是后来西南丝绸之路开通的历史先声。开通西南方向的国际道路与经营西南夷有直接的关系。《史记》称之为"事西南夷""通西南夷"。《汉书》以及孙盛《蜀谱》又有"开西南夷"的说法。有学者说，"开西南夷"之"开"字可以理解为"开道、开通、开化"，"有文化交流的意思"，汉代文献中可以看到"开……道"和"通……"的说法，"和司马迁称张骞的'凿空'之举都是同义"。③《说文·门部》："开，张也。""辟，开也。"段玉裁注："引申为凡开袥之偁。古多假借辟字。"看来，"凿空"大致有开通、开辟、开拓的含义。新疆拜城发现的汉代石刻《汉龟兹左将军刘

---

① 《后汉书·西域传》。
② 《盐铁论·力耕》。
③ 龚伟：《汉武帝经略"西南夷"年际考述》，《中华文化论坛》2016年第11期。

平国东乌累关城制亭诵》记述开道治关工程,有"作孔"字样,一些学者认为"作孔"就是"凿空"。盛昱说:"'鄞孔'即'凿空',见《汉书》颜注。"王仁俊也写道:"'作孔'犹《张骞传》之'凿空'。"程颂万题诗"敦煌而外数沙南,更有龟兹凿空谭",也以为石刻所见"作孔"就是"凿空"。① "凿空"的文字表现方式有所不同,与汉代人"多假借"的习惯有关。明代学者杨慎《丹铅总录》卷一四《订讹类》"空有四音"认为,"《张骞传》'楼兰、姑师小国当空道'"和"《大宛传》曰'张骞凿空'","空"的读音都应当是"孔"。

后来被称作"丝绸之路"的东西文化联系的通道,其实有久远的历史。《左传·昭公十二年》说到周穆王"周行天下"的事迹。出于汲冢的《竹书纪年》也有关于周穆王西征的明确记载。《史记》的《秦本纪》和《赵世家》说到周穆王"西巡狩""见西王母"的故事。考古工作的收获已经证明,在张骞之前,中原经过西北地方与外域的文化通路早已发挥着促进文化沟通、文化交流、文化融汇的历史作用。在阿尔泰地区发现的公元前5世纪的贵族墓中曾经出土中国丝织品。巴泽雷克5号墓出土了来自中国的有凤凰图案的刺绣。在这一地区公元前4世纪至前3世纪的墓葬中,还出土了有典型关中文化风格的秦式铜镜。严文明曾经指出:"早先是西方的青铜文化带着小麦、绵羊和冶金技术,不久又赶着马匹进入新疆,而且继续东进传入甘肃等地;东方甘肃等地的粟和彩陶技术也传入新疆,甚至远播中亚。这种交互传播的情况后来发展为

---

① 陶喻之:《东汉刘平国刻石研究资料汇编》。

著名的丝绸之路。"①尽管前张骞时代的丝绸之路史不宜忽视，然而张骞作为以中原大一统王朝官方使者的身份开拓域外交通通路的第一人，对于发展中西交通的功绩，确实有开创性的意义。

基于张骞的努力，西域与汉帝国建立了正式的联系。俄罗斯学者比楚林（Бичурин）曾经指出，西域丝绸之路开通"在中国史的重要性，绝不亚于美洲之发现在欧洲史上的重要性"。以"凿空"显现的张骞对正式开通丝绸之路的首功，是不能磨灭的。唐代名臣魏征说，"张骞凿空"之"开远夷，通绝域"体现出"开""通"的成功，动机在于"宏放"的文化追求。② 新疆罗布泊地区出土的汉锦图案中"登高明望四海"的文字，以及汉镜铭文"宜西北万里"等，都体现了当时汉文化面对世界的雄阔的胸襟。理解张骞之"凿空"，应当注意其历史功业体现的英雄主义和进取精神的积极意义。鲁迅曾经写道："遥想汉人多少闳放"，"毫不拘忌"，"魄力究竟雄大"。他热情肯定当时的民族精神之所谓"豁达闳大之风"③，也可以通过张骞"凿空"的事业有所体会。

中国古代文化史的英雄时代

东汉史学家班固在《汉书·武帝纪》最后的赞语中总结汉武帝的历史功绩，除了说到武功方面的"雄材大略"而外，更突出地强

---

① 严文明：《〈新疆的青铜时代和早期铁器时代文化〉序一》，韩建业《新疆的青铜时代和早期铁器时代文化》，文物出版社，2007，第1页。
② 《隋书·西域传》。
③ 鲁迅：《坟·看镜有感》。

调了他在文治方面的成就。班固说,汉承百王之弊,高祖拨乱反正,文景务在养民,至于"稽古礼文之事",则没有能够充分重视。西汉王朝的文化建设,是在汉武帝时代取得突出进步的。例如"兴太学,修郊祀,改正朔,定历数,协音律,作诗乐,建封禅,礼百神"等,继周代之后,"号令文章,焕然可述。后嗣得遵洪业,而有三代之风"。赞美汉武帝时代在文化方面的积累和创造,完成了必要的历史总结,形成了显著的历史影响。

战国时代的文化形态,表现出不同地域存在鲜明差异。秦王朝的统治者有追求文化汇同的理想,秦始皇琅邪台刻石所谓"匡饬异俗",之罘刻石所谓"远迩同度",会稽刻石所谓"人乐同则",其实都可以理解为克异求同的文化统一的宣言。不过,秦末至于汉初,仍然可以看到不同地域间文化风格的差别。刘邦准备任用故秦骑士为骑将,被任用者却以"臣故秦民,恐军不信臣"婉拒①。曹丘生曾经对季布说:我是楚人,您也是楚人,为什么您对于我隔阂如此深重呢?② 也体现出当时民间人际情感方面浓重的地方主义色彩。汉并天下后,刘邦以齐王韩信"习楚风俗",于是改封其为楚王。又封子刘肥为齐王,"民能齐言者皆属齐"③,可见各地民俗方言仍然难以相互沟通。当时人称楚人所谓"楚人沐猴而冠"④以及称齐人所谓"齐虏"⑤,也表现出交通隔绝的各地区间人们相互鄙视的心理倾向。

---

① 《史记·樊郦滕灌列传》。
② 《史记·季布栾布列传》:"仆楚人,足下亦楚人也","何足下距仆之深也!"
③ 《史记·高祖本纪》。
④ 《史记·项羽本纪》。
⑤ 《史记·刘敬叔孙通列传》。

各地区间文化的进一步融合,是在汉武帝时代实现的。

在汉武帝时代,数十年来多次挑起战争、策动割据的地方分裂势力终于被基本肃清。也正是在这一时期,楚文化、秦文化和齐鲁文化大体完成了合流的历史过程。西汉初年于陕西、山西、河南、湖北、内蒙古、四川等地多见的秦式墓葬,这时也已经不复存在。也正是在汉武帝时代,秦隶终于为全国文化界所认可。《礼记·中庸》说到"天下车同轨,书同文",从《史记·秦始皇本纪》中也可以看到,秦始皇曾经有"车同轨,书同文字"的政治宣传。然而文字的统一,其实到汉武帝时方得实现。汉武帝推行"罢黜百家,表章《六经》"①的文化政策,结束了"师异道,人异论,百家殊方"的局面,于是"今后学者有所统一"②,中国文化史从此进入了新的历史阶段。

汉武帝在位五十四年间,文化建设确实取得了非凡的成就。班固说,汉武帝时代在文化方面提供了伟大的历史贡献,重要原因之一,是汉武帝能够"畴咨海内,举其俊茂,与之立功",就是以宽怀之心,广聚人才,给予他们文化表演的宽阔舞台,鼓励他们充分发挥自己的文化才干。班固在《汉书·公孙弘卜式兒宽传》后的赞语中列数当时许多身份低下者受到识拔,终于立功立言的实例,指出正是由于汉武帝的独异的文化眼光,使得这些人才不致埋没,于是"群士慕向,异人并出",形成了历史上引人注目的群星璀璨的文化景观。如班固所说,当时,"儒雅"之士,"笃行"

---

① 《汉书·武帝纪》。
② 《汉书·董仲舒传》。

之士,"质直"之士,"推贤"之士,"定令"之士,"文章"之士,"滑稽"之士,"应对"之士,"历数"之士,"协律"之士,"运筹"之士,"奉使"成功之士,"将率"果毅之士,"受遗"而安定社稷之士等,不可胜纪。班固所谓"汉之得人,于兹为盛"的总结,是符合历史事实的。也正是因为有这样一些开明干练的"群士""异人"能够焕发精神,多所创建,这一历史时期"是以兴造功业,制度遗文,后世莫及"。

汉武帝时代,是中国古代文化史上的英雄时代。

当时,除了卫青、霍去病、李广等杰出的军事人才而外,司马迁、董仲舒、桑弘羊、张骞、司马相如、李延年等人的文化贡献,也使得他们在千百年后,依然声名响亮。

不过,这一现象的出现,并不完全如班固所说,完全是汉武帝个人的作用。群星的闪耀,是因为当时社会文化的总体背景,曾经形成了中国古代历史中并不多见的澄净的晴空。

《史记·大宛列传》记载,汉武帝曾经以《易》书卜问,看到"神马当从西北来"的兆示。他接受张骞出使乌孙之后乌孙王所献良马,命名为"天马"。后来又得到更为骠壮的大宛的"汗血马",于是把乌孙马改称为"西极",将大宛马称为"天马"。据说汉武帝为追求西方的良马,使者往来西域,络绎不绝。他在获取西域宝马之后,曾经兴致勃勃地作《天马歌》,欢呼这一盛事。太初四年(前101)得大宛汗血马,又作《西极天马歌》:"天马徕,从西极。经万里兮归有德。承灵威兮降外国,涉流沙兮四夷服。"可以看到,汉武帝渴求"天马",并不是仅仅出于对远方珍异宝物的好奇和私爱,而是借以寄托一种骋步万里、降服四夷的雄心。

"天马"远来的汉武帝时代，正是当政者积极开拓中西交通，取得空前成功的历史时期。新疆罗布泊地区出土的汉代锦乡图案中"登高明望四海"的文字，正体现了当时汉文化面对世界的雄阔的胸襟。"天马"，实际上已经成为象征这一时代中西交通取得历史性进步的一种文化符号。三国魏人阮籍《咏怀》诗"天马出西北，由来从东道"，唐人王维《送刘司直赴安西》诗"苜蓿随天马，蒲桃逐汉臣"，清人黄遵宪《香港感怀》诗"指北黄龙饮，从西天马来"，都反映了"天马"悠远的蹄声，为汉武帝时代文化交融和文化传播的成就，保留了长久的历史记忆。

罢黜百家，表章《六经》

汉武帝时代，是中国古代具有重要意义的历史时期。

在这一时期，中国以大一统为基本形式的高度集权的专制主义政治体制得以定型，以汉民族为主体的文化共同体基本形成，以儒学作为思想定式的制度也开始出现。汉武帝时代影响最为久远的文化政策，是确定了儒学在百家之学中的主导地位。

齐地儒生公孙弘由博士而任太常、御史大夫、丞相，封平津侯，宣示儒学地位开始上升。

《史记·儒林列传》记载，公孙弘以精通《春秋》之学升迁为天子信用的重臣，又封以平津侯，于是"天下之学士靡然乡风矣"，促进了社会好学风气的形成。

公孙弘作为齐鲁儒生的代表，建议各地荐举热心学问，尊敬长上，政治形象完好，乡里关系和顺，又言行一致、表里如一的人,加以培养,充实政府机构,"以文学礼义为官"。这一建议为汉武帝认可,于是据说从此之后,"则公卿大夫士吏斌斌多文学之士矣"。

汉初政治结构,相继呈现"功臣政治"和"功臣子政治"两种形态,在汉武帝主持下,又开始了向"贤臣政治"的历史转变。而齐鲁儒学之士纷纷西行,进入执政集团上层,正顺应了这一历史变化的趋势。

汉武帝时代,贬斥黄老刑名等百家之言,起用文学儒者至数百人①,实现了所谓"罢黜百家,表章《六经》"②的历史性转变,儒学之士于是在文化史的舞台上逐渐成为主角。

汉武帝大举贤良文学之士。儒学著名学者董仲舒以贤良身份,在对策中说,秦王朝灭亡以后,其流毒至今未灭,单凭"法"和"令"而欲求得国家治理的成功,是不可能的事。他写道:琴瑟的音色不正,声调不和谐,就应当重新装置调整琴弦,予以"更张",才能够保证演奏的成功。政令推行不顺利,政治形势不理想,也应当重新制定调整法令政策,予以"更化",才能够保证行政的成功。应当"更张"而不"更张",虽然有"良工"也不能成功地演奏乐曲。应当"更化"而不"更化",虽然有"大贤"也不能成功地管理国家。他这里所说的"更张""更化",其内涵,其实深蕴改革的意义。③

---

① 《史记·儒林列传》。
② 《汉书·武帝纪》。
③ 袁宏《后汉纪·光武帝纪》说:"夫更张难行而拂众者亡。"《汉书·礼乐志》也写道:"为政而不行,甚者必变而更化之,乃可理也。"都以"更张""更化"指改革。

董仲舒指出，汉得天下以来，常常谋求"善治"而至今不可"善治"的原因，就是失之于当"更化"而不"更化"。他强调，要想实现"善治"，就必须在应当"更化"的时候坚定果决地"更化"。他提出"更化"的主张时，特别强调"教化"的作用。他以为要谋求"善治"，一定应当注重文化体制的调整。他说，"教化大行"，则可以实现"天下和洽，万民皆安仁乐谊，各得其宜，动作应礼，从容中道"的境界。

从表面上看，董仲舒曾经提出"王者有改制之名，亡变道之实"，"道之大原出于天，天不变，道亦不变"等，似乎是全面否定变革的。然而，他一方面认为作为政治基本原则的"道"绝对不可以"变"，另一方面却又肯定了"改制"的合理性。他曾经甚至说："继治世者其道同，继乱世者其道变。"也就是说，在某些历史条件下，"其道变"也是正常的、合理的。

董仲舒文化体制改革理论的核心，是要确定儒学独尊的地位。他提出："《春秋》大一统者，天地之常经，古今之通谊也。"然而现今"师异道，人异论，百家殊方，指意不同"，于是当政者无法"持一统"，以致法制频繁变更，臣民不知所守。他提出，应当禁绝与孔子之术相异的学术，然后统纪可一而法度可明，使得民知所从。[①] 在他看来，文化的"一统"和政治的"一统"是一致的，而前者又可以为后者奠定深入人心的统治的根基。

这样的观点，得到了最高统治集团的认可，于是，在汉武帝时代，确立了提升儒学地位的文化政策的原则，"罢黜百家，表

---

① 《汉书·董仲舒传》。

章《六经》"文化体制基本格局得以确定。

现在看来，以儒学作为意识形态正统的政策似乎不能逃脱文化专制主义的指责。但是，在当时的历史条件下，这种文化体制变革的发生，却是有一定的合理基础的，也是有一定的积极意义的。

应当看到，儒学在当时已经综合了以往诸家政治文化的有效成分，提出了一整套比较合乎国情的治国方法。例如：

（一）儒学理论通过当时思想家的精心修补，有益于维护传统的宗法关系和传统的宗法制度。正如有的学者所指出的："这种宗法制度用血缘亲属的网络把一些散漫的个体家族凝聚成为组织严密的宗法共同体，不仅不受人口迁徙流动的影响，而且具有顽强的再生性的功能，可以凭借人类的自然增殖在任何地方建立起来。"[①]

（二）儒学崇尚"仁政"理想，并且可以运用这一理想对统治者的言行形成一定的约束。儒家有关"仁政"的政治主张，客观上有助于调整社会关系，缓和阶级矛盾，提高吏治水平。

（三）儒学以"天道"为基本，使政治理论神学化。经过汉儒加工改造的"天人感应"理论，使政治管理具有神秘主义色彩。这一理论可以有助于强化政治迷信，粉饰弊政，也可以利用来批判当政者，修正政治失误。

（四）儒学与其他主要学说相比，比较重视人的价值，比较注

[①] 任继愈主编：《中国哲学发展史（秦汉）》，人民出版社，1985，第183页。

意肯定人的权利，满足人的需求。所谓"仁者爱人"①的原则，是和文明进步的方向大体一致的。

（五）儒学提倡"和"的精神，比较能够贴近"人情"。正如有的学者所指出的："儒家的纲常名教正是与历史上长期形成的风俗习惯相联系的，富有'人情'味，具有平易近俗的特点。因而儒家的教义很容易深入老百姓的日常生活中去，发挥'一民心，齐民俗'的教化作用。儒学既不像法家学说那样强硬，也不像道家学说那样玄远，为统治者提供了一种便于推行道德教化的思想工具，这是它受到封建统治者青睐的又一原因。"②

（六）儒学"中庸"的学说，比较适宜于农业民族的心理习惯。黄老之学有些过于消极，法家学说则显得过于激切。就中国人传统心理的节奏定式来说，儒学的合理性更容易得到普遍的承认。

（七）儒学在西汉时期得到发挥的"大一统"理论，适应了加强君权和防止分裂的政治需要。"大一统"的原则对于我们民族共同心理素质的形成，也有重要的影响。

汉武帝时代实行"罢黜百家，表章《六经》"的重大变革，结束了各派学术思想平等竞争的局面，对于学术思想的自由发展，有限制和遏止的消极作用。但是，这一变革肯定了"以教为本"，否定了"以法为本"，强调文化教育是"为政之首"，主张"教，政之本也；狱，政之末也"③，从而对我们民族重视文化、重视教育的传统的形成，也表现出不宜忽视的积极意义。

---

① 《孟子·离娄下》。
② 毛礼锐等主编《中国教育通史》第2卷，山东教育出版社，1986，第49—50页。
③ 《春秋繁露·精华》。

汉武帝时代在文化方面的另一重要举措，是兴太学。

汉武帝元朔五年（前124）创建太学。国家培养政治管理人才的正式官立大学于是出现。

《汉书·董仲舒传》说，汉武帝创办太学，是接受了著名儒学大师董仲舒的献策。董仲舒指出，太学可以作为"教化之本原"，也就是作为教化天下的文化基地。他建议，"臣愿陛下兴太学，置明师，以养天下之士"，这样则可以使有志于学者"以尽其材"，而朝廷也可以因此得天下之英俊。

太学的创建，采用了公孙弘制订的具体方案。

公孙弘拟议，第一，建立博士弟子员制度，将博士私人收徒定为正式的教职，将私学转变为官学；第二，规定为博士官置弟子五十人；第三，博士弟子得以免除徭役和赋税；第四，博士弟子的选送，一是由太常直接选补，二是由地方官选补；第五，太学管理，一年要进行一次考试；第六，考试成绩中上等的太学生可以任官，成绩劣次，无法深造以及不能勤奋学习者，令其退学。

汉武帝批准了公孙弘拟订的办学方案。

汉武帝时期的太学，虽然规模很有限，只有几位经学博士和五十名博士弟子，但是这一文化雏形，却代表着中国古代教育发展的方向。太学生的数量，汉昭帝时增加到一百人，汉宣帝时增加到二百人，汉元帝时增加到一千人，汉成帝末年，增加到三千人，汉平帝时，太学生已经多达数千人。王莽时代进一步扩建太学，一次就曾经兴造校舍"万区"。

太学的兴立，进一步有效地助长了民间积极向学的风气，对于文化的传播起到了重大的推动作用，同时使大官僚和大富豪子嗣垄断官位的情形有所改变，一般中家子弟入仕的门径得以拓宽，一些出身社会下层的"英俊"之士，也得到入仕的机会。

汉武帝时代，除了建立太学之外，还令天下郡国皆立学校官，初步建立了地方教育系统。

统一货币与盐铁官营

汉武帝时代，又确立了一些新的经济制度，以强化大一统王朝的经济基础。

整顿币制，实现货币的统一，使中央政府控制金融要脉，是汉武帝时代在经济管理方面所取得的主要成就之一。

汉武帝时代经济改革的主要内容，包括统一货币、官营盐铁、建立均输制度和平准制度，以及强化重农抑商政策等。当时通过这些重要变革，西汉帝国的经济基础得以空前强固。

秦行"半两"钱，汉初，货币面文仍然为"半两"（十二铢），但是质量低劣，实际重量往往只有八铢、四铢，甚至更轻，有的薄如榆荚，被称为"榆荚钱"。贵族、豪商大量盗铸货币，以牟取暴利。汉武帝初年，曾经改铸三铢钱。元狩五年（前118），以五铢钱代替三铢钱，恢复秦始皇时代货币"重如其文"的制度，但是盗铸之风并不稍减，据说吏民因为犯盗铸金钱之罪而被处死的，达数十万人。可见当时货币制度的混乱。除了以严酷的刑法禁止私铸货币之外，汉武帝在元鼎四年（前113）下令取消郡国铸钱的权力，将铸币权收归中央，专令水衡都尉属下的钟官、辨铜、伎巧(一说为均输)三官负责铸造新的五铢钱,当时名为"三官钱"。汉武帝命令各郡国一律销毁以前所铸的钱,所得铜料进输三官。因为禁令十分严格,新币铸造质量又相当高,盗铸无利可图,于是币制得到较长期的稳定。五铢钱成为从汉武帝时代直到隋代七百余年间国家铸币的主要形式。

现今汉墓中经常出土的直径约二点三厘米,重量约三点五克的五铢钱,就是汉武帝时代币制改革的文物遗存。

官营盐铁,也是使西汉帝国的经济基础得以空前强固的有效的经济政策之一。

官营盐铁,就是中央政府在盐、铁产地分别设置盐官和铁官,实行统一生产和统一销售,利润为国家所有。

盐业官营的形式,是由在产盐区设置的盐官备置煮盐用的"牢盆",募人煮盐,产品由政府统一收购发卖。

铁业官营的形式,是由在产铁区设置的铁官负责采冶铸造,发卖铁器。

据《汉书·地理志》记载,西汉时期,盐官有处于二十八郡国的三十五处,铁官有处于四十郡国的四十九处。据一些学者考证,盐官实际上有处于三十郡国的四十三处,铁官数量,也超过班固的记述。新出土的考古资料,确实可以补正《汉书·地理志》著录。盐官和铁官统属于中央的"大农令"(后来又更名"大司农")。

诸侯王国原来自置的盐铁官,也由大司农所设盐铁官取代。

官营盐铁的实施,使国家独占了于国计民生意义最为重要的手工业和商业的利润,可以供给皇室消费以及巨额军事支出。当时，人民的赋税负担并没有增加，国家的用度却得以充裕。官营盐铁，又不可避免地给社会经济和民众生活带来了一些消极的影响，例如官盐价高而味苦，铁制农具粗劣不合用等。

均输与平准

汉武帝时代，曾经由桑弘羊主持推行史称"均输"的制度。

专制国家在官营运输组织方面的弊病，曾经成为经济危机和政治危机的直接导因。西汉人回顾秦史，往往重视秦王朝组织长途运输对民众造成的沉重负担。《史记·平津侯主父列传》甚至说，正是因为"道路死者相望"，于是"天下始畔秦也"，天下民众才奋起反抗秦的暴政。

西汉王朝建立之后，依然继承了秦的这一弊政。年代为汉景帝四年（前153）的湖北江陵十号汉墓，出土记载当利里正月至三月算钱账目的木牍，可见仅所谓"给转费"一项，就高达每月定算的百分之三十六点五二。据《汉书·枚乘传》保留的资料，当时中央政府和各诸侯国的官营运输行为，"方输错出，运行数千里不绝于道"，为满足汉王朝统治中枢需求的由东而西的粮食运输，"陆行不绝，水行满河"。汉武帝时代对西南夷和北边的经营，也使民众承受了沉重的运输负担。运输费用的支出，致使府库空虚。到了桑弘羊推行均输制度之前，甚至已经出现了天下赋输有时不能抵偿运输费用的危局。

均输法，就是大农向若干郡国派遣均输官，进行官营运输业的经营，改进调整以全国为规模的运输调度，扭转了以往重复运输、过远运输、对流运输等不合理运输所导致的天下赋输运费甚至超过货物所值的现象。汉武帝元鼎年间，河渭漕运粮食四百万石，再加上官府自行购买谷物，方能够满足需求。在桑弘羊以均输法调整运输政策以后，元封年间，关东漕运的运输量增加到岁六百万石。六百万石粟，按照汉代一车载二十五斛的运载规格，用车可达二十四万辆次。交通运输的合理组织，也促使财政形势大大改观。

汉代数学专著《九章算术》中有《均输》章，其中的算题，反映了当时官营运输业的组织者和管理者制订详密计划分派运量、调度运力，并且严格规定运输行程的情形。

平准法，就是由大农在京师设平准官，进行官营商业的管理，平抑物价，调剂供需，节制市场。

均输法和平准法的制定和推行，体现出西汉王朝的国家经济管理水平出现了一个飞跃。

汉武帝的有关经济政策，在当时曾经引起过激烈的争议。反对派指责这些经济政策是导致民间疾苦的主要原因，呼吁予以废止。汉昭帝始元六年（前81），曾经作为汉武帝经济改革实际主持者的御史大夫桑弘羊等与郡国所举贤良、文学就有关施政方向进行辩论。贤良、文学力主罢盐铁、均输官等新经济政策，以为这些政策的实质是"与民争利"，桑弘羊等仍然坚持汉武帝时代的经济原则，认为兴盐铁、置均输，扩大了政府的财源，是抗击匈奴、消除边患的经济保证，同时，这些经济改革的形式，也有益于民生。他说，先帝建铁官以赡农用，开均输以足民财；盐铁和均输，都是万民所拥护并且从中得到利益的制度，如果罢除，则不利于国家和社会。① 执意不同意废止。

贤良、文学之议，对于继续实行"休养生息"的经济原则，以维持安定局面，有积极的意义，但是他们对取消盐铁、均输等方面的具体要求，并没有被西汉政府采纳。

"算缗"和"告缗"

统一货币、官营盐铁、建立均输制度和平准制度，使政府不仅获得经济利益，更重要的是为重农抑商奠定了经济基础。

汉武帝时代，还采取了"算缗"和"告缗"等直接打击大商贾的政策。

元狩四年（前119）开始推行的"算缗钱"制度，规定商人、兼营手工业的商人以及高利贷者，必须向政府申报其资产。每二千钱应纳税一算，即一百二十钱。自产自销的手工业品，每四千钱一算。轺车一车一算，商人拥有的轺车则加倍。船五丈以上一算。商人有产不报或报而不实的，罚令戍边一年，财产予以没收。

元鼎四年（前113），汉武帝又下令实行"告缗"，鼓励民间相互告发违反"算缗"法令的行为。规定将所没收违法商人资产的一半奖励给告发者。于是，在"告缗"运动中，政府没收的财产数以亿计，没收的奴婢成千上万，没收的私有田地，大县数百顷，小县百余顷。中等资产以上的商贾，大多数都遭到告发以致破产。

---

① 《盐铁论·本议》。

"算缗""告缗"推行之后，政府的府库得到充实，商人受到沉重的打击。专制主义中央集权制度的空前加强得到了强有力的经济保障。

"算缗"和"告缗"对于当时政府经济危机的缓解，对于抑制在经济上可能与政府抗衡的商人的实力，都有直接的效用。不过，这种以强制手段剥夺一部分民众的财产以充实国库的做法，却在历史上开了一个不好的先例。中国传统专制国家这一行政习惯的形成，显然受到汉武帝政治成功的启示。而中国古代大一统帝国重农抑商基本国策的切实推行，也可以在汉武帝时代找到历史源头。

晚年汉武帝与"巫蛊之祸"

"巫蛊之祸"是发生于汉武帝统治晚期的一场急烈的政治风暴，都城长安在这次政治动乱中致死者之多，竟数以万计。其结果，导致了汉帝国统治上层严重的政治危机。

《汉书·武五子传·戾太子刘据》说：汉武帝年岁已高，性情怪诞，"意多所恶"，又多病，疑心是因为左右用蛊道诅咒所致。洪迈《容斋续笔》卷二"巫蛊之祸"条写道，当时汉武帝年迈，"忍而好杀"，确实出现李陵批评的所谓法令无常，大臣无罪夷灭者数十家的情形。而"心术既荒，随念招妄"，"迷不复开"，也是巫蛊之祸发生的原因之一。

"巫蛊"，本来是以民间礼俗迷信作为观念基础而施行的加害于人的一种巫术形式。

"蛊"的原意，起初大约是以毒虫让人食用，使人陷于病害。按照《六韬·上贤》的说法，巫蛊是"幻惑良民，王者必止之"的"伪方异伎"。就是说，所谓"巫蛊"，是与"王者"为政的文化原则相抵触的巫术形式。汉武帝时代所通行的"巫蛊"形式，大致是用桐木削制成仇人的形象，有的插刺铁针，埋入地下，用恶语诅咒，以为能够使对方罹祸。"巫蛊"曾经是妇女相互仇视时发泄私愤的通常方式之一。

宫廷妇女和贵族妇女中因嫉妒而使用"巫蛊"之术，使得这种迷信意识严重侵入上层社会生活。

汉武帝晚年，曾经指使酷吏清查"巫蛊"，严刑逼供，形成空前的大狱，有数万人冤死，这就是西汉史上著名的"巫蛊之祸"。

汉武帝时代巫风大盛。征和二年（前91），有人举报丞相公孙贺的儿子公孙敬声与阳石公主私通，又派人以巫术诅咒皇帝，于是父子皆死狱中，家族都受到株连。《汉书·武帝纪》记载，在公孙贺被处死数月后，卫皇后的女儿诸邑公主和阳石公主都因"巫蛊"之罪致死。

在汉武帝晚年政风严酷的形势下，据说性情仁恕温谨、宽厚而守文，与汉武帝政治风格多有不同的太子刘据对汉武帝用法残厉，又多任用酷吏的做法每每多所平反，于是得百姓之心，而执法大臣都心中不悦。据《汉书·武五子传·戾太子刘据》记载，刘据成年之后，汉武帝即为他立博望苑，使与宾客交接，从其所好，因此多有以异端进见者。看来，在刘据的身边，当时已经聚集了一批有政治眼光和政治能力的人。

政治权力的转移，对于最高执政者本人来说，是非常严重的事。即使是他自己选定的继承人，也难免面对苛刻挑剔的目光。在父子行政倾向有所不同的情况下，心理裂痕会越来越明显。

在这种极特殊的政治背景下，具有极敏感的政治嗅觉，又有投机之心，受到汉武帝特殊信任并赋予重要权力的直指绣衣使者江充，利用汉武帝父子政治倾向不同的矛盾，制造了太子宫中埋木人行"巫蛊"的冤案。

汉武帝病重时，据《汉书·江充传》记载，江充奏言汉武帝的病因就在于"巫蛊"，于是汉武帝任命江充为使者专治"巫蛊"。江充接受在长安大规模调查"巫蛊"一案的指令后，"胡巫"受江充之命，在调查"巫蛊"时制造假现场，导致冤案。"胡巫"作为"巫蛊之祸"这一政治变局中的重要的角色，在思想文化史上写下了具有神秘主义特征的外来文化因素通过介入上层权争，显著影响汉文化主体的引人注目的一页。

江充暗自察知汉武帝的心理倾向，然后肆无忌惮，似乎他事先得到了汉武帝的某种明示或暗示，所以敢于在宫中"掘蛊"，甚至直接冲犯皇后和太子。《汉书·武五子传·戾太子刘据》记载，江充治"巫蛊"一案，在宫中掘地调查，甚至于破坏御座。在太子宫中，据说真的发现了以针刺之的六枚桐木人。

当时汉武帝在甘泉宫（在今陕西淳化）避暑养病，只有皇后、太子留处长安。太子刘据处于极被动的形势，召问少傅石德。石德说，前丞相公孙贺父子、两公主等都因巫蛊而致死，现在巫与使者掘地得征验，不知是巫暗自放置，还是本来实有，无以自明，可假借皇帝的名义收捕江充等系狱，穷治其奸诈。而且皇帝病重居于甘泉宫，皇后及家吏请问都没有回报，皇帝存亡安危尚未可知，而奸臣如此，太子难道忘记了扶苏的教训吗？

石德用秦太子扶苏因个性柔弱终于被赵高等人所害的悲剧警告刘据，刘据于是终于下决心起兵杀江充。在征和二年七月壬午这一天，派遣宾客以使者身份收捕江充等人。并且报告皇后，发宫中军车载射士，出武库兵器，又调发长乐宫卫戍部队，告令百官曰江充反，斩江充示众。随后动员数万市民与政府军战于长安城中。汉代最严重的政治动乱"巫蛊之祸"于是爆发。

当时在甘泉宫休养的汉武帝命令严厉镇压太子军，"捕斩反者，自有赏罚"，又具体指示：排列牛车以为临时工事，不要以短兵相接，多杀伤士众。坚闭城门，不许反者逃走。他迅速回到长安，停住于城西建章宫，颁布诏书，调发三辅地区邻近的军队，又亲自进行现场指挥。太子军与政府军在长安城中大战五日，死者数万人，以致路旁的排水沟都被鲜血染红了。

刘据最终兵败，出城东逃，在追捕中自杀。

轮台诏

事变之后，"巫蛊"冤情逐渐显现于世，汉武帝知道太子起兵只是由于惶恐而已，并没有其他的意图，又接受了一些臣下的劝谏，内心有所悔悟。他命令族灭江充家，并且肃清了江充的同党，一些当时因镇压太子军及追捕太子而立功受封的官员，也被一一处置。汉武帝"怜太子无辜"，又在刘据去世的地方筑作思子宫与归来望思之台，以示哀念。一时，天下闻而悲之。

汉武帝并且认真反思太子刘据政治主张的利与弊，于是利用汉王朝西域远征军战事失利的时机，开始了基本政策的转变。

征和四年（前89），他公开承认："朕即位以来，所为狂悖，使天下愁苦，不可追悔。"又向臣民宣布，自今事有伤害百姓，靡费天下者，统统予以罢除！据《汉书·西域传下》记载，汉武帝又正式颁布了被誉为"仁圣之所悔"的轮台诏，深陈既往之悔，否定了部分朝臣主张将西域战争继续升级的计划，表示当今政事，最要紧的应当在于"禁苛暴，止擅赋，力本农"，决意把行政重心转移到和平生产方面来。又封丞相田千秋为富民侯，以表明使百姓得以"休息"，"思富养民"的决心。

司马光在《资治通鉴》中分析"巫蛊之祸"及汉武帝挽回危局的措施时，曾经写道，汉武帝奢侈放纵，刑罚严酷，又频繁发动战争，使百姓不堪重负，以致奋起反抗。他的这些作为和秦始皇相差无几，然而为什么秦王朝因此而亡，汉王朝却在汉武帝之后实现了昭宣中兴呢？汉武帝能够"受忠直之言，恶人欺蔽"，"晚而改过，顾托得人"是主要原因之一。正是因为如此，他虽然犯有与亡秦同样的过失，却避免了亡秦覆灭的灾祸。[①] 所谓"受忠直之言，恶人欺蔽"，"晚而改过，顾托得人"，不仅反映出汉武帝个人的性格特征，也反映出西汉政治体制的进步，即与秦王朝僵冷而毫无弹性的行政制度不同，政府的重大政治缺误已经可以在一

[①]《资治通鉴》卷二十二"汉武帝征和四年"："孝武穷奢极欲，繁刑重敛，内侈宫室，外事四夷，信惑神怪，巡游无度，使百姓疲敝，起为盗贼，其所以异于秦始皇无几矣。然秦以之亡，汉以之兴者，孝武能尊王之道，知所统守，受忠直之言，恶人欺蔽，好贤不倦，诛赏严明，晚而改过，顾托得人，此其所以有亡秦之失而免亡秦之祸乎！"

定程度上进行自我修补。①

"巫蛊之祸"这种在王朝都城的市中心发生大规模流血事件,又以正规军武装平定政治动乱的情形,在历史上是绝无仅有的,而汉武帝在事后的处理方式,在历史上也是绝无仅有的。中国古代帝王能够意识到自己的政治失误并且致力于扭转补救,已经是难能可贵的,其方式有许多种,一般情况下,往往尽管在实际上对失误有所纠正,然而在口头上对于失误却并不愿意公开承认。如汉武帝轮台诏这样正式沉痛地向臣民公开承认自己的重大失误,在历史上是极其罕见的。

正如有的历史学家在分析"巫蛊之祸"前后的历史过程时所指出的:"历史动向向我们昭示,汉武帝作为早期的专制皇帝,实际上是在探索统治经验,既要尽可能地发展秦始皇创建的专制主义中央集权的统一国家,又要力图不蹈亡秦覆辙。在西汉国家大发展之后继之以轮台罪己之诏,表明汉武帝的探索获得了相当的成功。汉武帝罪己之诏虽然不能像所谓'禹汤罪己,其兴也勃焉'那样,臻汉室于鼎盛,毕竟挽回了将颓之局。不过,轮台诏能够奏效,是由于它颁行于局势有可挽回之际,而且有可挽回之方。""所以汉武帝虽然提供了专制帝王收拾局面的先例,而直到有清之末为止的王朝历史中,真能成功地效法汉武帝以'罪己'诏取得成效的皇帝,却不多见。"②

---

① 明代思想家李贽也称汉武帝晚年的这一历史变局为"天下大坏而得以无恙",他曾经这样评价汉武帝的"轮台诏":"汉武惟此一诏可谢高帝、文帝","过天地之风雷,可不勇哉!"引自李贽:《史纲评要》卷七。
② 田余庆:《论轮台诏》,《秦汉魏晋史探微》,中华书局,1993,第51页。

《汉书·车千秋传》说，高寝郎田千秋讼太子之冤，合汉武帝之心，致使有所醒悟，于是先拜为大鸿胪，后来又任命为丞相。田千秋见汉武帝连年治太子狱，诛罚过多，群下恐惧，希望能够宽慰汉武帝之心，安定天下百姓，于是与其他高级官员一起上寿颂德，劝汉武帝施恩惠，缓刑罚，玩听音乐，养志和神。汉武帝的回答，为"'巫蛊之祸'流于士大夫"表示痛心，同时又说道：现今丞相亲自查验"巫蛊"之事，其中冤假情节已经得以揭示。然而其他巫者至今依然活跃不止，他对于所谓"远近为蛊"，表示"朕愧之甚"。

　　可见，在震惊天下的"巫蛊之祸"平息之后，即使在长安宫廷中，"巫蛊"行为依然禁断不绝。这种影响相当广泛的迷信行为作为一种社会文化现象，并没有因太子刘据悲剧的发生而终止。后来直到汉成帝时，仍然有许皇后因"巫蛊"而被废黜的事情记录在史册中。[1]"巫蛊之祸"以及相关的礼俗现象与政治生活的关系，对于我们认识秦汉时期的社会史、文化史与政治史之间的微妙关系，是有一定的启示意义的。

---

[1]《汉书·五行志上》。许皇后"巫蛊"案，《汉书·五行志下之下》写作："许皇后坐祝诅后宫怀任者废。"《佞幸传》写作："许皇后坐执左道废处长定宫。"《外戚传下·孝成许皇后》写作："为媚道祝诅后宫有身者王美人及凤等。"《外戚传下·孝成班婕妤传》写作："挟媚道，祝诅后宫，罾及主上。"可见"巫蛊"与"左道""媚道"的关系。

七　昭宣中兴

汉宣帝和汉昭帝执政时期，汉王朝进入了后世史家称为"中兴"的历史阶段。

在这一时期，汉武帝晚年的既定政策得到推行，汉武帝时代的政治成就得到巩固，社会经济也得到恢复和发展。

以昭宣时期"中兴"的成功为基础，西汉晚期政治虽然衰落，经济依然有所进步。据汉平帝元始二年(2)的户口统计资料，当时西汉王朝控制的户口，有一千二百二十三万余户，五千九百五十九万余口，达到中国历史上户口数的第一个高峰。

钩弋故事

帝位继承问题，是汉武帝在他帝王生涯的最后时刻苦心思虑的政治难题。

卫太子刘据被废后，一直没有再立太子。而燕王刘旦上书，愿放弃其封国入长安在汉武帝身边担任宿卫。汉武帝明白其政治企图，大怒，当时就在未央宫北阙将其使者处斩。

汉武帝居住在甘泉宫，召画工图画周公背负成王的画面。于是左右群臣知道了汉武帝有意立少子为继承人的心迹。此后不过数日，汉武帝所宠爱的钩弋夫人即死于云阳宫。

钩弋夫人姓赵，河间人，汉武帝晚年得幸，生子一人，就是后来的汉昭帝刘弗陵。

钩弋夫人之死，体现出汉武帝作为一位强有力的帝王，其谋虑之深远和手段之毒辣。

据《史记·外戚世家》褚少孙补述，汉武帝在召画工图画周公负成王之后数日，严厉斥责钩弋夫人。夫人脱簪珥叩头请罪，汉武帝仍然命令押送掖庭狱惩处。夫人还顾，汉武帝则厉声喝道：快走，女不得活！夫人死云阳，据说当时暴风扬尘，百姓感伤。钩弋夫人在夜色中被草草埋葬，墓上只做了简单的标识。

其后汉武帝闲居，问左右说，对这件事，人们有什么议论吗？左右答道：人们说，将立其子，为什么要除去其母呢？汉武帝说：是啊，这确实是一般人不能明白的。往古国家所以变乱，往往是由于主少母壮。女主独居骄蹇，淫乱自恣，没有什么力量可以制约。你们没有听说过吕后事件吗？

褚少孙于是感叹道：汉武帝的这种做法，可以称为"贤圣"，"昭然远见，为后世计虑，固非浅闻愚儒之所及也。"后人定其谥号为"武"，岂能是没有根据的！帝王心态，果然狠忍异常，所谓"昭然远见，为后世计虑"，以致如此，足见政治人出于政治目的，可以表现出个人情感的严重异化。

霍光秉政

汉昭帝和汉宣帝的时代,西汉王朝处于稳定发展的阶段。这一时期,政治形势没有大的变乱,经济和文化实现了突出的进步。传统史家多肯定和赞誉昭宣时代的安定和富足,称之为"昭宣中兴"。

汉昭帝刘弗陵在位十三年,即位时只是一个七岁的少年。大将军霍光和车骑将军金日䃅等受汉武帝遗命辅佐少帝。金日䃅原来是匈奴休屠王太子,不愿因此"使匈奴轻汉",甘愿作为霍光的副手,又较早去世,于是霍光以大司马大将军领尚书事之职决断朝政。霍光作为地位最高的权臣,对于汉昭帝时代政局的稳定和经济的恢复发挥了重要的作用。

霍光据说"为人沉静详审","资性端正"①,性格镇定沉着,为人正直稳重。他在执政期间,继续实行汉武帝临终前推行的重视发展经济、安定社会的政策,以"轻徭薄赋,与民休息"②作为行政原则,数年之内,使得各地流民回归,田野益辟,百姓充实,国库也颇有蓄积,又与匈奴恢复了和亲的关系,西汉王朝的统治相对稳定。

霍光秉政期间,多次支持汉昭帝下诏削减国家的财政支出,减免百姓的田租和赋税,对于贫民开放禁苑以救济,并赈贷种子

---

① 《汉书·霍光传》。
② 《汉书·昭帝纪》。

和口粮。始元六年(前81)，又召集贤良文学到长安会议，讨论盐铁专卖等政策的得失优劣。此后，下诏调整了有关政策，进一步减轻了民众的负担。

霍光原与上官桀结亲，以女嫁桀子，生女立为昭帝后。霍光敏锐地察觉到燕王刘旦和上官桀、桑弘羊企图废黜昭帝，另立刘旦为天子的政治阴谋，及时予以处置。于是国家得以安定，而霍氏此后权倾朝中。

汉昭帝去世后，对于继任者的择定曾经有所反复。在霍光主持下，汉武帝太子刘据的孙子，因"巫蛊之祸"的余波在襁褓中即系身狱中，后流落民间的刘询被立为天子，这就是汉宣帝。

霍光在地节二年(前68)病逝。他把握朝政二十年，改变了汉武帝以前以丞相为中心的三公执政的形式，开始了西汉后期外戚专权的政治史的特殊阶段。

海昏侯刘贺

在汉昭帝与汉宣帝之间，曾经有刘贺短暂执政的政治史片段。

汉昭帝执政十三年去世，由于没有后嗣，执政集团面临确定帝位继承人的问题。霍光否定群臣所议广陵王刘胥，借"承皇太后诏"的名义，迎昌邑王刘贺入长安。

刘贺"既至，即位，行淫乱"，霍光召集群臣相议未央宫："昌邑王行昏乱，恐危社稷，如何？"朝会中使用"昌邑王"称谓，实际已经不承认刘贺"帝"的身份。霍光的决定得到了"所亲故吏大司农田延年"的强力支持，议者都表示"唯大将军令"。霍光安排拘捕刘贺从昌邑国带来的"故群臣从官"，在武士执兵器陈列殿下的情况下，宣布刘贺罪责，以其"荒淫迷惑，失帝王礼谊，乱汉制度"，确定"当废"。"皇太后诏曰：'可。'"刘贺就车，被霍光"送之昌邑邸"。严格说来，霍光是以政变的方式变更了最高执政者的人选的。事后"昌邑群臣"被诛杀二百余人。丞相张敞等呈送皇太后的报告中说："陛下未见命高庙，不可以承天序，奉祖宗庙，子万姓，当废。"仍称刘贺为"陛下"。而皇太后斥责之辞言"为人臣子当悖乱如是邪"，已经明指为"人臣子"。

刘贺被指控的罪行主要在于消费生活和娱乐生活方面，如"鼓吹歌舞""弄彘斗虎""湛沔于酒""敖戏""淫乱"等(《汉书·霍光传》)，并不涉及执政倾向。《汉书·诸侯王表》《武五子传·昌邑王刘髆》以及《循吏传·龚遂》也都说他因"淫乱"废。《汉书·天文志》则说他被废的缘由是"行淫辟"。有人说，刘贺在当皇帝的二十七天里做了一千一百二十七件荒唐失礼的事情。此说应当依据《汉书·霍光传》"受玺以来二十七日，使者旁午，持节诏诸官署征发，凡千一百二十七事"的记载。这句话原本意思是，刘贺在位二十七天，频繁派遣使者以皇帝名义向朝廷各部门调发物资或要求服务，共计一千一百二十七起。《三国志·魏书·董卓传》裴松之注引《献帝纪》载卢植的说法，也可见"昌邑王立二十七日，罪过千余"。其实刘贺的"罪过"，具体说来，应当不仅仅是"千一百二十七事"。而主要的问题，是"行淫乱""行淫辟"。

汉宣帝的平民生活经历与"中兴"事业的成功

汉宣帝刘询出生仅数月就遭遇"巫蛊"大案，在襁褓中就被牵连入狱。后来受到有关官员的怜护，被安置由女犯乳养。后逢大赦，释放出狱，并且恢复了皇族身份。

刘询幼年得到应有的教育，"高材好学，然亦喜游侠"，于研习《诗》《书》之余，又欣赏豪迈奔放的任侠之风。他经常往来于长安诸陵及杜、鄠之间，在民间与平民少年一同斗鸡走马，于是"具知闾里奸邪，吏治得失"①，熟悉了贵族阶层难以知晓的下层政治生活和社会生活的种种隐秘细微之处，多少了解了一些民间疾苦。

正因为经历过平民生活，汉宣帝具有与一般"生于深宫之中，长于妇人之手，未尝知忧，未尝知惧"②的皇族子弟不可能具有的政治素质。由于他对于底层社会情状和基层行政特点以及若干政治关系的深层奥秘都有一定的感性认识，所以在他主持政务期间，能够有功必赏，有罪必罚，政治风格表现出注重实效的倾向，于是一时"吏称其职，民安其业"③。这样的比较清明安定的政治局面的形成，绝不是偶然的。

汉宣帝十八岁即位，起初委政于霍光。霍光死后，始亲政

---

① 《汉书·宣帝纪》。
② 《汉书·景十三王传》赞引《荀子》。
③ 《汉书·宣帝纪》赞美当时政治的成就："孝宣之治，信赏必罚，综核名实，政事文学法理之士咸精其能，至于技巧工匠器械，自元、成间鲜能及之，亦足以知吏称其职，民安其业也。"

事。他努力整顿吏治，强化皇帝的威权。为了打破霍氏集团左右朝政的局面，命令群臣奏封事，以疏通下情。

由于霍光专权多年，霍氏一门尊盛日久，横霸朝野，奢侈无度。汉宣帝借处理霍光子——大司马霍禹谋反一案的时机，废皇后霍氏，又在朝廷一步步彻底清除了霍氏集团的势力。

汉宣帝因统治的成功，被传统史家称为"中兴之主"。刘向甚至赞扬汉宣帝执政时政教明，法令行，边境安，四夷清，单于款塞，天下殷富，百姓康乐，认为汉宣帝所创造的治世，甚至超过了汉文帝时代。

汉宣帝太子，也就是后来的汉元帝，幼年时也生活在民间。这一经历，也使得他对社会关系和政治过程有不同于只经历富贵生涯的帝王们的认识。而具备这样的政治资质，是十分有利于把握高层政治管理的权力的。

儒学与昭宣时代官员构成的变化

汉宣帝大力尊崇儒学。他曾经于甘露三年（前51）诏诸儒讲论《五经》异同，并且亲自称制临决。同时增列《易》《尚书》及《春秋》博士。太学的规模，在昭宣时期，有了成倍的增长。

西汉前期的丞相，多是功臣或功臣子，而西汉后期诸朝丞相，已经以掾史文吏和经学之士为主。

西汉丞相共计四十六人。历朝丞相的出身见表1。

表1　　　　　　　　　西汉历朝丞相出身

时代	丞相	功臣	功臣子	外戚宗室	掾史文吏	经学之士	其他
高帝朝	1	★					
惠帝朝	3	★★★					
高后朝	1	★					
文帝朝	4	★★★★					
景帝朝	4		★★★				★[①]
武帝朝	12		★★★★★	★★★	★		★★★[②]
昭帝朝	3				★★★		
宣帝朝	5				★★★★	★	
元帝朝	2					★★	
成帝朝	5			★	★	★★★	
哀帝朝	5				★	★★★★	
平帝朝	1					★	

很显然，正是从昭宣时代起，政府高级官员的成分发生了重要的变化。掾史文吏和经学之士在上层决策机构人员构成中占有较大的比重，反映了当时政治文化形势的重要演变。

西汉后期诸朝丞相，已经以掾史文吏和经学之士为主。自昭宣时期到西汉末年，丞相计二十一人二十二任，考其出身地域，可以获得有意义的发现。（表2）

[①] 卫绾以戏车为郎，击吴楚有功封侯。
[②] 李蔡与公孙贺击匈奴有功封侯；田千秋为高寝郎，讼太子刘据冤见信用。

表2　　　　　西汉昭宣元成哀平朝丞相出身地域

时代	丞相	出身地域(有★号者为齐鲁人)
昭帝朝	田千秋	先齐诸田徙长陵 ★
	王䜣	济南人 ★
	杨敞	华阴人
	蔡义	河内温人
宣帝朝	韦贤	鲁国邹人 ★
	魏相	济阴定陶人 ★
	丙吉	鲁国人 ★
	黄霸	淮阳阳夏人
	于定国	东海郯人
元帝朝	韦玄成	鲁国邹人 ★
	匡衡	东海承人
成帝朝	王商	涿郡蠡吾人
	张禹	河内轵人
	薛宣	东海郯人
	翟方进	汝南上蔡人
	孔光	鲁国人(孔子十四世孙) ★
哀帝朝	朱博	杜陵人
	平当	祖父自(梁国)下邑徙平陵
	王嘉	平陵人
	孔光	鲁国人(孔子十四世孙) ★
	马宫	东海戚人
平帝朝	平晏	平陵人(平当子)

其中齐鲁人合计七人，八人次，人数占总人数的百分之三十三点三三，以人次计，则占总人次的百分之三十六点三六。

齐鲁是儒学发生和发展的基地，是当时的文化重心地区。齐鲁人出任丞相者为多，说明儒学的政治影响力显著增强。这一文化现象，显然是和昭宣以来推崇儒学的努力分不开的。

汉时民间曾流行"秦汉以来，山东出相，山西出将"的说法①。《汉书·地理志下》又说："汉兴以来，鲁、东海多至卿相。"自昭宣时期到西汉末年，历任丞相中齐、鲁、东海人多达十一人，十二人次，人数占百分之五十二点三八，以人次计，则高达百分之五十四点五五。东方儒者在高级文官集团中终于成为多数，说明儒学对政治生活的影响愈益深刻。

汉宣帝虽然以尊崇的态度对待儒学，但是在行政实际运作方面，却仍然比较注重任用有实际管理能力、熟悉法令政策的所谓"文法吏"，并且以刑名为基准考核臣下。曾经有一些地位很高的官僚因罪处死，太子刘奭（就是后来的汉元帝）以为当时持刑过于严酷，建议重用儒生主持政法。汉宣帝则严厉训斥道：我汉家自有制度，"本以霸王道杂之"，怎么可以单用德教，回复儒学倡导的周政呢！况且俗儒不达时宜，喜好是古非今，使人陷入无谓的空论，以致不知所守，何足委任！②

---

① 《汉书·赵充国辛庆忌传》。《后汉书·虞诩传》也说："谚曰：'关西出将，关东出相。'"
② 《汉书·元帝纪》。

八　西汉末年的社会危机

在汉元帝、汉成帝、汉哀帝、汉平帝统治时期，即所谓元成哀平时代，是西汉王朝的末期。当时，社会矛盾逐渐激化，社会危机愈益显著，民众暴动越来越频繁，上层统治者已经无计也无力挽回危局了。

不过，在这一时期，在政治权力衰落的同时，经济却依然得到稳步的发展，财富的高度集中，使得社会消费领域的侈靡之风盛行。这可能是许多王朝晚期共同的时代迹象。

社会矛盾的尖锐化

在汉武帝时代，豪强之徒兼并土地、武断乡曲的情形已经十分严重。官僚地主疯狂追逐财富，聚敛金钱，霸占田宅、畜产、奴婢，往往采用非常残暴的手段，使农民陷于极端困苦之中，贫苦民众卖妻鬻子的现象屡见不鲜。西汉王朝外事四夷，内兴功利，耗尽了文景时代府库的积蓄，更加重了农民的负担，使社会矛盾愈益激化。针对这种情形,董仲舒曾经建议"限民名田","去奴婢,除专杀之威",限制土地兼并,废止奴婢制度,政府则"薄赋敛,省徭役",以调整阶级关系,维护社会的安定。不过,这样的建议在当时并不能够真正实行。汉武帝时代,已经多有民众"穷急愁苦"而不"避罪"①,"转为盗贼"的情形。② 流民的数量,也往往使最高统治者震惊。元封四年(前107),关东流民多至二百万口,无名数者四十万③。每逢灾年,多有饥民"人相食"的悲惨情形。

"巫蛊"之祸发生之后,汉武帝沉痛追悔往事,决心"与民休息",否定、禁止以往所谓"苛暴""擅赋",以"力本农"作为执政的原则。昭宣时代,社会相对稳定,然而统治集团的腐败黑暗,积弊已深,豪强的暴戾和农民的流亡,已经难以遏止。胶东(首府在今山东平度东)、勃海(郡治在今河北沧州东南)等郡国农民发起的暴动,规模已经相当惊人,甚至发展到攻占官府、解救囚徒、搜夺市朝、劫掠列侯的程度。

元成哀平时代,贵族、官僚、豪强竞相侵霸土地,导致农耕生产秩序的严重破坏。豪富权贵"多规良田,役使贫民"④,成为极其普遍的情形。汉成帝时,外戚王氏当政,红阳侯王立在南阳占垦草田达几百顷之多,连贫民所假少府陂泽而开辟的熟田也在

---

① 《汉书·董仲舒传》:"贫者穷急愁苦,穷急愁苦而上不救,则民不乐生,民不乐生,尚不避死,安能避罪!"
② 《汉书·食货志上》记载:"贫民常衣牛马之衣,而食犬彘之食。重以贪暴之吏,刑戮妄加,民愁亡聊,亡逃山林,转为盗贼。"
③ 《史记·万石张叔列传》。
④ 《汉书·陈汤传》。

占夺之列。他又把霸占的土地卖给国家，所得报偿超过时价一万万钱①。又如丞相张禹占有泾渭之间可以灌溉的所谓"极膏腴上贾"的良田多达四百顷②。这样的肥美田地，在汉武帝时代已经被称为"土膏"，号称其价格至于每亩一金③。汉哀帝时，宠臣董贤得赐田二千余顷④。董贤死后家财被斥卖，所得竟然多至四十三万万钱。残酷的土地兼并，使得无数小农破产。而他们肩上的沉重压力，还包括赋役的繁杂、刑罚的严苛等等。

汉哀帝时，鲍宣曾经论说，当时民众有"七亡"而无"一得"，有"七死"而无"一生"⑤，正反映了当时的情形。

频繁而严重的自然灾害，以及政府因本身腐败和社会结构严重失序在应对变乱时所表现的无能，也是社会危机日益深刻的原因之一。

据《汉书·于定国传》记述，汉元帝刚即位时，关东地区因为连年遭受灾害，流民进入关中。所谓"谷贵民流"⑥，成为当时政治危局的主要表象。汉元帝永光年间（前43—前39），最高统治集团仍然为"民众久困，连年流离"的现象⑦而深深忧虑。

汉成帝阳朔二年（前23），关东大水，流民流移入关。鸿嘉四年（前17），又出现水旱为灾，关东流冗者众多，青州、幽州、冀

---

① 《汉书·孙宝传》。
② 《汉书·张禹传》。
③ 《汉书·东方朔传》。
④ 《汉书·王嘉传》："（汉哀帝）诏书罢菀，而以赐（董）贤二千余顷，均田之制从此堕坏。"
⑤ 《汉书·鲍宣传》。
⑥ 《汉书·杜缓传》。
⑦ 《汉书·贾捐之传》。

州等部尤为严重的形势。① 在汉成帝在位后期，仍然灾害频繁。元延元年(前12)，几种天灾相互交并，蚕桑和农田作物都受到破坏，又有影响地域相当广阔的严重洪灾，史称"百川沸腾，江河溢决，大水泛滥郡国十五有余"。因为农耕生产连年遭受惨重破坏，以致"百姓失业流散"②。

汉哀帝时，因自然灾荒所导致的流民问题依然是政局稳定的严重威胁，建平二年(前5)，因连年歉收，"天下空虚，百姓饥馑，父子分散，流离道路"，流民人口竟数以十万计。③

汉平帝元始二年(2)，又曾经发生"郡国大旱，蝗，青州尤甚，民流亡"的严重灾情。④

如果不能得到及时的救助与妥善的安置，流民出于对社会的彻底绝望，很自然地会成为与现行政治体制直接对抗的社会力量，其破坏力之强，往往可以超过其他一切社会阶层。

吏治的腐败

尽管西汉末年政府正式文书在说到政局的混乱时多强调天灾的严重影响，而当时恶劣的自然条件确实使得恶劣的社会条件的危害显得更为显著，然而，流民等社会问题发生的主要原因，并不是自然灾害。

---

① 《汉书·成帝纪》。
② 《汉书·谷永传》。
③ 《汉书·孔光传》。
④ 《汉书·平帝纪》。

汉元帝永光二年(前42),因社会危机异常严重,曾经颁布诏书沉痛自责,其中说到"元元大困,流散道路,盗贼并兴"[①]。而汉成帝鸿嘉四年(前17)春正月诏,也说到当时社会危机最主要的征象之一,依然是"农民失业""流冗者众"[②]。西汉末年社会动荡时期,流民多数集聚为对原有政治秩序在观念上予以怀疑和否定,在行为上同时予以冲击和破坏的社会群体,直接原因往往是吏治的腐败所导致的正常社会关系的崩坏。《盐铁论·未通》中记述文学的话,说到当时的普遍情形:逃避政府征发的赋役的,往往是富足的"大家",然而官吏畏惮其威势,不敢严厉督责,只能加重盘剥贫穷卑微的"细民",于是"细民不堪,流亡远去"。可见,流民问题的发生和发展,其实往往是由于"恶吏"的危害。文学还说,古来有"政宽"者百姓甘愿为其效死,"政急"者则父子相离的话,现今"田地日荒,城郭空虚",就是因为"政急"的缘故。这样的说法,可能是符合当时的历史事实的。在某些局部地区,个别官员因为改善了行政措施,调整了阶级关系,曾经使得流民逐渐回归,也说明了这一情形。

西汉末年,许多有识之士都看到,当时民众流亡,逃离城郭,而各地"盗贼并起"的原因,是"吏为残贼,岁增于前"[③];百姓贫困,"盗贼"日多的原因,是"吏不良,风俗薄"[④]。吏治腐败的社会危害已经十分明显。汉元帝永光二年(前42)春二月颁布的

---

① 《汉书·元帝纪》。
② 《汉书·成帝纪》。
③ 《汉书·鲍宣传》。
④ 《汉书·龚胜传》。

诏书也承认，百姓极端困苦，"流散道路，盗贼并兴"，原因在于行政执法部门作风"残贼"，"失牧民之术"①。汉成帝建始三年（前30）九月颁布的诏书也说，流民众多，正是因为吏治的黑暗难以改变，"苛暴深刻之吏未息"②。

西汉末年，吏治的腐败已经相当严重。对下层民众残酷压榨，"贪财而慕势"，已经成为"俗吏之治"的共同的风气③。贪官污吏横行不法，一时"群职旷废，奸轨放纵"④，政风之颓败已经不可收拾。汉元帝时，丙显任太仆十余年，"与官属大为奸利"，贪赃数额多至千余万。⑤ 中下级官吏同样贪鄙枉法，安定郡五官掾张辅据说"贪污不轨，一郡之钱尽入辅家"，治罪之后，没收的"奸臧"之钱竟然超过百万⑥。

后来有人用"衰乱""重敝"这样的词语来总结西汉末年的政情，又说，汉平帝时，"苛吏夺其时，贪夫侵其财"，苛酷的官吏滥发徭役违误其农时，贪婪的官吏滥收租税侵害其财产，于是使得"百姓困乏，疾疫天命"⑦。一个"苛"字，一个"贪"字，确实体现了当时极端腐朽黑暗的官僚体制对于阶级结构与社会关系造成严重影响的特色。吏治的腐败，导致了国家行政危机。

---

① 《汉书·元帝纪》。
② 《汉书·成帝纪》。
③ 《汉书·匡衡传》。
④ 《汉书·匡张孔马传》。
⑤ 《汉书·丙吉传》。
⑥ 《汉书·王尊传》。
⑦ 《后汉书·申屠刚传》。

政情的恶化与经济的上升

西汉末年政情恶化，却并没有阻碍经济的上升。北边军事威胁的减轻，使得国家财政因兵备压力缓和得以喘息。昭宣时代承武帝晚年政策调整的社会效力有所实现，据说"百姓充实"①，"田野益辟，颇有蓄积"②，"百姓益富"③，"百姓安土"，又"岁数丰穰"，一时"天下殷富"④。当时的社会财富积累，西汉末年还在发挥作用。

据《汉书·食货志上》记载，"成帝时，天下亡兵革之事，号为安乐，然俗奢侈，不以畜聚为意"⑤。当时的"俗奢侈"，是在消耗前代的"畜聚"。"哀帝即位，师丹辅政"，分析当时的经济形势，说道："宫室苑囿府库之臧已侈，百姓訾富虽不及文景，然天下户口最盛矣。"即使在王莽专政之后，继承了一个较为安定平和而财富相对富足的基础，"平帝崩，王莽居摄，遂篡位。王莽因汉承平之业，匈奴称藩，百蛮宾服，舟车所通，尽为臣妾，府库百官之富，天下晏然"。

虽然政治严重败坏，经济生活因其自身规律循原有轨道发育，有时可以继续上升，显现出"盛""富"的表象，于是更引发"俗奢侈"的风行。而执政者惑于这种浮华无根的"府库百官之

---

① 《汉书·霍光传》。
② 《汉书·食货志上》。
③ 《汉书·循吏传》。
④ 《汉书·食货志上》。
⑤ 《汉书·食货志上》。

富",往往放肆折腾,最终导致社会秩序败坏,社会经济崩溃。

如王莽在前代多年"畜聚"的基础上,"一朝有之,其心意未满,狭小汉家制度,以为疏阔",在与匈奴和西域及西南夷诸国的关系方面恣意妄为,致使对方积怨,"侵犯边境"。"莽遂兴师,发三十万众,欲同时十道并出,一举灭匈奴;募发天下囚徒丁男甲卒转委输兵器,自负海江淮而至北边,使者驰传督趣,海内扰矣。"他进行的一系列政策变动,"又动欲慕古,不度时宜,分裂州郡,改职作官","制度又不定",而"吏缘为奸,天下謷謷然"。社会走向严重动荡的边缘。《汉书·食货志上》所谓"其心意未满",颜师古的解释是"谓爱惜之意未厌饱也"。

西汉末年的政治史轨迹,体现出具有一定规律性的经验,可以提供历史的鉴戒。

赵飞燕秘闻

赵飞燕故事,是西汉后宫生活史中比较著名的一例。

据《汉书》记载,赵飞燕本来是长安宫中侍使官婢,后归阳阿公主家,学歌舞,号曰"飞燕"。

汉成帝曾经微行出宫,在阳阿公主家作乐,初识赵飞燕即内心爱悦,于是召入宫中,大受宠幸。她的妹妹随后也被召入宫,两人俱为婕妤,一时贵倾后宫。其父赵临被封为成阳侯。

一个多月后,赵飞燕就被立为皇后,她的妹妹则为昭仪。

皇后立后,宠爱逐渐衰减,而昭仪绝幸。所居昭阳宫装饰极端华丽,中庭涂以朱色,殿上髹漆,门槛鎏金,台阶砌以白玉,墙内梁柱都用黄金包装，又饰以蓝田璧、明珠、翠羽等。其富丽华贵，为后宫之最。

赵飞燕姊妹专宠十余年，然而都没有为汉成帝留下子嗣。

公元前7年，汉成帝在执政的第二十六年，一天突然暴死。民间归罪赵昭仪。皇太后诏令大臣调查皇帝起居发病情形，赵昭仪自杀。

后来，赵昭仪谋杀汉成帝与宫中其他女子所生子等事实暴露，赵飞燕也受到牵连。汉哀帝因为自己立为太子曾经得到赵飞燕的帮助，所以不予追查。汉哀帝即位七年后去世，赵飞燕被废为庶人，自杀。

关于汉成帝神秘的死以及后宫婴儿被杀的事件，民间多有关切。对于汉成帝当年与富平侯张放一同微行得以交识赵飞燕，直至后来宫闱争宠谋杀的丑闻，民间甚至流行童谣："燕燕，尾涎涎，张公子，时相见。木门仓琅根，燕飞来，啄皇孙。皇孙死，燕啄矢。"

后来以有关传闻为基础，有《飞燕外传》一书问世，在民间曾经广泛流传。其书题汉人所著，却可能是唐宋人的作品。①

宫闱秘闻传播到民间，可能有王莽等高层政界人士出于政治目的有意扩散的因素，但是这种民间舆论关心帝王情爱、民间舆论影响上层政争的事实，却因史无前例，所以值得我们注意。而这种现象之所以发生，又是以社会危机严重，王朝统治衰微、帝

---

① 鲁迅在《中国小说史略》中写道："又有《飞燕外传》一卷，记赵飞燕姊妹故事，题汉河东都尉伶玄子于撰，司马光尝取其'祸水灭火'语入《通鉴》，殆以为真汉人作，然恐是唐宋人所为。"

王威望下降作为历史背景的。

传行西王母诏筹：富有神秘主义色彩的民变

汉代画像中多见表现西王母的画面。正如陈直先生曾经指出的："汉代每以西王母事为镜铭及图画题材，于西王母之外，又增加东王公以为配。"

西汉末年，曾经以民间西王母崇拜为背景，演生出一次声势浩大的流民运动。

《汉书·哀帝纪》记载，建平四年（前3），大旱，关东民众传行"西王母筹"，大批民众"经历郡国，西入关至京师"，百姓又"会聚祠西王母"，有人夜间持火上屋，击鼓号呼，相互惊吓。

《汉书·天文志》中则有这样的记载："（建平）四年正月、二月、三月，民相惊动，讙哗奔走，传行诏筹祠西王母。"

《汉书·五行志下之上》又写道：汉哀帝建平四年正月，民众惊走，手持草茎禾秆一枚，相互传递，号称"行诏筹"。行途中相遇，人群聚集，有的群体人数甚至上千。他们有的披发赤脚，有的夜间闯关，有的越墙进入，有的乘车骑奔驰，有的利用驿传系统急行，经历二十六郡国。到京师之后，又在里巷阡陌歌舞狂欢，聚会祭祀西王母。

汉哀帝时代以西王母迷信为意识基础，以"祠'西王母'"为鼓动口号，以"传行'西王母'筹"为组织形式而发生的表现为千万民众"会聚""惊动""奔走"的大规模骚乱，从关东直至京师，从正月直至秋季，政府实际上已经无法控制。其狂热程度之惊人，说明了当时民间西王母崇拜的深刻影响,已经足以策动变乱,掀起社会政治波澜。

《汉书》的作者班固曾经就这一事件分析说,民,属阴,归于水类。水以东流为顺走,而西行,反类逆上,以为是"违忤民心之应也"。指出通过其象征意义,似乎已经可以察见政治动乱的先兆。当时也曾有人分析说:"訞言行诏筹,经历郡国,天下骚动,恐必有非常之变。"① 这一自春季至于秋季,历时长达数月,涉及地域包括京师及二十六郡国,表现出浓重的神秘主义色彩的民间运动,其真正的文化内涵我们今天尚不能完全明了,但是大体可以知道,其原始起因可能是"大旱",而其形式,则暗示流民群体已经形成了某种类似于后世秘密社会结构的组织形式。参与者的行为所表现的以西王母崇拜为具体形式的宗教狂热,在条件适合时能够集聚极强大的社会冲击力。

王咸举幡

东汉时期的太学生运动受到史家比较多的关注。东汉后期,士大夫中形成了以品评人物为基本形式的政治批评的风气,当时称为"清议"。太学成为清议的中心。太学清议,是中国古代社会舆论影响政治生活的比较早的史例。所谓"豪俊之夫,屈于鄙生之议"(《后汉书·儒林列传下》),"自公卿以下,莫不畏其贬议"(《后汉书·党锢列传》)的情形,体现出黑暗政治势力因太学生的

---

① 《汉书·息夫躬传》。

议政运动,被迫有所收敛。当时郡国学的诸生,也与太学清议相呼应,形成了更广泛的舆论力量。汉桓帝永兴元年(153),冀州刺史朱穆因打击横行州郡的宦官势力被治罪,罚往左校服劳役。"太学书生刘陶等数千人诣阙上书",指责宦官集团的罪恶,赞扬朱穆出以忧国之心,志在肃清奸恶的立场,表示愿意代替朱穆服刑劳作。汉桓帝于是不得不赦免朱穆。① 汉桓帝延熹五年(162),一向"恶绝宦官,不与交通"的议郎皇甫规在论功当封时拒绝贿赂当权宦官,受到诬陷,也以严刑治罪,"太学生张凤等三百余人"又发起集会,"诣阙讼之",使皇甫规得到赦免。② 太学生以其活动的正义性受到黑暗势力的敌视。汉灵帝熹平元年(172),因朱雀阙出现匿名书,指斥宦官专权,主持清查的官员四出逐捕,收系太学生竟多至千余人。永兴元年和延熹五年的太学生运动,翦伯赞称之为"两次大规模的政治请愿"。他在《秦汉史》一书中指出:"由此看来,当时的太学生是以何等英勇的姿态,出现于东汉末年的历史。""当时的太学,便变成了小所有者政治活动的中心。"翦伯赞还写道:"知识青年,往往出现为革命的先锋,这在中国史上,也是屡见不鲜的。而中国的知识青年第一次出现于政治斗争的前线的,便是东汉末的太学生。"③

我们看到,太学生以"先锋"角色表现出"英勇"的史例,更鲜明地表现于窦武之难发生时敢于奋起武装抗争的情节。汉灵帝建宁元年(168),知识界的代表——太傅陈蕃与大将军窦武起用李

---

① 《后汉书·朱穆传》。
② 《后汉书·皇甫规传》。
③ 翦伯赞:《秦汉史》,北京大学出版社,1983,第407—408页。

膺和其他被禁锢的名士，密谋诛杀宦官。宦官集团抢先动作，利用以往对禁军的控制，迅速瓦解了窦武率领的军队，窦武终被杀害。《后汉书·陈蕃传》记载："（陈蕃）闻难作，将官属诸生八十余人，并拔刃突入承明门。"《后汉纪》卷二三说，这支临时组成的武装队伍入承明门后，又直抵尚书门："到承明门，使者不内，曰：'未被诏召，何得勒兵入宫？'蕃曰：'赵鞅专兵向宫，以逐君侧之恶，《春秋》义之。'有使者出开门，蕃到尚书门。"最终"剑士收蕃"，"遂送蕃北寺狱"。这八十余名"拔刃""入宫"的勇敢的"诸生"也应当陷于悲剧结局。吕思勉《秦汉史》就此分析说："则汉世儒生，不徒主持清议，并有能奋身以赴国难者矣。"①

应当指出，就东汉太学生的集体请愿而言，永兴元年事也并不是"第一次"。还有更早的发生于汉光武帝建武年间的史例。《后汉书·儒林列传上·欧阳歙》记载：名儒欧阳歙下狱，"诸生守阙为歙求哀者千余人，至有自髡剔者"。看来，有人以为"太学生在政治活动中所表现的热忱与积极"，仅仅只"是汉末不容忽视的现象"的看法②，也是不准确的。

其实，关于"太学生在政治活动中所表现的热忱与积极"的历史记录，可以追溯到西汉时期。吕思勉曾经注意到，早在西汉，已经发生过太学生请愿运动。他写道："今世学校，有所谓风潮者，汉世即已有之。"并举《汉书·鲍宣传》所见太学诸生为营救鲍宣，拦截丞相乘车，并守阙上书事。③ 田昌五、安作璋也对这一

---

① 吕思勉：《秦汉史》下册，上海古籍出版社，1983，第720页。
② 于迎春：《秦汉士史》，北京大学出版社，2000，第480页。
③ 吕思勉：《秦汉史》下册，上海古籍出版社，1983，第719页。

历史事件有所关注,指出:"由于太学生中不少人来自地主阶级的下层,对外戚、宦官集团的横行无忌和瘫残腐化十分不满,因而不断酝酿着反对当权集团和改良政治的运动。西汉哀帝时,他们曾声援因反对丞相孔光而获罪下狱的司隶校尉鲍宣。"①

汉哀帝执政时期发生的这起政治事件,见于班固《汉书·鲍宣传》的记述。丞相孔光负责四时巡视先帝园陵,可能由于职任特殊的缘故,属下官吏获准通行于驰道中道。鲍宣以京师地方最高行政长官的身份,缉查违禁行驰道中的行为,指令吏员制止丞相掾吏通行,并没收其车马。鲍宣以行为冒犯宰相受到追究,由御史大夫处理。有关官员到鲍宣府上逮捕其随从吏人,鲍宣紧闭大门,拒绝放行。于是鲍宣被以阻止皇帝使者,不遵守臣下礼节、大不敬、不道的罪名,投入主管司法的廷尉部门的监狱。随即发生了太学生支持鲍宣的请愿。"博士弟子济南王咸举幡太学下,曰:'欲救鲍司隶者会此下。'诸生会者千余人。朝日,遮丞相孔光自言,丞相车不得行,又守阙上书。上遂抵宣罪减死一等,髡钳。"他们在上朝的日子拦截丞相孔光的乘车,同时在皇宫门口集会上书。汉哀帝于是不得不从宽处置鲍宣。

王咸的行为,标志性的动作就是"举幡"。"举幡",也就是在当时的公共行为中举起了富有号召性的旗帜。

《后汉书·虞诩传》记载,汉顺帝时代,司隶校尉虞诩因与利用权势、贪赃枉法的宦官首领张防抗争被治罪。执政集团上层就此发生争议,汉顺帝犹疑不决,随即发生了为虞诩"诉言枉状"的

---

① 田昌五、安作璋主编:《秦汉史》,人民出版社,1993,第486页。

请愿:"于是诩子颉与门生百余人,举幡候中常侍高梵车,叩头流血,诉言枉状。梵乃入言之,防坐徙边,贾朗等六人或死或黜,即日赦出诩。程复上书陈诩有大功,语甚切激。帝感悟,复征拜议郎。数日,迁尚书仆射。"虞诩最终得以"赦出",张防等受到惩处,也是因为成功的请愿。不过,与王咸为鲍宣组织的请愿不同,发起者是虞诩的儿子虞颉,参与者也并非太学生,而是"门生百余人"。"诉言枉状"的对象,竟然是对皇帝有影响的宦官首领"中常侍高梵"。而事情的转机,确实发生于高梵"入言之"之后。然而,一种共同的举动——"举幡",却使我们注意到这起得以"即日赦出诩"的请愿行为与"王咸举幡"事的一致之处。

太学生中虽然相当一部分人出身于官僚富户阶层,和官僚士大夫有比较密切的关系,但是他们少年英锐,思想较为新进,言行较为勇敢,又以尚未跻身于官场的身份,和民间有比较多的接触,对于弊政的危害,也有直接的感受。他们以特殊的视角观察到社会矛盾的激化,因而对汉王朝面临的严重危机,可以获得比较清醒的认识。太学生站在社会上下阶层之间的特殊立场,使得他们代表的舆论倾向具有某种公正性。

太学生们所接受的儒学教育中民本思想的积极因素,也对他们积极的政治意识、正义的情感倾向以及政争中"英勇的姿态"发生了一定的影响。这也许是执政集团上层官学教育的设计者和推进者起初没有想到的。

据荀悦《前汉纪》卷二九的记录,"王咸举幡"故事发生在汉哀帝建平四年,也就是公元前3年。这一事件的发生,距离汉武帝兴太学不过一百二十七年。按照《汉书·武帝纪》的记载,汉武帝元朔五年(前124),"丞相弘请为博士置弟子员,学者益广"。通常认为这就是太学制度确立的标志。应当注意到,汉武帝时太学规模,只有博士弟子员五十人。汉昭帝时,增加到一百人。汉元帝"更为设员千人"。《汉书·儒林传》记载,"成帝末,或言孔子布衣养徒三千人,今天子太学弟子少,于是增弟子员三千人。岁余,复如故"。即使"王咸举幡"时太学仍然有"弟子员三千人""诸生会者千余人"的情形,依然表现出王咸惊人的号召力以及"诸生"们极高的参与比率。当然,也不能排除"诸生会者"包括太学以外知识人的可能。《后汉书·翟酺传》:"孝宣论《六经》于石渠,学者滋盛,弟子万数。"李贤注:"昭帝时博士弟子员百人,宣帝末增倍之,元帝时诏无置弟子员,以广学者,故言以万数也。"东汉人言汉元帝时太学"弟子万数"的说法,可能并不确实。而即使当时太学真的有"弟子万数","诸生会者千余人"的参与程度,依然是惊人的。

考虑到"王咸举幡太学下""诸生会者千余人"时太学的规模,自然会理解这一情形与东汉晚期"太学生张凤等三百余人""太学书生刘陶等数千人"的行为以"诸生横巷,为海内所集"[1],"诸生三万余人"(《后汉书·党锢列传》),"游学增盛,至三万余生"(《后汉书·儒林列传上》)为背景,是有所不同的。

"王咸举幡太学下"事迹,在后来的士人心目中,留下了深刻的历史记忆。

---

[1]《后汉书·翟酺传》。

宋代学者黄震写道："太学举幡，已验乌台之风采。"①方秋崖笔下也可见"有六馆举幡之勇"的赞语②。又如孙觌《谢万侯相启》以"诸生举幡而来"与"大臣按剑而怒"为对③。又李曾伯"大学举幡，共仰典刑之旧"④，曹彦约"人千余而举幡，共推经济"⑤，谢枋得"举幡帝阙下，则王咸之气节"⑥，孙梦观"晨入而倡举幡之义"⑦，马廷鸾"慷慨举幡之谊，六馆在其下风"⑧等，都正面借用"王咸举幡"典故。元人牟巘所谓"太学诸生，犹记举幡之日"⑨，清人吴绮所谓"举幡汉阙，慷慨而明司隶之冤"⑩等，也都是同样情形。"王咸举幡"得到了肯定的历史评价。

宋人宋祁有这样的诗句："光华覆盆日，哆侈谮人星。""无人举幡救，挥涕望明庭。"⑪对"举幡"行为表达了内心的怀念。刘克庄则屡有文字追慕"举幡"事，如《贺范左相》："必能容折槛之人，必不罪举幡之士。"⑫《回卓教得吉》："举幡而集阙下，不亦壮哉；衣锦而还故乡，可谓荣矣。"⑬《方阁学墓志铭》："自公去

---

① 《谢黄提举升陟》，《黄氏日抄》卷九三。
② 《代回何总领》，《翰苑新书》续集卷一二。
③ 《鸿庆居士集》卷一七。
④ 《桂林鹿鸣宴》，《可斋杂稿》卷二二。
⑤ 《答江西帅真舍人启》，《昌谷集》卷六。
⑥ 《回主簿交代札》，《迭山集》卷四。
⑦ 《建阳邓宰盈之》，《雪窗集》附录《墓志铭》。
⑧ 《陈宜中除国子录制》，《碧梧玩芳集》卷四。
⑨ 《通刘提举启》，《陵阳集》卷一九。
⑩ 《翁苍牙见山楼诗集序》，《林蕙堂全集》卷三。
⑪ 《泌阳王介夫》，《景文集》卷二〇。
⑫ 《后村集》卷二七。
⑬ 《翰苑新书》续集卷一二。

国,大臣之明扬,近臣之密启,群人之造辟,士人之举幡,皆曰公宜在天子左右。"①"士人之举幡",被看作重要的政治舆论形式。又《挽陈师复寺丞二首》其一:"阙下举幡空太学,路傍卧辙几遗民。"②又《杂咏一百首·何蕃》诗:"城去曾联疏,宣收亦举幡。向令无太学,安得有何蕃。"③已经明确指出了"太学"作为支持开明政风的舆论中心的作用。

历代文人对"举幡"行为体现出的"壮""勇""忠""义""慷慨""气节"的赞同和称颂,并不仅仅停留在纸面上。在政治史的记录中,我们还看到对"举幡"这种"激昂风节"表现的仿效和继承。

据《宋史·王居安传》,直言谏臣罢官,"太学诸生有举幡乞留者"。名臣李纲政治生涯中,身世沉浮,也有类似"举幡"集会显示"民望"的情节。《宋史·聂昌传》写道:"李纲之罢,太学生陈东及士庶十余万人,挝鼓伏阙下,经日不退,遇内侍辄杀之,府尹王时雍麾之不去。帝顾昌俾出谕旨,即相率听命。王时雍欲置东等狱,昌力言不可,乃止。"吴曾《能改斋漫录》卷十四《四六用故事配今事》说:"李丞相靖康初以主兵失利,既罢,而京师父老与太学士子伏阙下,挝鼓乞用。钦宗遣内侍宣谕已用,纲尚未退,暨召纲入。"汪藻《贺李纲右丞启》写道:"既名高而众媢,乃谗就而身危。士讼公冤,亟举幡而集阙下;帝从民望,令免胄以见国人。洊经艰难,益见奇伟。"④这段文字,杨万里《诚斋集》卷

---

① 《后村集》卷四〇。
② 《后村集》卷九。
③ 《后村集》卷一〇。
④ 《浮溪集》卷二三《启》。

一一五、吴曾《能改斋漫录》卷一四、罗大经《鹤林玉露》卷八等纷纷引录，可见影响之大。宋宁宗嘉定年间，"外患交攻，廷臣有以和战守三策为言者"，主战派袁燮辞归，"太学诸生三百五十四人作诗以送袁君曰：'天眷频年惜挂冠，谁令今日远长安。举幡莫遂诸生愿，祖帐应多行路难。去草岂知因害稼，弹乌何事却惊鸾。韩非老子还同传，凭仗时人品藻看。'"①也以对正义立场和勇敢精神的怀念，追述"举幡"故事。

明人章懋《国子监策士》有一段慷慨激昂的文字："前代太学诸生，有举幡而救鲍司隶者，有倡义而不污朱泚者，有杀身以争宰相之用舍者，有卷堂以论宰相之起复者，亦有优劣之差乎？诸君皆四海之英，由贡举而来，肯自处若人下乎？愿一吐胸中之奇，老夫当敛衽以拜下风。"②石珤有《大学幡》诗："博山炉小烟曲曲，汉鼎虽存已亏足。苍生但怨皇天痴，不信高安好皮肉。长乐宫中断袖起，相国府前人倒曋。关东王母正行筹，日下白虹空贯珥。东朝将相无所倚，何事复令司隶死。谁能砥柱障颓波，不若弹冠伏柿市。孤幡扬扬生烈风，海内是非须有公。浮云蔽日不作回天功，正气自可凌苍穹。老臣若肯存精忠，遮道一言羞杀翁。"又有《再作太学幡》诗："三尺布，逾仞竿。太学诸生朝举幡，谁其救者司隶冤。回天转日谅不难，请君先为遮道言。驰道不可行，使者安可闭。车马已没官，有过各宜悔。但愿相公屈于理，无使司隶屈于势，庶为邦家保廉耻。廉耻一坏公莫轻，拜尘颂功

---

① 《说郛》卷三八上张仲文《白獭髓》。
② 《枫山集》卷三《杂著》。

风始成。"①其中"孤幡扬扬生烈风""天功正气自可凌"等句，表达了对"王咸举幡"的精神礼赞。

后世舆论对"举幡"事迹的追怀，体现了王咸壮举的长久的历史影响，也体现了"举幡"行为在相当宽广的社会层面形成的文化震动。翦伯赞讨论东汉末年的政治文化形势时，注意到"在野的处士、在朝的中下级官吏和太学的一部分学生这三种力量之平行发展，相互声援"②。王咸"欲救鲍司隶者立此幡下"呼声所引起的后世的思想共鸣，依然主要发生在"在野的处士、在朝的中下级官吏和太学的一部分学生"这一社会层次中。

清乾隆帝《评鉴阐要》卷二"下司隶鲍宣狱纲"题下写道："丞相官属不法，司隶钩止，职也。乃不问孔光，反捕从事，倒置已极。在孔光固不肯自劾，以免宣罪，但彭宣素称贤者，又为御史大夫，而有意脂韦，以闭距诏使曲为周内，鄙矣。驯致举幡太学，俨如聚众，当时之政，尚可问哉。"论者指责孔光、彭宣等，又批评"当时之政"，然而所谓"举幡太学，俨如聚众"，与历代文献中常见议论的价值取向有所不同。这可能是因为身为帝王，对于"聚众"而形成对最高执政者的压力，怀有本能的戒心和敌意的缘故。

另一种对这种"聚众"抗议行为表现出否定态度的人，也出现于在野士人即"处士"之中。东汉末年，名士申屠蟠多次不就辟举。《后汉书·申屠蟠传》还记录了他对于与迫害先进士人的"党

---

① 《熊峰集》卷八《七言古》。
② 翦伯赞：《秦汉史》，第 408 页。

锢"案相联系的太学生运动的态度:"先是京师游士汝南范滂等非评朝政,自公卿以下皆折节下之。太学生争慕其风,以为文学将兴,处士复用。蟠独叹曰:'昔战国之世,处士横议,列国之王,至为拥彗先驱,卒有坑儒烧书之祸,今之谓矣。'乃绝迹于梁砀之间,因树为屋,自同佣人。居二年,滂等果罹党锢,或死或刑者数百人,蟠确然免于疑论。"申屠蟠认为,汉末士人"非评朝政"的舆论形势,将导致"坑儒烧书之祸"的复演。而太学生的参政热情,也是否定的对象。后世一些学人对于申屠蟠政治表现和人生态度所谓"乱世保身"①、"全身远害"②、"知几而深致"③、"卓乎其不可及已"④、"士之有识者可贵矣夫"⑤等赞美,当然也是对"处士横议"的否定。

"王咸举幡"这样的太学生的请愿,表现出了青年知识人作为执政集团的后备力量在进入官场之前即主动参与政治活动的社会责任心。这种责任的正义性长期受到肯定和赞誉。然而王咸们政治立场所决定的诉求内容和请愿方式的历史局限,也是显著的。他们只是在执政集团上层中寻求支持者。虞诩事迹中"诩子颛与门生百余人,举幡候中常侍高梵车,叩头流血,诉言枉状"的情节,也表现出这种抗争方式的消极特征。与宦官黑恶势力的斗争,却又需要取得另一部分宦官力量的支持。这一情形之久远而深刻的社会文化影响,可能也是关心中国历史文化的人们应当注

---

① 《朱子语类》卷一三五。
② 〔元〕盛如梓:《庶斋老学丛谈》卷上。
③ 〔元〕刘壎:《隐居通议》卷一一。
④ 〔宋〕熊节:《性理群书句解》卷八。
⑤ 〔明〕崔铣:《士翼》卷三《述言中》。

意的。

西汉末年的民众暴动

　　元成哀平时代，"盗贼并起""盗贼并兴"，成为当时皇帝诏书、政府文告以及官员言辞中频繁出现的语汇。

　　以汉成帝时代为例，汉成帝河平三年（前26），东郡茌平（今山东茌平南）侯母辟自称"将军"，起兵攻烧官府，执捕县官，夺取印绶①。阳朔三年（前22），颍川（郡治在今河南禹州）铁官徒申屠嘉率众起事，杀长吏，劫库兵，自称"将军"，经历九郡。鸿嘉三年（前18），广汉郑躬等攻占官府，释放囚徒，劫取库兵，自称"山君"，横历四县，部众多达万人。永始三年（前14），尉氏（今河南尉氏）樊并等暴动，杀死陈留太守，自称"将军"。同年，山阳铁官徒苏令等攻杀长吏，抢夺库兵，自称"将军"，经历十九郡国②，杀死东郡太守、汝阳都尉③。

　　《汉书·王尊传》记载的"阻山横行"的"南山群盗宗"，以及《汉书·萧望之传》记载的"阻山为害"的"名贼梁子政"等人的活动，说明民众群体的反抗已经威胁到都城长安的安全。

　　汉成帝时代，所谓"江湖中多盗贼"，也是值得我们注意的现象。当时所谓"江贼"④，应当就是以舟船行水作为主要行动方式

---

① 《汉书·天文志》。
② 《汉书·天文志》及《汉书·五行志上》都说苏令"经历郡国四十余"。
③ 《汉书·成帝纪》。
④ 《汉书·酷吏传·尹赏》。

和主要隐蔽手段的机动性相当强的反政府武装力量。

哀平年间，民众暴动日益频繁，每年多至以万次计，甚至兵锋直犯京畿，纵横三辅，火烧汉武帝茂陵，长安城内皇帝所居未央宫中也可以看见烟炬。

起义民众甚至"越州度郡，万里交结"，使得朝廷"诏书讨捕，连年不获"①，汉成帝时名臣谷永曾经发表的所谓"百姓虚竭"，"将有溃叛之变"②的预言，终于应验了。

---

① 《后汉书·梁统传》。
② 谷永《日食上书》："赋敛滋重，不顾黎民，百姓虚竭则日食，将有溃叛之变。"（《全汉文》卷四六）

九　王莽和新朝的兴亡

　　西汉王朝的政治衰落已经难以挽救，这一事实为社会上层的人们逐渐认识之后，期望一个有作为的政治人物带来新的转机，成为一种共同的心愿。在这样的背景下，王莽在朝廷近臣之中以道德表演方面的优势胜出，终于取得了最高政治权力。

　　王莽建立新朝，为了缓和日益激化的社会矛盾，进行了包含多项内容的社会改革，这些政治努力均以失败告终。在随后爆发的全国性的民众起义的冲击下，新朝灭亡。

　　王莽因篡汉而长期受到传统史家的否定。但是对于他的政治实践进行客观的分析，可以发现有积极的值得肯定的内容。

王莽改制

　　汉元帝皇后王政君庶弟之子王莽，在西汉末年复杂的贵族宗派斗争中，凭借外戚身份以矫情虚伪的手段以取得高位，后来成为新朝的皇帝。

王莽在六十八年的生涯中，进行了非同寻常的政治表演。他的人生轨迹和两汉之际社会大变乱的历史相叠合，他的政治努力大都导致了惨重的失败。于是对于王莽的评价，历来争议纷纭。

王莽是中国政治史上的一个特殊人物，王莽专政的时期，是中国政治史上的一个特殊的时期。

王莽在汉成帝永始元年（前16）被封为新都侯，《汉书·王莽传上》说他"爵位愈尊，节操愈谦"，经常将财物散发给宾客，家无所余。他礼待名士，交接将相，谦恭克己，生活也注意俭约。一次王莽母亲患病，公卿列侯各遣夫人慰问，王莽的夫人相迎，衣不曳地，布蔽膝，见之者以为僮仆，知道是夫人后，人人惊异。

绥和元年（前8），王莽任大司马。汉哀帝时，一度罢官就第，杜门自守。三年后，又被征召。汉哀帝去世，王莽得太皇太后授权，控制了朝廷中枢部门，掌握了禁卫部队的指挥权。

汉平帝九岁即位，太后临朝称制，王莽复任大司马，总揽朝政。一时附顺者拔擢，忤恨者诛灭。元始元年（1）进位太傅，号安汉公，后加称宰衡。元始四年（4），王莽的女儿被立为皇后。元始五年（5），王莽得到"加九锡"的封赏，其威仪已经近于皇帝。

汉平帝死后，王莽借口"卜相最吉"，拥立年仅两岁的孺子婴，自己以"摄政"的名义居天子之位，取代理最高权力者之义，朝会称"假皇帝"，臣民称"摄皇帝"，车服称号皆如天子之制，改元"居摄"。

后来，王莽又利用民间慕势钻营之徒迎合上意所伪造的符命，宣称汉祚已终，于初始元年（8）正式自立为帝，即真天子位，改国号为"新",结束了西汉王朝的统治。① 第二年,改年号为"始建国"。

王莽的政治表演有极其虚伪的性质,史书曾经称之为"匿情求名"。另一方面,王莽又"敢为激发之行",行政时无所顾忌。

面对西汉末年尖锐的阶级矛盾和深重的社会危机,王莽正式取得帝位之后,即附会古礼,托古改制,期求以社会改革的形式,调整阶级关系,改善国家效能,恢复政局的稳定。

西汉末年社会问题的症结,是土地问题和奴婢问题。

汉哀帝时,师丹辅政,曾经建议以限田、限奴婢的形式缓和社会矛盾。汉哀帝发布诏书说,诸侯王、列侯、公主,吏二千石及豪富民聚集奴婢、田宅,没有限制,与民争利,百姓往往失业,重困不足。他指示朝臣制定予以限制的条例。② 丞相孔光、大司空何武随即制定了限定的额度和限制的措施。规定贵族官僚及一般民众皆得"名田",诸王、列侯得名田国中,列侯在长安及公主名田县道,关内侯、吏民"名田"的数额不得超过三十顷。占有奴婢的限定数量,诸侯王二百人,列侯、公主一百人,关内侯、吏民三十人。以三年为期,"犯者没入官",即违反这一规定的要受到严厉的惩处。然而这一设想遭到了当政的外戚、官僚的激烈反对,并没有能够真正实行。③

王莽也认识到土地问题和奴婢问题是西汉末年社会问题的要害。他在始建国元年(9)下令,更名天下田为"王田",奴婢为

---

① 《汉书·王莽传上》。
② 《汉书·哀帝纪》。
③ 《汉书·食货志上》。

"私属",都严禁买卖。又参照孟子曾经说到的"井田制"一夫一妇授田百亩的原则,凡男口不满八人而土地超过一井(九百亩)的,应当分余田予九族邻里乡党中无田和少田的人。没有田的民户,则按照一夫百亩的制度受田。王莽的这一措施,意图在于缓和土地兼并造成的矛盾,同时防止农民奴隶化。但是诏书颁布之后,分田授田的规定并不能够真正落实,仅仅只是冻结了土地和奴婢的买卖。地主、官僚和工商主当时违禁继续买卖土地和奴婢以致获罪的不可胜数,于是纷起反对。王莽无力坚持,只得在始建国四年(12)宣布买卖土地和奴婢不再治罪,承认了这项改革尝试的失败。

地皇三年(22),王莽在新朝政权崩溃的前夕,废除了关于王田、私属的法令。在王莽推行的一系列新政中,又有被称为"五均六筦"的城市经济政策。

"五均六筦",即"五均赊贷"和"六筦"的制度。王莽曾经试图通过这一形式,改善对工商业和财政的管理。

"五均六筦",即对六种经济活动实行管制。包括对盐、铁、酒实行专卖,政府铸钱,名山大泽产品收税以及五均赊贷,即政府对城市工商业经营和市场物价进行管制,并办理官营贷款业务等。

居延汉简中可以看到这样的简文:"……枚,缣素,上贾一匹直小泉七百枚,其马牛各且倍,平及诸万物可皆倍。牺和折威侯匡等所为平贾,夫贵者征贱,物皆集聚于常安城中,亦自为极贱矣。县官市买于民,民……"简文中所谓"牺和折威侯匡",可能就是《汉书·食货志下》中说到的主持"五均六筦"的"羲和鲁匡"①。事实证明王莽时代推行的"五均赊贷"制度不仅限于"盐铁钱布帛",可能也曾试图涉及物资,包括"马牛""及诸万物"。

当时实行"五均"的六个城市,称为"五均市"。"五均市"为长安(今陕西西安西北)、洛阳(今河南洛阳东)、邯郸(今河北邯郸)、临淄(今山东淄博东)、宛(今河南南阳)、成都(今四川成都)。

《汉书·食货志下》记载,王莽当时颁布诏令说:《周礼》有赊贷制度,《乐语》有五均形式,《传》《记》等诸种典籍又多说到"斡",其作用在于使众庶得到平均,使兼并得到抑止。于是在长安及五都设立"五均官",长安的五均官更名长安东、西市令,洛阳、邯郸、临淄、宛、成都市长皆称"五均司市师"。东市称"京",西市称"畿",洛阳称"中",其余四都各用"东""西""南""北"为称,分别设置交易丞五人、钱府丞一人。

当时,新朝政府宣称希望通过类似的经济管理方式,限制商人对农民的残酷盘剥,制止高利贷者非法牟取暴利的行为,以完备国家的经济制度,调整社会的经济关系。但是,这些措施也多有不利于实行的成分,遭到了工商业者的联合反对,导致了明显的经济混乱。

王莽政权的最高决策集团在确定改革的方向和步骤时,没有经过成熟的理论思考;在推行改革的法令和措施时,也没有进行必要的理论说明。他们只是简单地以传说中古代圣王的制度作为

---

① 《汉书·王莽传下》则写作"牺和鲁国"。

改革的理论基础。分田授田的规定，是依照孟子所谓"井田制"一夫一妻授田百亩的原则制定的。"五均六筦"制度的名号，也是儒者刘歆以古文经《周礼》和《乐经》为依据提出来的。

耐人寻味的是，"五均"政策，本来是以汉武帝"平准法"为基点制定的，而"六筦"中，盐、铁专卖和政府铸钱也都是承袭汉武帝旧制，酒的专卖，汉武帝时代也曾经实行，但是新法的宣布，并不对汉武帝时代制度的利弊与成败进行总结和说明，却只是以古制相标榜。

"五均六筦"法实行了十数年，并没有取得理想的收效。到王莽地皇二年（21），和他一系列失败的政策一样，也准备正式废除。然而第二年，王莽的新朝政权就覆亡了。

分州定域

据说王莽素好鬼神，迷信符命，惊惧变怪①，政治行为往往"伪稽黄、虞，缪称典文"②，事事都要在圣王事迹和儒学经典中寻求根据。虽然王莽改制缺乏完备的改革思想以为理论基础，其理论基点表现出盲目复古的倾向，只是简单地"追监前代""专念稽古之事"，但是新朝所试图进行的政治文化区与经济文化区的重新划分，却在一定意义上体现出文化地理观的历史进步。

王莽先据《尧典》正十二州名分界，又据《禹贡》改为九州。又

---

① 《汉书·王莽传上》。
② 《汉书·叙传下》。

曾经"以《周官》《王制》之文"更改地名官名。将政治中心东移的计划，也列入了日程。

汉平帝元始五年(5)，王莽曾经因为"皇后有子孙瑞"，开筑了由长安翻越秦岭通达汉中的子午道。子午道的开通，是地理与人文相互印合的特殊的史例，反映了当时神秘主义观念对于政治生活的影响。

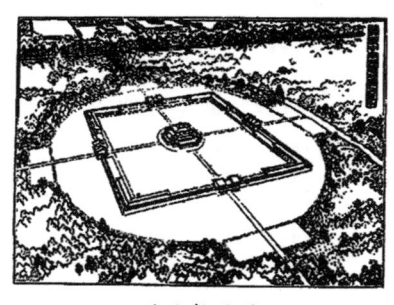

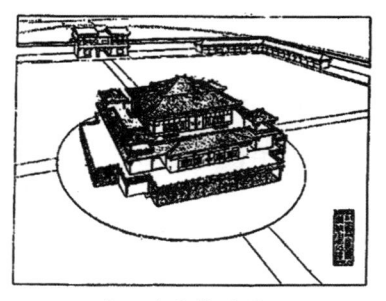

总体复原图　　　　　　　中心建筑复原图

图 6　汉长安城南郊礼制建筑

《汉书·王莽传上》记载，王莽期望在处理四夷之事方面有突出的成就，以为当时"既致太平，北化匈奴，东致海外，南怀黄支，唯西方未有加"，外交在北方、东方和南方都多有创获，只是在西方并不理想，于是派人多持金币引诱塞外羌人献地内属。随即有羌人首领良愿等率其部族一万二千人愿为内臣，献鲜水海（青海湖）、允谷盐池。王莽说，当时已有东海、南海、北海郡，未有西海郡，于是以良愿等所献地为西海郡。期望奄有四海，透露出王莽地理观的政治文化基点。此后，又增置五十条新法令，违犯者徙之西海，徙者多以千万计，事实上开始了大规模充实

"西海"的移民。

王莽又按照传说中先古圣王的行政区域规划，讨论确定州名及州界问题，以经义正十二州名分界。王莽始建国四年（12），又以"为万国主"的身份，宣布"分州定域，以美风俗"，再次讨论了"十二州"和"九州"建置问题。这一次则确定按照《禹贡》中提出的制度，置定九州。①

王莽的新朝建立之后，一时志欲方盛，"以为四夷不足吞灭"，于是又以强制性的行政方式确定了所谓"天下""四表"。《汉书·王莽传中》记载，其东出，至玄菟（郡治在今辽宁新宾西）、乐浪（郡治在今朝鲜平壤南）、高句骊（在今辽宁东部）、夫余（在今吉林中部）；南出者逾徼外，历益州；西出者至西域；北出者，至匈奴庭。

西方和南方，为了追求"九族和睦"的虚名，"尽改其王为侯"，将边地少数部族领袖由"王"贬称为"侯"。又授匈奴单于印，变易文字，不再称"玺"而改称"章"。匈奴单于称谓，也被改为"降奴服于"。王莽轻视边地少数部族的做法导致了边境的动乱，一时匈奴单于大怒，东北与西南夷发生变乱，西域地区也随即因此叛离。

王莽时代大规模更改地名，后来成为历史上的笑柄。他在建立新朝之初，就改明光宫为定安馆，更名长乐宫为常乐室，未央宫为寿成室，前殿为王路堂，长安为常安。郡县名称也纷纷更改。尤其引起行政烦乱和民间不便的，是地名的反复更改。《汉

---

① 《汉书·王莽传中》。

书·王莽传中》说，地名往往一年之内反复变更，有的郡名甚至先后五次变易，而最终又恢复原名。地名的频繁变化，使吏民不能明辨，于是每次颁布诏书涉及地方政策时，不得不在新地名之后说明原先地名。王莽推行的改革措施，往往心血来潮，朝令夕改，"号令变易""数变改不信"①的情形相当多见。地名的反复频繁更改，也是表现之一。

西汉末年经济进步的显著标志之一，是关东地区从非政治重心的基点出发，经过累年的发展，已经逐步取得了生产形势可以牵动全国的经济重心的地位。秦代及西汉前期实行"强干弱支"②、"强本弱末"③的政策，以超经济强制的方式剥夺关东地区，从而导致"东垂被虚耗之害"的做法，在当时已经被有识之士所否定，以为"非久长之策也"④。

王莽专政时，最高执政集团已经看到了这一形势。当时所谓"分州定域"的政治地理和文化地理的基本观念的调整，已经表现出对东方地区经济文化优势的倾重。

王莽得到最高权力不久，就曾经宣布所谓"置五威司命，中城四关将军"的政治军事举措。关于"中城四关将军"的任命，《汉书·王莽传中》记载：前后左右"四关"，分别位于商洛山、太行山、崤山、陇山山地的"固""厄""险""阻"之处。其防卫的方向，分别为荆楚、燕赵、郑卫、戎狄。事实上，王莽以为政治统治最

---

① 《汉书·王莽传中》。
② 《汉书·地理志下》。
③ 《史记·刘敬叔孙通列传》。
④ 《汉书·元帝纪》。

基本的根据地的，已经并不仅仅是关中，在一定意义上可以说，也包括了河洛地区。

东都规划

王莽又为先祖帝王修治陵园，七处致祭之地之中，仅一处在关西，其余所在地均在关东。也就是说，和秦王朝与西汉王朝不同，王莽新朝的神学体系，已经将祭祀重心转移到了东方。

关东地区经济地位的上升，使得最高统治集团不得不在当地寻求能够领导经济运行的都市，而洛阳自然成为首选。洛阳在历史上曾经据有相当重要的地位。① 秦汉以来，东方经济文化的发展，使得洛阳又成为"富冠海内"的"天下名都"②。王莽"于长安及五都立五均官"，"五都"洛阳、邯郸、临淄、宛、成都，均位于关中以外的地区，而"洛阳称中"。③

王莽时代，还开始在洛阳经营所谓"东都"。

王莽始建国四年(12)曾经公开宣布：周王朝有东都、西都之居。现今受命，仍旧遵照周代制度，其以洛阳为新室东都，常安为新室西都。于是洛阳已经具有与常安(长安)相并列的地位。第

---

① 周公曾经营成周洛邑，"以此为天下之中也，诸侯四方纳贡职，道里均矣"。(《史记·刘敬叔孙通列传》)经过周代的长期建设，"洛阳街居在齐、秦、楚、赵之中"(《史记·货殖列传》)，形成了优越的经济地位。西汉时期，洛阳又因"当关口，天下咽喉"(《史记·滑稽列传》褚先生补述)，"天下冲厄，汉国之大都也"(《史记·三王列传》褚先生补述)，受到特殊的重视。
② 《盐铁论·通有》。
③ 《汉书·食货志下》。

二年，王莽又策划迁都于洛阳，也就是以洛阳取代长安，使其成为唯一的正式国都。这一决定，一时使长安民心浮动。据史书记载，当时，长安城中百姓听说王莽准备迁都洛阳，不肯修缮房屋，甚至有的不惜将住宅拆毁。王莽于是以符命为借口，预定在三年之后，即始建国八年，正式迁都洛阳。宣布在此之前，西都常安(长安)的城市建设不能受到影响。

不过，历史上却没有所谓的"始建国八年"，第二年，王莽决定改元为"天凤"。天凤元年(14)正月，王莽又宣示天下，要从二月起"行巡狩之礼"。这一"巡狩之礼"，将完成东巡、南巡、西巡、北巡，在北巡之礼完毕之后，就要将政治重心转移到"土中"，正式定居于"雒阳之都"了。也就是说，原定迁都于洛阳的时间表又大大提前。

"一岁四巡"的计划遭到大臣们的反对。王莽于是又推迟了迁都洛阳的计划，预定将在公元21年正式实施。

由于民众起义的迅速爆发和蔓延，王莽以洛阳为都的预定计划没能够真正落实。但是洛阳的地位在这一时期仍然在上升。当时人说，"百姓怨恨，盗贼并起"，"欲动秦、雒阳"。地皇三年(22)，在起义军威势日益壮大的情况下，王莽发军征抚东方，又以洛阳作为主要的指挥中心与后勤基地，实际上洛阳已经被赋予仅次于长安的政治军事中心地位。

王莽的东都规划虽然没能够完全实现，但是为东汉定都洛阳奠定了根基，为此后全国经济重心和政治文化重心的东移准备了必要的条件。

郭钦的罪恶与王莽的褒奖

《汉书·西域传下》记载，新莽时代与匈奴关系紧张，对西域的控制因政策不当，也连续出现危机。"莽易单于玺，单于恨怒，遂受狐兰支降，遣兵与共寇击车师，杀后城长，伤都护司马，及狐兰兵复还入匈奴。"在匈奴军事威胁的压力下，戊己校尉属下的两位身份为"史"的军官陈良和终带杀害校尉刁护，投降匈奴。汉与匈奴的关系出现反复，西域形势发生变化。王莽购求几名叛将，均予处决。然而后来因"欺诈"行为，致使外交失败，匈奴对北边长城防线全面进犯，而西域亦离散，脱离中原王朝控制。在"莽复欺诈单于，和亲遂绝"之后，"匈奴大击北边，而西域亦瓦解。焉耆国近匈奴，先叛，杀都护但钦，莽不能讨"。

焉耆因"近匈奴"以致"先叛"，杀害都护但钦。由此后来成为新莽远征军惩罚的主要对象。焉耆在丝绸之路交通结构中的特殊地位，应当也是它首先成为新莽军战略目标的重要原因之一。

《汉书·西域传下》记述了天凤三年（16）"出西域""入焉耆"战事："天凤三年，乃遣五威将王骏、西域都护李崇将戊己校尉出西域，诸国皆郊迎，送兵谷。焉耆诈降而聚兵自备。骏等将莎车、龟兹兵七千余人，分为数部入焉耆，焉耆伏兵要遮骏。及姑墨、尉犁、危须国兵为反间，还共袭击骏等，皆杀之。唯戊己校尉郭钦别将兵，后至焉耆。焉耆兵未还，钦击杀其老弱，引兵还。莽封钦为剿胡子。"

新莽远征军主力因"焉耆伏兵要遮"以及"姑墨、尉犁、危须国兵为反间,还共袭击",全面失利。最高统帅"五威将王骏"被杀,"西域都护李崇""收余士,还保龟兹"。然而只有一支部队偶然得利,"戊己校尉郭钦别将兵,后至焉耆",利用"焉耆兵未还"的机会,"击杀其老弱,引兵还"。郭钦因此得封爵。

后续战事是"李崇收余士,还保龟兹"。然而,"数年莽死,崇遂没,西域因绝"。西域与中原关系的断绝,与郭钦罪恶是有关联的。

与《汉书·西域传下》因"钦击杀其老弱",于是"莽封钦为剶胡子"的记录有所不同,《汉书·王莽传中》写道:"是岁,遣大使五威将王骏、西域都护李崇将戊己校尉出西域,诸国皆郊迎贡献焉。诸国前杀都护但钦,骏欲袭之,命佐帅何封、戊己校尉郭钦别将。焉耆诈降,伏兵击骏等,皆死。钦、封后到,袭击老弱,从车师还入塞。莽拜钦为填外将军,封剶胡子,何封为集胡男。西域自此绝。"

《汉书·西域传下》"剶胡子",《汉书·王莽传中》写作"剿胡子"。《汉书·西域传下》颜师古注说,"剶""剿"只是"转写误耳",都是杀绝的意思。"剶""剿"也就是"剿"。而"填外将军",就是"镇外将军"。

我们看到,汉代通行涉及"胡"的名号,用"定胡""破胡""却胡""击胡""霸胡""覆胡""斥胡""夷胡""服胡""吞胡""执胡""逆胡""累胡""胜胡""伏胡""乘胡""殄胡"等,均言战胜"胡"、平定"胡"、消灭"胡"、征服"胡",限于以军事手段与战争方式克服之,与"剶胡""剿胡"残暴杀戮是不同的。当时社会国家意识和民族意识的主流,似乎是将"胡"看作平等的军事竞争对手,而并非屠杀的对象。而郭钦"击杀其老弱""袭击老弱"行为完全对应其封号"剿""剥"字义。王莽对郭钦的嘉奖,体现出王莽民族情感的狭隘与执政理念的偏执,其手法之残酷,即所谓"行骄夏癸,虐烈商辛"①,形成了"汉武劳神,图远甚勤""宣承其末,乃施洪德"②以来的历史倒退。③ 王莽封郭钦"剿胡子""剥胡子"的边疆政策和民族政策导向,与丝绸之路史文化交融进程中亲和友好的主流显然是相逆的。

赤眉军和绿林军

王莽改制,使原有的政治经济秩序受到摧毁性的冲击,然而又不能够建立起合理有效的新体制。官爵制度的变革,使得大批官吏竞为奸利,广收贿赂以自给。货币制度的变革,又使农商失业,食货俱废。经济结构的混乱无序,也致使整个社会面临严重的动荡。

王莽把握朝政以至公开代汉,曾经激起刘氏宗室政治势力在各地的武装反抗。不过,这些反抗只在有限的社会集团中发起,影响也只限于局部地区,很快就被王莽扑灭。

王莽为了镇压这些反抗,曾经以封侯等手段鼓励告密,吸引敌对势力中的不坚定分子叛归,民间于是流传"力战斗,不如巧

---

① 《汉书·叙传下》。
② 《汉书·叙传下》。
③ 《汉书·地理志下》记载,王莽更改地名,五原郡成宜,"莽曰艾房"。"艾房"即"刈房",也可以作为理解郭钦封号"剿胡""剥胡"意义的参考。

为奏"的民谣。王莽这样的做法，表现出专制政权统治者心理的阴暗，为后来历朝黑暗政治开了不好的先例。

　　社会矛盾普遍激化而引起的民众起义则迅速蔓延扩展，震动全国，形成了导致新朝政权走向崩溃的社会洪流。

　　反对王莽新朝的农民起义，首先发生在北边地区。

　　王莽为了出击匈奴而进行的赋役征发，使边地和内郡民众不堪其苦，于是聚众而反。始建国三年（11），大批边民弃城郭流亡，在各地发起暴动，并州（今山西北部）、平州（今河北北部）的反抗斗争更为激烈。天凤二年（15），因为大军集结于边郡，边民负担沉重，五原（郡治在今内蒙古包头西）、代郡（郡治在今河北蔚县东北）的民众举行起义，并且以数千人为集团，已经开始超越郡界的流动作战。

　　天凤四年（17），临淮人瓜田仪在会稽长洲（今江苏苏州西南）发动的起义以及随后不久的琅邪女子吕母在海曲（今山东日照）发动的起义，也都有较大的影响。

　　天凤年间，荆州（今河南南部及湖北、湖南大部分地区）连年久旱，饥苦不堪的百姓多流落于山泽间，采集野生植物求生，逐渐汇聚成小有规模的武装集团。新市（今湖北京山）人王匡、王凤被推为首领。他们经常出击附近的乡聚，位于今湖北京山北的绿林山，成为他们休整和隐蔽的根据地，这支人数增长到七八千人的武装力量于是被称为"绿林军"。

　　地皇二年（21），王莽政权的荆州牧发兵二万进攻绿林军。绿林军迎击政府军获胜。绿林军又攻拔竟陵（今湖北潜江西北），转击云杜（今湖北京山）、安陆（今湖北云梦），部众增加到数万人。

次年,当地疾疫流行,死者众多。绿林军分作两支队伍出山,一支由王常、成丹率领,西入南郡(郡治在今湖北江陵),称"下江兵";一支由王匡、王凤、马武率领,北上南阳(郡治在今河南南阳),称"新市兵"。两支部队的首领都自称"将军"。

新市兵在攻略随县(今湖北随州)时,平林(今湖北随州北)人陈牧、廖湛率众响应,于是起义军中又有"平林兵"加入。

汉宗室刘玄当时也投入平林兵中。同样作为汉宗室成员的南阳豪强地主刘縯和刘秀兄弟,以恢复汉家天下为号召,也起兵反抗新朝的统治,所组织的军队人数达七八千人,称"舂陵兵"。舂陵兵与下江兵联合作战,合兵而进。

地皇四年(23)二月,绿林军为了顺应民间倾向汉室的正统观念,在水之滨设置坛场,拥立时称更始将军的刘玄为天子,建元为更始元年。刘縯被任命为大司徒。刘秀时任太常偏将军。同年五月,刘縯攻占宛(今河南南阳),更始帝刘玄随即在这里建立了统治中心。

稍晚于绿林起义,琅邪人樊崇在莒县(今山东莒县)举兵。不久,青、徐等地的起义民众多所归附。这支起义军沿袭汉朝乡官小吏的称谓,各级首领称为"三老""从事""卒史"等,彼此之间以"巨人"相呼。部队没有文书、旌旗,不设部曲、号令,纪律只有口头相约:"杀人者死,伤人者偿创。"起义军用朱红色涂染其眉以为标识,时称"赤眉军"。

地皇三年(22),王莽派太师王匡和更始将军廉丹率军十余万进攻赤眉军。新莽军队强横残暴,残害民众,百姓作歌道:"宁逢赤眉,不逢太师,太师尚可,更始杀我。"赤眉军在成昌(今山东东平)一战大破新莽军,杀廉丹,歼敌万余人。王匡逃走。赤眉军又转战于淮海、中原,势力大为扩展。

当时奋起反抗新莽政权的民众起义,还有地皇元年(20)钜鹿(郡治在今河北巨鹿南)马适求起义,地皇二年(21)南郡(郡治在今湖北江陵)秦丰起义,平原(郡治在今山东平原南)迟昭平起义等。《汉书·王莽传下》说,同年,"三辅盗贼麻起"。指出新莽王朝的政治腹心地区也爆发了多起武装反抗斗争。

地皇三年(22),"四方盗贼往往数万人攻城邑",处死二千石以下新莽官吏。王莽看到天下溃叛,形势危急,派专员分行天下,废除改制以来颁布的诸种法令,宣布即位以来所有诏令有不便于民者统统收回。

不过,这时新莽政权的基础和支柱已经完全朽坏,有如大厦将倾,最后的末日已经临近了。

新莽王朝的覆灭

地皇四年(23),王莽派司徒王寻、大司空王邑调发州郡兵四十二万进攻绿林起义军,号称"将兵百万,甲士四十二万人","旌旗辎重,千里不绝",据说还曾经驱诸猛兽虎豹犀象等,以助威武之势。按照《汉书·王莽传下》的说法,"车甲士马之盛,自古出师未尝有也"。

六月,新莽军前锋十余万人围王凤、王常所部绿林军八九千人于昆阳(今河南叶县)。新莽军围城数十重,列营百数,旗帜蔽野,埃尘连天,战鼓之声传闻数百里,又以高数十丈的云车俯瞰城内，积弩乱发，矢飞如雨，兵士挖掘地道，并用撞车攻城。城中守军面临异常危急的形势。

危难之中，刘秀等十三骑夜突重围，发郾（今河南郾城南）、定陵（今河南舞阳北）营兵数千人救援昆阳。

刘秀亲自率领步骑兵千余，在大军前四五里处列阵。新莽军也遣兵数千合战。刘秀奋勇冲击敌阵，斩首数十级。起义军中诸将议论道：刘将军平生见小敌似有怯意，今见大敌却分外奋勇，真是令人惊异！

刘秀率部挺进，新莽军后退，起义军乘势进攻，斩首数百千级。刘秀又故意伪造宛地起义军增援部队已经抵达的情报，使新莽军士气沮败。而起义军将士连获胜捷，胆气益壮，无不以一当百。刘秀又亲率敢死士三千人冲击敌军中坚。新莽军阵营溃乱，刘秀乘势奋勇冲杀，分割敌军，并杀死王寻。城中守军也鼓噪冲出，内外合势，震呼动天地。新莽军溃败，士卒四散，奔逃求生，相互践踏，百余里的道路上，到处都是仓皇流窜的新莽军人。当时又逢巨雷暴风，大雨如注，洪水暴涨，士卒溺死者数以万计。

新莽军各部士卒大多奔逃四散，只有王邑与所率领的长安勇士数千人回到洛阳。

昆阳之战后，王莽已经无力调集军队主动攻击起义军。新莽政权大势已去。

刘秀在昆阳之战中立有大功，刘縯所部则攻克宛城。刘縯的势力和威望逐渐凌驾于绿林诸将之上。更始帝刘玄因起义军中若干部将的建议，杀害了刘縯。刘秀闻讯赶赴宛城（今河南南阳）请罪，以求自保。他内心深埋悲痛，不敢自矜昆阳之功，又不敢为刘缤发丧，饮食言笑一如平常。更始帝刘玄于是拜刘秀为破虏大将军，封武信侯。

昆阳之战后，绿林兵乘胜分两路进军。一路由王匡指挥北上攻洛阳，一路由申屠建指挥，西入武关进攻长安。

当绿林兵奉更始帝刘玄之命攻击长安时，赤眉军也在中原奋战。更始帝刘玄占据洛阳之后遣使者招降赤眉军，樊崇等二十余人还接受了刘玄的列侯封号。

在起义军强大的军事威势下，三辅震动，一时海内豪杰纷纷起兵响应，杀其牧守，自称将军，使用汉朝年号，旬月之间，烽火遍于天下。①

王莽众叛亲离，仍然借用符命迷信自欺欺人。新莽政权上层统治集团也发生了分裂。卫将军王涉、国师刘歆和大司马董忠等密谋劫持王莽投降更始政权，只是因为准备"待太白星出"起事，以致计划终于败露，董忠被处死，王涉、刘歆被迫自杀。②

王莽外有出师之败，内有大臣之叛，朝廷一片混乱。这时，天水成纪（今甘肃庄浪西）人隗嚣及其家族起兵反新莽，隗嚣称大将军。析（今河南西峡）人邓晔、于匡率众拔析、丹水（今河南西峡西），攻武关（今陕西商南南）。长安受到东西两个方向重兵进攻的威胁。

王莽面临军事危局，仓皇无定，不知所措。有人建议说，《周礼》和《左传》都说，国有大灾，则哭以厌之，《周易》也有有

---

① 《后汉书·刘玄传》。
② 《汉书·王莽传下》。

关的文字，不妨仿效古制，"呼嗟告天以求救"。王莽自知即将败亡，于是率群臣到南郊九庙，自述受符命而登基之前后经过，仰天呼叫："皇天既命授臣莽，何不殄灭众贼？即令臣莽非是，愿下雷霆诛臣莽！"又捶胸大哭，直至气绝，伏而叩头。又作千余言告天之策，自陈功劳。并且组织诸生小民早晚大哭，专门备以粥饭，恸哭最为悲哀以及能够诵念策文的，任用为郎，多至五千余人。

在反新莽大军逼近长安的时候，王莽组织城中囚徒出城抵抗。但是这支临时组成的部队刚刚行过渭桥，就一起哗变，并且掘毁王氏祖坟，烧其棺椁，又焚烧九庙、明堂、辟雍等礼制建筑。

十月戊申日这一天，绿林军从宣平门入长安。

庚辰日，绿林军进入未央宫。王莽逃到渐台，被冲入宫中的商人杜吴杀死。新莽政权灭亡。

王莽在六十八年的生涯中，暴起暴落，进行了种种政治表演。对于王莽的政治行为，批评之说不绝于史，近年则又有人给予"改革家"的评价。如果我们调整视角，尝试以文化考察的眼光透视其人格特征，也可以获得有意义的发现。

王莽因篡汉而长期受到传统文化舆论的否定。流传极广的蒙学课本《三字经》说："高祖兴，汉业建。至孝平，王莽篡。"清人编撰的《历代国号总括歌》也写道："汉能顺取治杂霸，新莽篡者旋灭亡。"事实上，当西汉王朝的衰落已经难以挽救时，期望新的政治形象、新的文化风格取而代之，以扭转危局，成为一种共同的心愿。王莽正是在这样的社会文化背景下结束了西汉王朝的统治。

王莽虽出身外戚家族，却早年孤贫，于是"折节为恭俭"，在其他贵族子弟竞相侈靡时，能够谦虚谨慎，苦身自厉。一时"宗族称孝，师友称仁"，最终因道德积分的优势，取得了最高政治权力。这可以说是刘姓集团无奈的政治退却，也可以看作社会上下共同的文化选择。《汉书·王莽传上》说他节操谦谨，生活俭约。他有子四人，除一人病逝外，其余三个儿子都在年届三十岁，政治上即将自立时，因罪被王莽逼迫自杀。按照班固的说法，王莽这样做的目的，在于"以示公义"。这在中国古代帝王中，成为相当少见的特例。

王莽曾经从名儒受《礼经》，"勤身博学"，在历代新王朝的开创者之中，是极罕见的有较好文化素养的帝王。然而他却未能领会儒学文化的精髓，只是经常无聊地炫耀对于儒经的皮毛之见，于是起初因此而得势，不久又因此而败亡。《汉书·王莽传下》写道："昔秦燔《诗》《书》以立私议，莽诵《六艺》以文奸言，同归殊途，俱用灭亡。"说秦时焚禁儒学经典，王莽则宣传儒学词句粉饰其"奸言"，两相比较，文化立场虽然表面看起来相反，却走向同样的结局。

白居易《有木诗序》说王莽"色仁行违，先德后贼"。《放言》一诗中"王莽谦恭未篡时"的名句，更是人所熟知。"德"与"贼"，是政治道德评价。如果以民间文化倾向作为评定的尺度，也可以看到王莽失败之必然。

王莽的首级后来被传送到起义军指挥中心，悬挂在宛城市中示众，百姓纷纷掷击，"或切食其舌"。有人竟然切割他的舌头食用，也反映民众对于王莽反复无常、虚伪轻浮的政治表演的厌恶。

十　汉光武帝的政治成功

在民众大起义摧毁了新莽政权的条件下，刘秀重新实现了统一，建立了东汉王朝。

在诸多反抗王莽的政治活动家之中，刘秀有远阔的政治眼光，团结了具有较高文化素养的干部集团，运用了灵活的军事策略，确定了开明的执政方针，因而取得了显著的成功。

刘秀的家族背景与文化资质

刘秀，南阳蔡阳（今湖北枣阳西）人，汉高祖九世之孙。作为刘姓宗室成员，刘秀却并没有享受多少政治经济特权，他九岁就失去父母，被收养在叔父刘良家。据《后汉书·光武帝纪上》说，刘秀"性勤于稼穑"，好"事田业"，看来是一位传统农耕经营方式的继承者。不过，刘秀在王莽天凤年间曾经前往长安读书，受《尚书》，略通儒学大义。

刘秀在长安就读期间，因为资用匮乏，曾经和同学合钱买驴，令从者代人载运，以运费补给开支。王莽地皇三年(22)，南阳(郡治在今河南南阳)荒饥，刘秀避居新野(今河南新野)，曾经卖谷于宛(今河南南阳)。

从刘秀的生活经历看，他熟悉农耕业的基本形式，又有一定的儒学修养，而且能够采用较灵活的生存方式。

经营河北

绿林起义军攻入长安，灭亡新莽王朝之后，更始帝刘玄又迁入洛阳，随即派遣刘秀以破虏将军行大司马事的身份率军镇抚河北。刘秀前往河北，借用可以独力决策军政的条件，在这里充分发挥自己的政治才干，迅速扩充了自己的政治势力，逐步形成了实力最为强大的武装集团。

当时河北有铜马、大肜、高湖、重连、铁胫、大抢、尤来、上江、青犊、五校、檀乡、五幡、五楼、富平、获索等部农民军，据说人众合计多达数百万。除了农民军以外，各地豪强地主武装和王莽政权残余力量结成的地方割据势力也有相当强固的影响。

在进军河北途中，南阳新野(今河南新野)人邓禹向刘秀建议，应"延揽英雄，务悦民心"[1]，以充实政治实力，扩大政治影响。颍川父城(今河南平顶山西北)人冯异发现刘秀在刘縯死后虽然不敢公开显露悲戚的心情，然而每当独居时则不饮酒食肉，枕

---

[1]《后汉书·邓禹传》。

席往往残留泪痕，觉察到他与更始军最终必然分手，于是建议他利用独当一面的机会，尽力争取民众的支持。刘秀接受了这些建议，所过之处注重抚慰民众，安定人心，废除王莽时代的苛政，又尽量避免杀戮，于是"吏人喜悦，争持牛酒迎劳"①。

刘秀部进展顺利，至邯郸（今河北邯郸）后，又长驱直进真定（今河北石家庄北）。刘秀到邯郸时，故赵缪王子刘林建议："赤眉今在河东，但决水灌之，百万之众可使为鱼。"刘秀没有理睬这番话。刘秀到真定后，刘林于是诈以卜者王郎冒充汉成帝之子子舆，立其为天子，以邯郸为都城，宣布政治独立，又派遣使者，控制了邯郸附近各郡国。

刘秀这时正北进征抚，至于蓟（今北京西南）。故广阳王子刘接则起兵蓟中以响应王郎。刘秀被迫出逃，沿途历经困苦，直到信都（今河北冀州）方才得到接应，脱离了险境。

刘秀征发附近诸县兵壮，得四千人，相继攻占了堂阳（今河北新河北）、贯县（今河北束鹿西南）等地。王莽时任命的和成郡（郡治在今河北平乡西南）行政长官举郡来降，也使刘秀的军力得以壮大。

此后，又有昌成（今河北冀州西北）、宋子（今河北赵县东北）民众开城归附。刘秀又北进占领了下曲阳（今河北晋州西），流散的部下逐渐汇合，军队已经多达数万人。河北地区的豪强地主率宗族、宾客先后归附刘秀，成为刘秀安定河北的强大助力。

刘秀挥师北上进击中山，攻克其首府卢奴（今河北定州），并

---

① 《后汉书·光武帝纪上》。

移檄边部，号召共击王郎。刘秀以其政治形象和军事实力双重的作用，得到诸郡县的普遍响应。刘秀军在柏人（今河北内丘东北）大破王郎大将李育，又得到上谷（郡治在今河北怀来东南）、渔阳（郡治在今北京密云西南）等郡武装的增援。更始军也派军征讨王郎。更始二年（24）五月，刘秀军攻拔邯郸，诛王郎。刘秀至此已经大体控制了河北诸郡。

更始帝刘玄立刘秀为萧王，令其罢兵南归。刘秀则借口"河北未平"，拒绝从命。

刘秀继续用兵河北，逐一吞灭了铜马、高湖、重连等部割据地方的农民军，当时被关西人称为"铜马帝"。

不久，刘秀派遣吴汉等袭杀更始政权的尚书谢躬，与农民军公开决裂。

中原与关中的平定

农民暴动破坏了专制的政治秩序，也破坏了正常的经济生活。更始军占领关中之后，各部终日以抢劫掳掠为事，一时"横暴三辅"。

刘玄住在长安长乐宫，沉浸在宫廷享乐生活中，无心理政，日夜与妇人饮宴后庭，群臣请求上奏言事，刘玄往往醉而不能见。有时实在不得已，竟然令宦者坐在帷帐中应付臣下。

刘玄又大封诸王，滥授官爵，长安于是有"灶下养，中郎将；烂羊胃，骑都尉；烂羊头，关内侯"的传言。有人建议变革制度，招纳英俊，因才授爵，以辅佐朝政，竟然激怒刘玄，被投入狱中。于是民众失望,"关中离心,四方怨叛"。诸将出征,往往各自委派地方行政长官,以致州郡官员交错,民众不知所从①。

更始二年(24)十二月,赤眉军数十万人西进入关,连续摧毁阻拒的更始军,进军到华阴(今陕西华阴东)。军中巫者以天神代言者的身份说:本来应当做执政者的,为什么要做"贼"呢?有人借此劝说樊崇:现今将军拥百万之众,西向帝城,而无称号,被人看作"群贼",这样是无法持久的。不如立刘姓宗室,挟义而诛伐。以此号令,谁敢不服?樊崇于是立刘氏宗室刘盆子为帝,自号建世元年。

更始集团中有人建议勒兵掠长安以自富,东归南阳,如果失败,不妨再入湖池中为盗。刘玄否定了这一建议,于是有劫更始帝以东归的密谋。更始集团上层的政争导致了流血事件。长安发生内乱,赤眉军占领长安,刘玄单骑出城。后来在赤眉军威逼之下,更始帝刘玄请降。

赤眉军在长安劫夺财物,掳暴吏民。城中粮食消耗尽净,又收载珍宝,纵火焚烧长安宫室市里,"民饥饿相食,死者数十万",长安成为废墟,"城中无人行"。又引兵而西。乱军发掘汉帝陵寝,取其宝货。除霸陵、杜陵外,诸陵都遭到盗掘。班固《汉书·王莽传下》所谓"天下城邑为虚,丘垅发掘,害遍生民,辜及白骨",正是当时社会空前动乱的写照。

赤眉军起初西走陇坂,寻找出路,在受到地方割据势力隗嚣的抵抗和大风雪的袭击之后,又折返长安。赤眉军与更始军在关

---

① 《后汉书·刘玄传》。

中反复交战，使关中社会遭到严重破坏。"时三辅大饥，人相食，城郭皆空，白骨蔽野，遗人往往聚为营保，各坚守不下。"赤眉军在掳掠无所得的情况下引而东归。当时尚有二十万众，然而行军途中，队伍仍不断流散。①

当赤眉军入关进攻更始集团时，刘秀派邓禹率军引兵而西，又派冯异拒守孟津。赤眉军迫近长安时，刘秀以当时民间流传的《赤伏符》所谓"刘秀发兵捕不道，四夷云集龙斗野，四七之际火为主"为宣传，在鄗县（今河北柏乡北）南千秋亭五成陌设坛场，于公元25年六月己未日即皇帝位，建元建武。

同年十月，刘秀入洛阳，在这里定都，仍用汉朝国号，史称东汉。

刘秀的军队在继续镇压河北农民军余部的同时，又扫平了分立于中原各地的割据武装。

建武二年（26）春正月，邓禹军入长安。九月，大破赤眉军于杜陵（今陕西西安东南）。建武三年（27）闰正月，冯异军在崤底（今河南渑池西）大破东进的赤眉军主力。刘秀又亲自率军进攻南向宜阳（今河南宜阳西）的赤眉军余众。赤眉军战败投降。建武五年（29），刘秀又先后削平了渔阳郡的彭宠、南郡的秦丰和齐地的张步等割据地方的武装集团。于是黄河流域各地主要的割据势力被逐一消灭，北方的主要地区得以平定。

---

① 《后汉书·刘盆子传》。

新的统一

建武六年(30),刘秀相继剪灭了盘踞江淮的李宪、董宪、庞萌等割据势力,使关东地区得以统一。后来又迫使据有河西的窦融归附。

新莽统治时期,隗嚣集团曾经勒兵十万进攻长安,占领安定(今甘肃泾川)。是时东方起义军已经抵达长安,长安人起兵诛王莽。隗嚣于是分遣诸将西向陇西(郡治在今甘肃临洮)、武都(郡治在今甘肃武都东北)、金城(郡治在今甘肃永靖西北)、武威(郡治在今甘肃武威)、张掖(郡治在今张掖西北)、酒泉(郡治在今甘肃酒泉)、敦煌(郡治在今甘肃敦煌西)诸郡,大体控制了西北地区。

应更始政权的征召,隗嚣至长安,先后任右将军、御史大夫。赤眉军西入关,更始集团内乱,隗嚣参与其中,与数十骑逃归天水,收拾原有力量,据有故地,自称西州上将军,实现了对天水地区的割据。隗嚣曾经击溃汉军叛将,又曾经成功阻击赤眉军西进主力,于是接受了邓禹所授"西州大将军"的封爵,并握有专制凉州、朔方军政的权力。然而他仍然私怀割据西北,"案秦旧迹",然后东向发展的政治企图,在刘秀部署其进攻蜀地割据军阀公孙述时,多次抗命。

建武九年(33),刘秀出军平定了依陇山之险割据天水的隗嚣军事集团。

王莽天凤年间,公孙述任导江卒正(即蜀郡太守)。新莽政权覆灭后，各地豪杰起兵以应汉。公孙述北迎以"定汉"为标榜的武装集团首领宗成等入蜀。然而宗成等至成都，"虏掠暴横"，危害百姓。公孙述召集当地豪杰说："此寇贼，非义兵也！"于是以武力予以铲除。公孙述又击破更始帝刘玄派遣收略蜀地的军队，自立为蜀王，都成都。建武元年(25)四月，公孙述又自立为天子，建元曰龙兴元年。

图7　河南新野出土的东汉画像砖《青龙白虎图》

公孙述尽有未遭到战乱破坏的益州之地，又曾经进据汉中(郡治在今陕西南郑东北)，出陈仓(今陕西宝鸡东)，图谋占有三辅，被击败后，有的部众转移到南阳(郡治在今河南南阳)，占领数县。公孙述又派遣任满率军出江关(今重庆奉节)，屯兵于临沮(今湖北远安西北)、夷陵(今湖北宜昌东南)之间，有欲取荆州诸郡的意图。建武八年(32)，又出军下江关，拔巫(今重庆巫山北)、夷陵(今湖北宜昌东南)、夷道(今湖北宜都)。

建武十一年(35)，汉光武帝刘秀派遣岑彭、吴汉进军击公孙述。次年，汉军平定蜀地。

这时，刘秀实现新的统一的事业终于得以完成。

光武儒臣集团

刘秀在王莽天凤年间，曾经往长安求学，在中大夫庐江（郡治在今安徽庐江西南）人许子威门下学习《尚书》。①

清代史学家赵翼曾经发现"东汉功臣多近儒"的事实。他指出，西汉王朝的开国功臣，多出于亡命无赖。至东汉中兴，则军事领袖"皆有儒者气象"。赵翼以为这是"一时风会不同"。刘秀少时曾经远至长安求学，登上天子之位后，仍然多次引公卿郎将讲论经理。与刘邦鄙视儒生不同，"帝本好学问"，"而诸将之应运而兴者，亦皆多近于儒"。刘秀身边的主要功臣，确实多有儒学资质。赵翼所举邓禹、寇恂、冯异、贾复、耿弇、祭遵、李忠、朱祐等凡十四例，都具有一定的儒学修养。可见"光武诸功臣，大半多习儒术"②。赵翼的分析，反映了刘秀功臣集团构成的基本特征。

事实上，整个东汉一代，其专制主义官僚政治的人才基础大体是儒生。这是两汉政治文化基点不同的地方，也是东汉政治体制对于后世表现出开创性意义的地方。

考察文官制度的历史渊源，或许可以通过对东汉政治史的研

---

① 《后汉书·光武帝纪上》："王莽天凤中，乃之长安，受《尚书》，略通大义。"李贤注引《东观记》："受《尚书》于中大夫庐江许子威。资用乏，与同舍生韩子合钱买驴，令从者僦，以给诸公费。"
② 《廿二史札记》卷四"东汉功臣多近儒"条。赵翼还写道："大半多习儒术"的"光武诸功臣"，"与光武意气相孚合。盖一时之兴，其君与臣本皆一气所钟，故性情嗜好之相近，有不期然而然者，所谓有是君即有是臣也"。

究有所发现。

东汉上层统治集团在执政的一百九十五年间，始终比较重视以儒学教育充实自身的文化实力。

汉明帝崇儒，本人通《春秋》和《尚书》。永平二年(59)，他曾经亲自到太学讲经，《后汉书·儒林列传上》记载当时的情形是"帝正坐自讲，诸儒执经问难于前"，旁听围观的群众多至以十万计，可见儒学隆赫一时的盛况。此后，又为功臣贵族后代别立校舍，搜选其中有才能者受以业，并指示期门、羽林之士，都要通《孝经》章句。永平十五年(72)，汉明帝又亲御讲堂，命皇太子、诸王解说儒家经典。[①]汉章帝建初年间，又曾经在白虎观集会群儒，就儒学经义进行学术辩论，考详同异。这次重要的儒学学术活动，连续数月方才结束。汉章帝亲临称制，"顾命史臣，著为通义"。东汉儒学巨制《白虎通义》于是成书。

汉和帝也曾经"数幸东观，览阅书林"。汉顺帝永建六年(131)，又重修太学，扩建二百四十房，一千八百五十室，令公卿子弟为诸生[②]。汉质帝时，临朝执政的梁太后颁布诏书，令秩级在六百石以上的官员，都"遣子就学"[③]，太学生人数多至三万人。[④] 官办儒学教育进入了高潮期。汉灵帝熹平四年(175)，又诏令诸儒正定《五经》文字，刊于石碑，树立于太学之门，使天下读书人有所标范，也成为文化史上的要闻。而"东京学者猥众"，

[①]《后汉书·明帝纪》。
[②]《后汉书·儒林列传上》。
[③]《文献通考》卷四十《学校考一》。
[④]《后汉书·儒林列传上》："自是游学增盛，至三万余生。"

也是东汉时代引人注目的文化景观。

对于儒学的特殊推重,其实从汉光武帝刘秀的时代就开始了。

《后汉书·儒林列传上》记载,"光武中兴,爱好经术",每到一地,未及下车,而先访儒问雅,对于儒学的学术建设有特殊的关心。于是当时据说"四方学士""云会京师"。刘秀将政治中心迁至洛阳时,据说运载"经牒秘书"的车辆,竟然多至两千余辆。在兵火频仍、战事尚未定局的年代,专意以庞大的车队装载经典文书,可见对于文化事业的重视。建武五年(29),天下未定,刘秀即"修起太学",形成了所谓"起太学博士舍,内外讲堂,诸生横巷"的文化盛况。①

后人总结汉光武帝刘秀政治管理的风格时,有"退功臣而进文吏"②的说法。刘秀确实能够正视"文吏"对于成功执政的作用,他虽然封功臣为侯,赐予丰厚的爵禄,但是禁止他们干预政事。《后汉书·贾复传》说,"中兴"将帅胶东侯贾复和高密侯邓禹知道"帝欲偃干戈,修文德,不欲功臣拥众京师",于是削除甲兵,推重儒学,得到刘秀的赞许。

对诸侯王和外戚的权势,刘秀也有意多方限制。所以当时宗室诸王和外家亲属都比较遵奉法纪,并未对朝政形成严重的危害。

河南帝城,南阳帝乡

东汉政权实现统治的主要基础,是在经济上恃富足之势,又

---

① 《后汉书·翟酺传》。
② 《后汉书·光武帝纪下》。

有积极参政要求的豪族地主。

刘秀年轻时在南阳家乡有经营"稼穑""田业"的经历,自然在情感上接近当时在社会生活中影响越来越显著的豪族地主。

建武二年至十四年(26—38)间,刘秀曾经连续六次颁布释放奴婢的诏令。诏令规定,凡属王莽代汉以来吏民被掠卖为奴婢而不符合汉法的,青、徐、凉、益等割据区域吏民被掠卖为奴的,吏民的妻子遭饥乱被卖为奴而要求离去的,一律免为庶人。奴婢主人如果拘执不放,按汉"卖人法"和"略人法"治罪。

建武十一年(35),刘秀又连续颁布诏令,宣布:杀奴婢的不得减罪;炙灼奴婢的依法惩治,免被炙灼者为庶民;废除奴婢射伤人弃市罪。

刘秀反复重申破除奴婢制度的决心,是因为东汉王朝所依恃的统治基础,已经并非先前以奴婢为主要劳动力的生产经营者。汉光武帝刘秀因为和豪强地主集团的特殊关系,使得他可能解决奴婢问题,但是却不可能解决越来越严重的土地兼并问题和人口荫附问题。

东汉时期的土地兼并和人口荫附现象,一开国就成为显著的社会隐患。刘秀及其政权的统治阶层本来就属于豪强地主集团,这时凭借其政治权势,更为变本加厉地搜括土地,占夺人口。

土地兼并和人口荫附问题的严重性,在豪族比较集中的地区最为突出。当时,都城洛阳附近以及汉光武帝刘秀的家乡南阳地区,成为这一社会现象最为典型最为突出的地区。

刘秀是南阳人,又是春陵侯刘买之后,父亲刘钦为南顿(今河南项城西)县令,起初曾为济阳(今河南兰考东北)县令,刘秀本人就出生在济阳县舍。由于存在这样几重关系，于是这几个地方屡屡得"复"，也就是得到免除赋役的特殊优待。与帝王有某种特殊关系的地区，往往还因这种特殊关系，享有一些并不著于明文的特权。

最为著名的史例，就是所谓"河南帝城""南阳帝乡"的特殊地位的形成。

《后汉书·刘隆传》记载，因检核垦田数而发生了中央政府和河南、南阳地方豪强地主集团的矛盾。当时，天下垦田数字多不如实统计，户口年纪也互有增减，豪强地主以所控制耕地和人口的数量的虚假统计，对抗中央政府的经济管理。建武十五年（39），汉光武帝刘秀颁布诏书，下令州郡检核其事，而刺史太守多不能公正执法，豪右之家依然得到优遇，变本加厉地侵夺贫苦民户，以致百姓怨恨。当时官场有所谓"颍川、弘农可问，河南、南阳不可问"的说法，这正是因为"河南帝城，多近臣，南阳帝乡，多近亲，田宅逾制，不可为准"。因为"多近臣"与"多近亲"的关系，使得"田宅逾制"的情形无法得到控制。

所谓"河南、南阳不可问"，所谓"河南帝城，多近臣，南阳帝乡，多近亲，田宅逾制，不可为准"，如果我们离开地方主义的特定条件来理解，其实可以说明东汉时代豪强地主集团的特殊地位。

刘秀对于豪强地主集团在土地兼并和人口荫附问题上与中央政府的对抗，采取了姑息的态度。他在处死度田不实的河南尹张伋等十几名郡守之后，即下令停止度田，正式向豪强地主集团让步。

建武政风:"以柔道""理天下"

刘秀被族人看作"谨厚者",有较为宽容的个人品格。又为人谨慎,史称"量时度力,举无过事"①。他能够团结部众,历经坎坷,终定大局,其文化资质方面的优越起到显著的作用。而东汉王朝的政治风格较为保守温和,也与刘秀的性格倾向有一定关系。

建武十七年(41)冬十月,刘秀回到家乡章陵(今湖北枣阳南),回顾往时宅院田庐,置酒作乐。当时刘姓诸母酒酣欢悦,相互夸赞刘秀年少时谨慎柔和的性情,说"文叔少时谨信,与人不款曲,唯直柔耳",所以今天才能如此。刘秀听后大笑道:"吾理天下,亦欲以柔道行之。"②所谓"谨信""直柔",所谓"以柔道""理天下",都反映了刘秀性格特征与东汉政风的关系。

汉光武帝刘秀为了巩固东汉的政权统治,采取了一系列缓和社会矛盾的政策。除了释放和禁止虐杀奴婢而外,又减省刑法,假民和赋民公田,减免租赋,并且任用"循吏",其总的政策原则,是减轻民众的负担,促进农业生产的发展,实现社会经济的恢复。

减省刑法,使统治阶级对民众的压迫有所缓解。

刘秀即帝位之初,建武二年(26),就宣布大赦天下,颁布诏

---

① 《后汉书·光武帝纪下》。
② 《后汉书·光武帝纪下》。

书谴责"狱多冤人,用刑深刻"的现象,明令有关官员"议省刑法"。据说刘秀就是因为曾经在社会下层洞察吏治的黑暗和百姓的艰难,于是才下决心减轻刑法对民众的压迫的。正如《后汉书·循吏列传》所说,"初,光武长于民间",所以对行政执法的弊病颇为了解,又对稼穑之艰难,百姓之病害,都有切身的认识,至天下已定,决心采用以"安静"为原则的施政方针,一改王莽时期用法繁密的倾向,恢复西汉前期标榜"轻法"的政策。

光武年间,刘秀曾多次指出"狱多冤结,元元愁恨"[1]的社会问题,下令平反冤狱,释放囚犯[2]。刑法制度的改进,对于调整阶级关系、缓和社会矛盾有重要的意义。

刘秀缓和社会矛盾的另一做法,是减免租赋。

田赋征收是国家和耕作者直接发生经济关系的主要形式。

田赋征收的额度,决定政府可能控制的财力。田赋征收的比例,又决定农耕生产者的生活水平和劳动热情,从而影响到社会的治与乱。

刘秀注意到调节田赋征收的意义,重视采用这一方式缓和政府与民众的矛盾。建武六年(30),在虽已削平黄河流域主要的割据势力,北方的主要地区得以安定,而隗嚣、公孙述未平,全国战事尚未结束的情况下,刘秀下诏宣布:此前因为战争状态尚未解除,军费用度不足,因而实行什一之税。现今军士屯田,粮储有所积蓄,"其令郡国收见田租三十税一"[3],如旧时制度。

---

[1]《后汉书·光武帝纪上》。
[2]《后汉书·光武帝纪下》。
[3]《后汉书·光武帝纪下》。

"三十税一",是汉文帝时代曾经实行的田赋制度。刘秀当政的年代是否切实施行了"三十税一"的制度,且是否一直实行着"三十税一"的制度,现在都不能确知。但是这一诏令的颁布,在一定程度上表现出刘秀努力避免因田赋征收过度而导致社会危机的意向。当然,刘秀推行减免田赋的政策,受益的个体自耕农户数量可能相当有限,而豪强地主集团显然得益偏多。然而东汉王朝决策者缓和社会矛盾的主要目的显然是实现了。

任用循吏,是东汉前期政风的基本特征之一。

汉光武帝刘秀有在社会下层生活的经历,对于弊政的形式与危害有所了解,天下大定之后,期望以安定平和的形式推行统治,于是重视任用守法循理的官吏即所谓"循吏"改良吏治。

刘秀自身节俭庄重,穿着俭朴,不重装饰,不喜好郑卫之音,不贪恋珠玉之玩,后宫没有私爱,近臣没有偏恩。建武十三年(37),异国来献名马,据说日行千里,又进宝剑,价值千金,刘秀诏令以马驾鼓车,以剑赐卫士。他又宣令减损服务于皇族的宫苑管理人员,废止耽溺于游逸的骋望弋猎之事。

刘秀的作风,实际上为"循吏"做出了典范。于是一时政界"勤约之风,行于上下"。

刘秀当政的时代,经常召集官员到御坐之前,调查基层吏治得失,了解民间政治情况,所以能够令上下都严谨执政,使"百姓宽息"。刘秀又亲自考察地方主要官员,选用最有能力者以充分发挥其才干。如杜诗为南阳太守,被当地民众尊称为"杜母",任延、锡光移变边地落后风习,政绩最为显著。此外第五伦、宋均等人，也都有值得称颂的事迹。①

《后汉书·循吏列传》还写道，建武年间，"吏事深刻"，往往因一句传言，就撤革更换地方行政长官。当时有人以此为缺乏"殷勤"之意的"峻政"，予以否定。其实，当时吏治比较清明，应当与对官吏的严格要求有关。

刘秀时代许多著名的地方官员留下了清正能治的盛名。

邓晨为汝南（郡治在今河南平舆北）太守，兴修水利，灌溉数千顷田，汝南地方于是丰殷富足，鱼稻之饶，甚至"流衍它

---

① 《后汉书·杜诗传》："建武七年，（杜诗）迁南阳太守。性节俭，而政治清平，以诛暴立威，善于计略，省爱民役。造作水排，铸为农器，用力少，见功多，百姓便之。又修治陂池，广拓土田，郡内比室殷足。时人方于召信臣，故南阳为之语曰：'前有召父，后有杜母。'"《后汉书·循吏列传·任延》："诏征为九真太守"，"九真俗以射猎为业，不知牛耕，民常告籴交阯，每致困乏。（任）延乃令铸作田器，教之垦辟。田畴岁岁开广，百姓充给。又骆越之民无嫁娶礼法，各因淫好，无适对匹，不识父子之性，夫妇之道。（任）延乃移书属县，各使男年二十至五十，女年十五至四十，皆以年齿相配。其贫无礼娉，令长吏以下省奉禄以赈助之。同时相娶者二千余人。是岁风雨顺节，谷稼丰衍。其产子者，始知种姓"。"拜武威太守"。"河西旧少雨泽，乃为置水官吏，修理沟渠，皆蒙其利。"《后汉书·循吏列传·锡光》："汉中锡光为交阯太守，教导民夷，渐以礼义，化声侔于延"。《后汉书·第五伦传》："拜会稽太守，虽为二千石，躬自斩刍养马，妻执炊爨。受俸裁留一月粮，余皆贱贸与民之贫羸者。会稽俗多淫祀，好卜筮。民常以牛祭神，百姓财产以之困匮，其自食牛肉而不以荐祠者，发病且死先为牛鸣，前后郡将莫敢禁。（第五）伦到官，移书属县，晓告百姓。其巫祝有依托鬼神诈怖愚民皆案论之。有妄屠牛者，吏辄行罚"。"民初颇恐惧，或祝诅妄言，伦案之愈急，后遂断绝，百姓以安。"《后汉书·宋均传》："调补辰阳长，其俗少学者而信巫鬼，均为立学校，禁绝淫祀，人皆安之。""迁九江太守，郡多虎暴，数为民患。"宋均于是以为"今为民害，咎在残吏"。他认为，"其务退奸贪，思进忠善，可一去槛阱，除削课制"。"浚遒县有唐、后二山，民共祠之，众巫遂取百姓男女以为公妪，岁岁改易，既而不敢嫁娶，前后守令莫敢禁。（宋）均乃下书曰：'自今以后，为山娶者皆娶巫家，勿扰良民。'于是遂绝。"

郡"①。建武五年(29),郭伋为渔阳(郡治在今北京密云西南)太守,在职五年,户口倍增②。建武六年(30),李忠为丹阳(郡治在今安徽宣城)太守,以儒学变改当地风俗,起筑学校,教习礼容,于是得到当地民众的拥护,于是垦田增多,三年之间,流民回归者多至五万余口。③ 张堪任渔阳太守,捕击奸猾,赏罚必信,取得当地民众拥护,又开稻田八千余顷,劝民耕桑,以至殷富,于是流传"张君为政,乐不可支"的民歌。④ 卫飒任桂阳(郡治在今湖南郴州)太守时,兴办教育,改革婚俗,使民间风习逐渐与中原文化接近。⑤

循吏们所营造的政治风范,在当时无疑表现出有益于改善政治生活、调节社会关系的积极作用。循吏们在各地的政绩,对于当时社会经济的发展和社会文化的进步,显然也有不可忽视的意义。

与东部地区治理取得成效形成鲜明对比的,是西部地区的政治军事形势。

刘秀是在控制东方之后,继而平定西部地区的。建武八年(32),击灭盘踞西北的隗嚣。建武十二年(36),破公孙述,征服西南。此期间刘秀曾感慨道:"人苦不知足,既平陇,复望蜀。每一发兵,头须为白。"⑥于是后世有"得陇望蜀"的成语,而刘秀

---

① 《后汉书·邓晨传》。
② 《后汉书·郭伋传》。
③ 《后汉书·李忠传》。
④ 《后汉书·张堪传》。
⑤ 《后汉书·卫飒传》。
⑥ 《后汉书·岑彭传》。

的话，确是肺腑之言。多年战事之后，民生苦乏，百业凋敝，东汉王朝终于无力对西部经营持积极态度。最典型的例证，是听任关中的残破，以及放弃了西域的控制权，而汉武帝以来西北方向的军事胜势，也彻底败落。

两汉之际的战乱，使古来称作"天府"，长期于农耕文化的发展起到先进示范作用的关中地区遭受严重破坏，一时"城郭皆空，白骨蔽野"①。刘秀曾经数次往来关中祭祀西汉十一陵，对于当地的形势应当是清楚的。然而除了下令修复西京园陵，修理长安高庙而外，史书看不到恢复关中经济地位的有效措施。

此外，刘秀对于西北边事有所忽视。两汉之际，匈奴以军事强权控制了西域地区。建武年间，西域诸国多次请求汉王朝派遣都护，均遭到拒绝。②《后汉书·南匈奴列传》说："及关东稍定，陇、蜀已清，其猛夫扞将，莫不顿足攘手，争言卫、霍之事。帝方厌兵，间修文政，未之许也。"此后，建武二十七年（51），北匈奴大疫，又遭遇旱蝗之灾，又有大臣提议趁此时机命将临塞，策划出击，以为如此则"北虏之灭，不过数年"。而刘秀的答复强调"柔能制刚，弱能制强"，以所谓"务广地者荒，务广德者强"拒绝了这一建议。③ 这种片面讲究"柔"，向往"文政""广德"的思想所主导的消极政策，对于历史的走向确实产生了影响。唐代诗人元稹《代曲江老人百韵》诗有"拨乱干戈后，经文礼乐辰"，"光武休言战，唐尧念睦姻"句，是以肯定的语调评价刘秀的西部战略

---

① 《后汉书·刘盆子传》。
② 《后汉书·西域传》。
③ 《后汉书·臧宫传》。

的。然而，事实上中国西部民族关系的总体形势，却在这一讲究"经文礼乐"的时期，发生了显著的变化。

于是，与儒学"经文礼乐"精神不大相合的以民族纷争为主题的历史文化，由西部影响到东部，自东汉之后在中国持续了数百年之久。而以关中地方为代表的西部具有优秀历史传统的区域文化的复兴，延迟至于隋唐时代方得以实现。对于东晋十六国时期到隋统一以前这段历史的总体评价，可以有不同的意见，但是连续的战乱对于经济进步的阻断，对于文化传统的摧残，却是有目共睹的。

另一方面，刘秀的西部方略，看来有心对秦皇汉武以来过度使用民力，连年开边用兵的做法有所纠正，也可以看作对王莽处理西北民族问题的错误政策的"拨乱"。同时，刘秀有关思路的形成，也是以天下初安、国力贫弱的实际情形为背景的。也可以说，刘秀的决策，在某种意义上也是一种无奈的选择。事实上，汉高祖刘邦也曾经有平城之围受制于匈奴的屈辱，不过，我们应当看到，刘邦和刘秀政治思想的基点是有明显差异的。前者更多地倾向于进取，后者更多地倾向于保守。正如李贽所说："光武与高祖不同。高祖阳明，光武阴柔。"[1]

"东西南北自在也"

东汉初年，西域地方民族关系与行政控制出现复杂情势。汉

---

[1]《史纲评要》卷一〇。

光武帝刘秀的政策与汉武帝时代相比有显著变化。"王莽篡位，贬易侯王，由是西域怨叛，与中国遂绝，并复役属匈奴。匈奴敛税重刻，诸国不堪命，建武中，皆遣使求内属，愿请都护。光武以天下初定，未遑外事，竟不许之。"《后汉书·西域传》又记载，"(建武)十七年，(莎车王)贤复遣使奉献，请都护。……帝乃因其使，赐贤西域都护印绶，及车旗黄金锦绣。敦煌太守裴遵上言：'夷狄不可假以大权，又令诸国失望。'诏书收还都护印绶，更赐贤以汉大将军印绶。其使不肯易，遵迫夺之，贤由是始恨。而犹诈称大都护，移书诸国，诸国悉服属焉，号贤为单于。贤浸以骄横，重求赋税，数攻龟兹诸国，诸国愁惧"。汉光武帝刘秀对西域采取倾向于消极保守的政策，"二十一年冬，车师前王、鄯善、焉耆等十八国俱遣子入侍，献其珍宝。及得见，皆流涕稽首，愿得都护"。这一请求遭到拒绝，"天子以中国初定，北边未服，皆还其侍子，厚赏赐之。是时贤自负兵强，欲并兼西域，攻击益甚。诸国闻都护不出，而侍子皆还，大忧恐，乃与敦煌太守檄，愿留侍子以示莎车，言侍子见留，都护寻出，冀且息其兵。裴遵以状闻，天子许之"。实际上诸国侍子只是留居敦煌。"二十二年，贤知都护不至，遂遗鄯善王安书，令绝通汉道。安不纳而杀其使。贤大怒，发兵攻鄯善。安迎战，兵败，亡入山中。贤杀略千余人而去。其冬，贤复攻杀龟兹王，遂兼其国。鄯善、焉耆诸国侍子久留敦煌，愁思，皆亡归。鄯善王上书，愿复遣子入侍，更请都护。都护不出，诚迫于匈奴。"刘秀的答复即后人所谓"辞而未许"，"任其所从"。"天子报曰：'今使者大兵未能得出，如诸国力不从心，东西南北自在也。'于是鄯善、车师复附匈奴，而贤益横。"①

《汉书·西域传下》班固赞语有对于当时形势和刘秀态度的历史评论:"西域诸国,各有君长,兵众分弱,无所统一,虽属匈奴,不相亲附。匈奴能得其马畜旃罽,而不能统率与之进退。与汉隔绝,道里又远,得之不为益,弃之不为损。盛德在我,无取于彼。故自建武以来,西域思汉威德,咸乐内属。唯其小邑鄯善、车师,界迫匈奴,尚为所拘。而其大国莎车、于阗之属,数遣使置质于汉,愿请属都护。圣上远览古今,因时之宜,羁縻不绝,辞而未许。虽大禹之序西戎,周公之让白雉,太宗之却走马,义兼之矣,亦何以尚兹!"②班固对汉光武帝冷漠回复西域诸国"遣使""请属"之"辞而未许"的态度予以高度肯定。刘秀所谓"如诸国力不从心,东西南北自在也",表现出极端退让的表态,可以理解为对汉武帝以来西域经营成果的全面放弃。其原因,似可以"中国初定","使者大兵未能得出",于是不得不"因时之宜"做以解释。

---

① 所谓"东西南北自在也",王先谦《后汉书集解》:"言任所归向。'自在'语未明显,亦疑'在'为'任'之讹。"中华书局,1984,第 1029 页。
② 《汉书》,第 3920 页。《资治通鉴》卷四三"汉光武帝建武二十二年":"帝报曰:'今使者大兵未能得出,如诸国力不从心,东西南北自在也。'于是鄯善、车师复附匈奴。"又引"班固论曰"删略"唯其小邑鄯善、车师,界迫匈奴,尚为所拘。而其大国莎车、于阗之属"及"亦何以尚兹"数字。第 1404 页。"东西南北自在也",胡三省注:"任其所从。"第 1403 页。王先谦《后汉书集解》以为"东西南北自在也""言任所归向","疑'在'为'任'之讹",与胡三省理解接近。

伏波将军马援南征

然而与西域决策形成鲜明对照的史实，是马援率领的"大兵"远征南海。

《后汉书·光武帝纪下》记载，天下初定，建武十六年（40）"春二月，交阯女子征侧反，略有城邑"。建武十八年（42）夏四月，"遣伏波将军马援率楼船将军段志等击交阯贼征侧等"。建武十九年（43）春正月，"伏波将军马援破交阯，斩征侧等。因击破九真贼都阳等，降之"。《后汉书·刘隆传》："以中郎将副伏波将军马援击交阯蛮夷征侧等，隆别于禁溪口破之，获其帅征贰，斩首千余级，降者二万余人。"由此可大致得知战役的规模和进程。

《后汉书·马援传》关于伏波将军马援率军远征交阯、九真事，有这样的记载："又交阯女子征侧及女弟征贰反，攻没其郡，九真、日南、合浦蛮夷皆应之，寇略岭外六十余城，侧自立为王。于是玺书拜援伏波将军，以扶乐侯刘隆为副，督楼船将军段志等南击交阯。军至合浦而志病卒，诏援并将其兵。遂缘海而进，随山刊道千余里。十八年春，军至浪泊上，与贼战，破之，斩首数千级，降者万余人。援追征侧等至禁溪，数败之，贼遂散走。明年正月，斩征侧、征贰，传首洛阳。封援为新息侯，食邑三千户。"马援随即又进军九真，"援将楼船大小二千余艘，战士二万余人，进击九真贼征侧余党都羊等，自无功至居风，斩获五千余人，峤南悉平"。

马援受命以伏波将军名义率军平定征侧、征贰武装暴动，又进而南下九真,到达上古时代中原王朝军事力量南进的极点。这次成功的远征,由海陆两道并进。楼船军经海路南下,战争规模、进军效率以及与陆路部队的配合都超过汉武帝时代楼船军浮海击南越、击东越、击朝鲜故事,成为战争史中全新的航海记录。

刘秀西北政策的保守和南海经略的积极,值得军事史、外交史以及区域经济文化史研究者关注。这一情形与东汉以后全国经济重心向东南的转移呈示共同的历史趋势。

十一　东汉中期的经济水准与政治风格

东汉时期的经济得到突出的发展，而政治风格也体现出与西汉不同的特征。这些历史变化，在东汉初期已经有所表现，在东汉中期更为引人注目。

豪强的兴起

汉光武帝刘秀之后的几代帝王，继承了刘秀努力缓和阶级矛盾的执政纲领。他们重视赦除重罪之犯，"减死罪"①，"除半刑"②，往往"减死"之后，允许诣边地防戍，妻子可以相随，父母兄弟等其他愿意相从的，也不予限禁。③ 此外，在土地问题上，东汉帝王往往将国有土地借与或赐予没有耕地的贫民使用，以此作为解决土地问题的措施之一。

---

① 《后汉书·明帝纪》。
② 《后汉书·和帝纪》。
③ 《后汉书·章帝纪》。

汉明帝永平九年(66),诏令郡国以公田赐贫人。永平十二年(69),又颁布诏书,宣布将滨渠卑下之田,"赋与贫人,无令豪右得固其利"①。已经暗示这一举措的目的,是有意减轻"豪右"兼并田地,奴役"贫人"所造成的严重危害。

汉章帝元和元年(84),因牛疫流行,作物歉收,诏令郡国招募无田而愿意前往其他田土宽饶地方的民众,组织迁徙。到新居地后,政府赐给公田,赁给种子,贳与农具,同时减免五年田租,并减免三年算钱。以后愿意迁回本土也不加禁止。② 元和三年(86),又诏令常山(首府在今河北元氏西北)、魏郡(郡治在今河北磁县南)、清河(首府在今山东临清东)、钜鹿(郡治在今河北柏乡东)、平原(郡治在今山东平原南)、东平(首府在今山东东平东)等地尚未垦辟的可耕地"悉以赋贫民",政府给予粮种,要求务尽地力,避免使农人成为不事农耕的所谓"游手"。③

汉和帝永元五年(93)二月,曾经诏令政府有关机构省减皇家及朝廷管理的马厩以及凉州诸苑马,京师离宫上林、广成囿等,都假以贫民,允许随意采捕,不收其税。同年秋九月,又宣布郡县所有的陂池,允许民众采取,两年内勿收假税。永元九年(97)六月蝗灾,又诏令国有山林陂池的饶利渔产,用以救济灾民。永元十一年(99)在诏书中宣布,民间因遭受灾害而不能自存者,允

---

① 《后汉书·明帝纪》。
② 《后汉书·章帝纪》:"元和元年二月甲戌,诏曰:'自牛疫以来,谷食连少,良由吏教未至,刺史二千石不以为负。其令郡国募人无田欲徙它界就肥饶者,恣听之。到在所,赐给公田,为雇耕佣,赁种饷,贳与田器,勿收租五岁,除算三年。其后欲还本乡者勿禁。'"
③ 《后汉书·章帝纪》。

许在山林池泽从事渔业采集，政府不收假税。永元十五年（103），又诏令鳏寡百姓，可以在皇家陂池渔采，两年之内免收假税。①汉章帝元和三年（86），曾经诏令出巡所经过的地方只收全年田租的一半，以奖劝农人勤劳耕作。② 汉和帝时，又曾经多次减免租赋。永元四年（92）令遭受蝗灾的地区减产百分之四十以上者勿收田租、刍稾（饲料、燃料税）。永元九年（97）又令蝗灾灾区"皆勿收租、更、刍稾"，其他情形也酌情有所减免。永元十三年（101）诏令天下当年的田租、刍稾征收一律减半。永元十六年（104）再次宣布了同样的诏令，同时申明，"其灾害者，以实除之"③，可知在遭受自然灾害的地区，减免幅度可以更大一些。

东汉政府对农耕生产者取如此优容的态度，是因为农人在严酷的土地兼并的情况下，已经九死一生，频繁而严重的天灾又经常使他们陷于完全绝望的境地。当然，实际上，田赋的减免，在土地兼并现象十分严重的情况下，可能使豪强地主获利更多。

东汉时期，"富人名田逾限，富过公侯"④，已经成为普遍的现象。南阳豪族樊宏开广田土三百余顷⑤。刘康占有私田八百顷⑥。南阳新野阴氏家族田有七百余顷⑦。马援有牛马羊数千头，谷数万斛⑧，所拥有的土地也应当不在少数。名士郑太也家富于

---

① 《后汉书·和帝纪》。
② 《后汉书·章帝纪》。
③ 《后汉书·和帝纪》。
④ 《申鉴·时事》。
⑤ 《后汉书·樊宏传》。
⑥ 《后汉书·光武十王列传·济南安王康》。
⑦ 《后汉书·阴兴传》。
⑧ 《后汉书·马援传》。

财，有田四百顷①。

曾经把持朝政的外戚贵族梁冀，据说其势力范围"包含山薮，远带丘荒，周旋封域，殆将千里"②。宦官侯览侵夺他人的资产中，就包括田一百一十八顷③。当权的宦官霸占田业也成为风气。"天下良田美业，山林湖泽"，都成为他们竞相占有的目标④。东汉末年，宦官张让专政时，其家族党羽竟然占有了京畿附近诸郡膏腴美田至数百万顷⑤。

荀悦曾经说，现今豪民占田有的多至数百千顷，其富已经超过王侯，国家赋税虽然有限，然而豪强富人占田逾侈，所输赋税超过大半。实际上政府征收的赋税不过百分之一，民众实际缴纳的却仍然要超过百分之五十。官家的恩惠，或许优于夏商周三代；而豪强之残暴，却酷于亡秦。他叹息道：朝廷的惠政，不能落实给下层民众，利益都被豪强劫夺，如果不扭转豪强兼并的基本形势，而只是减免租税，只能使豪强得到更多实利。⑥ 荀悦的分析，说明了减免田赋政策的实质，确实主要是使豪强得益。

土地兼并的形式是多种多样的。可能有用心"营理产业"，以至"财利岁倍"的情形⑦，然而更普遍的是依恃经济实力和政治实力的残暴侵夺。富商兼有大片田地，也是常见的情形。正如《论

---

① 《后汉书·郑太传》。
② 《后汉书·梁冀传》。
③ 《后汉书·宦者列传·侯览》。
④ 《后汉书·党锢列传·刘祐》。
⑤ 《三国志·魏书·董卓传》裴松之注引《典略》。
⑥ 《前汉纪》卷八。
⑦ 《后汉书·樊利传》。

衡·偶会》所说："富家之商，必夺贫者之财。"握有政治权力，则通常是实现土地兼并的更有利的条件。这就是王充所谓"一旦在位，鲜冠利剑，一岁典职，田宅并兼"。①

豪强势力的根基：田庄经济

东汉晚期著名政论家仲长统在描述豪强地主的经济生活时，除了说到其室宅之豪奢，田园之广阔，商运之辽远，积储之丰盈而外，又曾经以所谓"奴婢千群，徒附万计"形容其富足②。这里所说的"徒附"户，是豪强地主荫庇自己的宗族、宾客而形成的新的社会阶层。他们直接服务于豪强地主，逃避了朝廷的赋税和徭役负担。以这一阶层为基础形成的田庄，其实是在一定程度上隔闭于专制王朝的相对独立的社会结构。

豪强地主经济实力的根基，正是他们经营的大田庄。

豪强地主的田庄经济在东汉时期发育已经相当成熟。

汉光武帝刘秀外祖——樊重的南阳田庄，"广起庐舍，高楼连阁，波陂灌注，竹木成林，六畜放牧，鱼嬴梨果，檀棘桑麻，闭门成市，兵弩器械，赀至百万。其兴工造作，为无穷之功，巧不可言。"这样的田庄的主人，于是有"富拟封君"的地位。③ 关于樊重的田庄，《后汉书·樊宏传》又有"上下勠力，财利数倍""池鱼牧畜，有求必给"的记述。

---

① 《论衡·称材》。
② 《后汉书·仲长统传》。
③ 《水经注·比水》引司马彪《续汉书》。

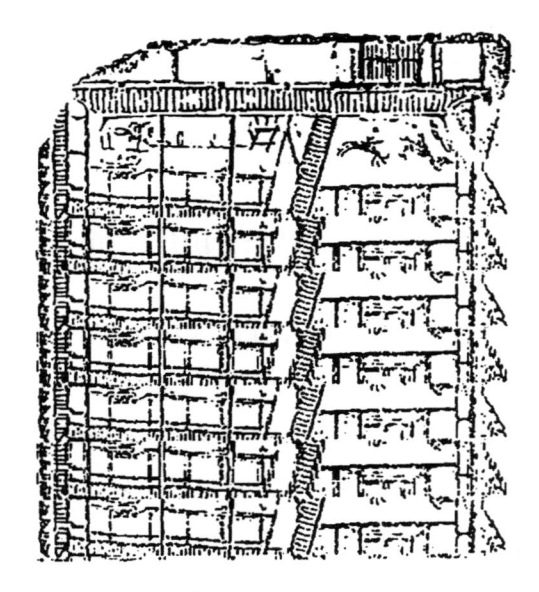

图 8　四川成都出土的汉代田庄生活画像砖

田庄内部能够"闭门成市",甚至可以"有求必给",即农林牧副渔诸业并兴,又有做工"巧不可言"的手工业,其基本生活消费,可以不必依赖田庄以外的市场。

崔寔的《四民月令》,也反映了田庄的生产形式和生活形式。田庄的经营活动,包括大田作物栽培,兼及蔬菜、果木及染料作物,种植的竹木除竹、桐、梓、松、柏外,还有漆,蚕桑作业也受到重视。药材的采集,以及酒、醋、酱、饴糖等物的酿造加工,禽畜的牧养,纺织手工业,农具和兵器的修造,贱买贵卖的周期性商业活动,培养子弟的文化教育活动等,都被列入详密的安排之中。可见,田庄就是一个相当完备的微型社会。

山东滕州宏道院出土的汉画像石,甚至有地主田庄中冶铸锻造铁器的画面。①

许多出土资料表明，这样的记述反映了历史的真实。汉墓出土的壁画、画像砖、画像石，多有表现乡村生活景色的内容。例如内蒙古和林格尔汉墓壁画，记录了墓主拥有的田庄和墓主的田庄生活。田庄图展现出山丘、森林、宅院、水井、车舍、谷场、牛栏、马厩、猪圈，农人在耕作、采桑、锄草。此外，耕耘图和放牧图也反映了田庄的生产形式和生产规模。② 山西平陆汉墓壁画描绘了丘陵、树木、田宅等，反映耕作情景的画面上，可以看到用于灌溉的水渠，又有一人蹲踞在树下，手持棍棒，注视着田间的劳动者，其身份可能是监工。③

张衡在《南都赋》中曾经以他的家乡，也是汉光武帝刘秀主要功臣集团的出身地南阳的田庄景色作为描述对象，写道"其水则开窦洒流，浸彼稻田"，水利设施的完备，可以"为溉为陆"，农田里不同品种的作物，可以"随时代熟"，园圃有多种蔬菜，山林有多种果木。④

据《后汉书·仲长统传》，这位出身山阳高平（今山东鱼台东北）的名士，也曾经著文说到田庄生活的清雅与逍遥。其中所谓"使令足以息四体之役"，"妻孥无苦身之劳"，透露出这种表面看来优雅恬静的生活，是以残酷的奴役劳动作为基本条件的。

王褒的《僮约》以主与僮的劳务合同的形式，说明了当时田庄

---

① 山东省博物馆、山东省文物考古研究所：《山东汉画像石选集》，齐鲁书社，1982。
② 内蒙古自治区博物馆文物工作队：《和林格尔汉墓壁画》，文物出版社，1978。
③ 山西省文物管理委员会：《山西平陆枣园村壁画汉墓》，《考古》1959年第9期。
④《文选》卷四。

中处于底层的劳动者的繁重负担。他必须承担农耕、渔采、伐木、制作等劳作，同时还有卫戍田庄安全的责任。

东汉中期的经济水准的提高，主要表现在中小型水利工程的建设，先进农耕工具的推广以及精耕细作的园艺技术的进步。这些历史贡献，许多都可以通过田庄经济进行总结。

田庄经济的发展，使许多地区经济显著进步，同时，又使得豪族地主可以"富过公侯"①，"富过王侯"②，"荣乐过于封君，势力侔于守令"③。这种情形的出现，毕竟对于原先传统贵族社会以贵而富的常规形成了冲击。从这一角度来考察东汉时期的豪强地主集团的生成和发展，或许可以有新的认识。

据《四民月令》记载，在豪强地主的田庄中，有"警设守备""缮五兵，习战射"的武装活动。汉墓普遍出土的陶制庄宅模型，多有碉楼高墙等防卫设施，有的还有表现田庄主的私兵以弩机居高四望，严密戍守田庄的细节。东汉墓葬出土画像多有放置兵器的架子即所谓"兰绮"，也可以说明当时豪族地主私家武装的普遍存在。

地主的田庄，往往成为内聚力相当强的社会群体，因为拥有自己的武装，在适当的条件下很容易演变成一种军事集团。地方豪强往往筑起坞壁，缮治甲兵，为在所害。④ 这种武装集团多有

---

① 《申鉴·时事》。
② 《前汉纪》卷八。
③ 《后汉书·仲长统传》。
④ 《后汉书·酷吏列传·李章传》。

危害社会的恶行。所谓"强豪奸暴不禁"①，经常表现为"人客放纵"②，"人客数犯法"③，并且这一势力常常成为与政府相对抗的力量。他们或者"各拥部曲，害于贫民"④，或者"自为营堑，不肯应发调"⑤，甚至往往有逃避国家司法检察，"财赂自营，犯法不坐，刺客死士，为之投命"⑥的情形。

北海大姓公孙丹新造居宅，卜人以为因此当有死者，公孙丹便指使其子杀害道上无辜行人，置尸体于房舍之中。北海相董宣处死公孙丹父子，其宗族亲党三十余人竟然携兵器前往北海相府骚扰。⑦ 武威大姓田绀子弟宾客为人蛮横残暴，伏法后，其少子田尚竟然纠集轻薄少年数百人，自号"将军"，夜攻郡城，最终方被政府军击破。⑧ 东汉末年，有的豪族武装甚至"阻兵守界"，拒绝郡级行政机关委派的地方官员入境。⑨

东汉末年纷起于各地的军阀势力，许多就是由拥有较强悍的宾客部曲的地方豪强势力发展起来的。⑩

---

① 《后汉书·郅寿传》。
② 《三国志·吴书·步骘传》。
③ 《三国志·魏书·王传》。
④ 《三国志·魏书·满宠传》。
⑤ 《三国志·魏书·王修传》。
⑥ 《后汉书·仲长统传》。
⑦ 《后汉书·酷吏列传·董宣》。
⑧ 《后汉书·循吏列传·任延》。
⑨ 《三国志·吴书·太史慈传》裴松之注引《江表传》。
⑩ 例如，《三国志·魏书·曹纯传》裴松之注引《英雄记》：曹纯"富于财，僮仆人客以百数"，追随曹操，"遂常从征战"。《三国志·蜀书·麋竺传》：麋竺"祖世货殖，僮客万人，赀产钜亿"，刘备转战至于当地，麋竺"奴客二千，金银货币以助军资"，刘备在军事形势十分困难的情况下，"赖此复振"。又《三国志·吴书·鲁肃传》记载，鲁肃"家富于财"，"将轻侠少年百余人"投奔周瑜。

门生故吏的政治群党关系

东汉时期，察举和辟除是两条主要的选官途径。豪强大族以雄厚的政治实力，控制了这两条途径，于是出现了以自身为中心，以众多门生故吏作为围护的政治群党关系。

豪族操纵察举，并不主要看被举者的品德和才能，而更注重扩张自己的势力。许多士人为了求官，往往依附于名门望族，充当"门生"。许多所谓"门生"其实并未真正受业，只在名义上与名门望族建立师生关系。所以，名门望族的门下，常常聚集大批自称"门生"的依附者。当时郡国守相进行察举时，甚至多往往有意尽可能选择年少有条件长期报恩的人。

东汉地方高级长官可以自行辟除下属掾吏。被辟除者一经任用，与举主之间即形成牢固的从属关系。这一关系并不因被辟除者日后地位的变化而改变。不管被辟除者以后地位如何上升，举主地位如何下降，前者永远都是后者的"故吏"。

当时，宗师与门生、举主与故吏，虽然相互之间只是一种私恩关系，在当时的背景下，却如同君臣与父子一样，形成了严格的宗法规则。门生对于宗师、故吏对于举主，有许多政治责任和社会责任。杨震的政敌攻讦杨震时，有"邓氏故吏，有恚恨之心"的话，说杨震为大官僚邓骘所辟，因"故吏"身份，在邓氏致罪后心怀不满。杨震死后，也是杨震的门生虞放、陈翼等诣阙追讼杨震冤情，使得杨震终得平反。①

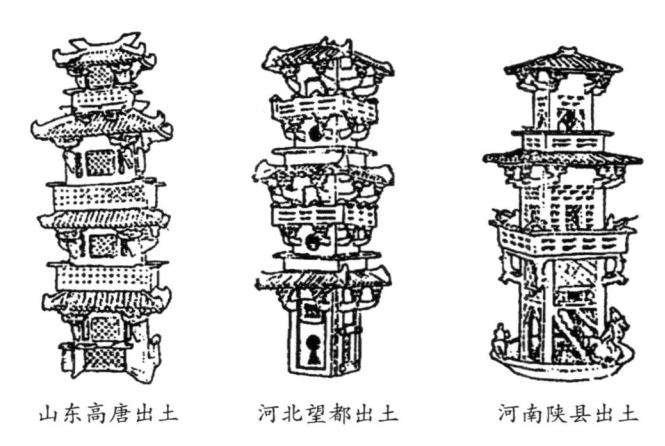

山东高唐出土　　河北望都出土　　河南陕县出土

图 9　汉墓出土的碉楼模型

著名学者和高级官僚死后，"门生挽送"②成为一种通常的礼俗。汉顺帝时，北海国相景某死去，故吏服三年孝者多达八十七人。从汉代碑文提供的资料看，宗师和举主去世时，故吏门生往往会聚众举行能够烘托出极其悲哀的气氛的礼仪集会和礼仪游行。例如：

> 凡百切伤，梓枢旋归，故吏门生，奔送相随，盈道充涂，如云如□，□旂翩翩，靡不哀惟。③
> 凡百陨涕，缙绅惟伤，门徒小子，丧兹师范，悲将焉

---

① 《后汉书·杨震传》。
② 《后汉书·邓骘传》。
③ 《外黄令高彪碑》，《隶释》卷一〇。

告，印叫穿仓。①

尽管其中可能有某种虚伪表演的成分，但是这种社会关系的异常紧密，也是显而易见的。名儒大吏去世，"海内门生故吏□□□采嘉石树灵碑"②，是常见的情形。为太尉陈球立碑的，有"故吏故民"四十人。③ 为繁阳令杨君立碑的，有"故吏故民"一百三十四人。④ 太尉杨震墓碑的背面，刻有他的孙子——沛相杨统的"门生"一百九十余人的姓名。⑤ 冀州太守王纯墓碑的背面，刻有"门人"姓名计一百九十三人。⑥ 而为司隶校尉鲁峻办理丧事的"门生"竟多达三百二十人。⑦ 太尉刘宽墓碑背面刻录的"门生"姓名，则超过三百五十人，其中各级官员九十七人，地方行政官员中，就包括县令长三十七人、郡太守四人、州刺史二人。⑧

宗师与门生、举主与故吏之间，实际上是一种庇护与依仰的关系，是一种主导与随护的关系。据"建安七子"之一徐幹当时的批评，这种风气使得政府大员无心正常的行政事务，而汲汲于网

---

① 《高阳令杨著碑》，《隶释》卷一一。
② 《卫尉衡方碑》，《隶释》卷八。
③ 《陈球碑阴》，《隶释》卷一〇。
④ 《繁阳令碑阴》，《隶释》卷九。
⑤ 《杨震碑阴》，《隶释》卷一二。
⑥ 《王纯碑阴》，《隶续》卷一二。
⑦ 《司隶校尉鲁峻碑》，《隶释》卷九。
⑧ 《刘宽碑阴门生名》，《隶续》卷一二。

罗"宾客"。①

这种关系的建立，绝不是为了国家和民众的利益，不是出于理想和道德的追求，而主要是为了谋求私利，即所谓"徒营已治私，求势逐利而已"②。

门生故吏的政治群党关系，形成了若干内聚力相当强，而且有共同的利益、共同的立场，一荣俱荣、一损俱损的集团。这些集团的存在和活动，对于东汉后期的政治史和文化史有重要的影响。

经学世族：学术群体与政治集团

东汉中期的士大夫中，出现了一些累世专攻一经的家族。他们世代相继，广收门徒，弟子往往多至数百人乃至数千人。《后汉书·儒林列传下》说，当时私学兴盛，学者所在，求学者往往不远万里之路，暂建讲读之舍，担负口粮前往就读者动辄千百。而著名的经学大师开门授徒者，名籍注册往往不下万人。陈留雍丘（今河南杞县）人楼望，诸生著录九千余人。汝南南顿（今河南项城西）人蔡玄，门徒常千人，其著录者一万六千人。

---

① 《中论》卷下《谴交》："自公卿大夫州牧郡守，王事不恤，宾客为务，冠盖填门，儒服塞道"，"星言夙驾，送往迎来，亭传常满，吏卒传问，炬火夜行，阍寺不闭，把臂捩腕，扣天矢誓，推托恩好，不较轻重，文书委于官曹，系囚积于囹圄，而不遑省也"。
② 徐幹还写道："有策名于朝而称门生于富贵之家者，比屋有之，为之师而无以教，弟子亦不受业。然其于事也，至乎怀丈夫之容而袭婢妾之态，或奉货而行赂，以自固结，求志属托，规图仕进。然掷目指掌，高谈大语，若此之类，言之犹可羞，而行之者不知耻。嗟乎，王教之败，乃至于斯乎！"（《中论》卷下《谴交》）

在当时的选举体制下，这种学术群体自然会演化成政治集团。这些家族的成员通过经学入仕，又形成了一些累世公卿的家族。

例如，世传"孟氏《易》"之学的汝南袁氏家族，自袁安之后，"累世隆盛"①，四世中居三公高位的多达五人。世传"欧阳《尚书》"之学的弘农杨氏家族，自杨震之后，四世皆为三公。这样的经学世族，一方面"显传学业"，形成了学术的垄断，一方面"俾匡时政"，把握着政治的强权，② 在学术生活和政治生活中都发挥着重要的影响。

经学世族兼而成为学术群体和政治集团的情形，反映了东汉政治文化的一个特殊现象，即儒学文化对专制政治发生影响，使之有所规范。这种影响和规范，可以积世累代，有长久的历史惯性。

当然，经学世族作为中间链环联系政治生活和学术生活，也会使文化受到腐恶的政治因素的渍染。

门阀大族的社会影响

东汉时期，一些世居高位的家族在社会生活中显示出重要的影响。其代表人物往往是既拥有辽阔土地的大地主，同时又是士大夫的领袖，门生、故吏遍于天下。

---

① 《后汉书·袁安传》。
② 《后汉书·杨震传》。

所谓门阀大族，就是表现出这种特征，在经济、政治和文化诸方面都享有特权的家族。

东汉时，选士首先要看族姓阀阅，极端重视候选者的门第家世，祖先有功业的世家巨室，一般都受到特别的看重。门阀大族的子弟，在察举、征辟中总是可以优先。这就是王符《潜夫论·交际》中所说的："贡荐则必阀阅为前。"

门阀大族，是朝中各个政治集团都不能不关注其政治态度，特别注意与之相交结的具有特殊地位的社会力量。

门阀大族在本州、本郡的势力，更表现出垄断的性质。太守莅郡，往往要辟当地的门阀大族为掾属，把他们作为执政的主要依靠力量。南阳人宗资为汝南（郡治在今河南平舆北）太守，委政于汝南大族范滂。弘农人成瑨为南阳太守，委政于南阳大族岑晊。于是当时民间曾经流传这样的歌谣："汝南太守范孟博（滂），南阳宗资主画诺；南阳太守岑公孝（晊），弘农成瑨但坐啸。"①门阀大族的代表是实际上把握权力的"太守"，而朝廷任命的太守，只是名义上的地方官。操纵了本州本郡行政权力的门阀大族，实际上主导着这些州郡政治运行的基本方向。

外戚和宦官对政治中枢的交替控制

东汉王朝专制主义政治体制的加强，使皇权进一步取得天下独尊的地位。强化皇权的措施，包括集中权力于中朝的尚书台，

---

① 范滂字孟博，岑晊字公孝。《后汉书·党锢列传》。

而号称"三公"的太尉、司徒、司空，只具有政府首辅的名义。皇帝择定亲信的三公或其他大臣主持尚书台事务，实际上等于自己直接指挥尚书台。此外，宫内西汉时期原本"亦引用士人，以参其选"的某些官职，这时则专由出身阉人的宦官充任，"不复杂调他士"，以便皇帝能够直接控制，随心指使。

然而，权力的高度集中，又往往导致在政治机制衰乱的时代，少数人可以挟主专权。

东汉中晚期，皇权所倚恃的亲重，因觊觎最高权力，都力图挟持皇帝，控制朝政。自汉和帝时代起，两个权力集团为此相互激烈争斗，使东汉王朝的政治关系愈为复杂，东汉王朝的政治统治愈为昏暗。这两个权力集团，就是外戚集团和宦官集团。

外戚集团易于接近皇帝，往往利用皇帝幼弱，掌握朝中大权。而宦官集团则利用皇帝逐渐成年，亟欲亲政的条件，取外戚的地位而代之。外戚集团和宦官集团轮番执政，相互间排斥异己，无所不用其极。

在士大夫看来，宦官与门阀势力相远，是"舞文巧态，作惠作福"的"刑余之丑"[1]，因此在外戚和宦官的争斗中，外戚集团可以较多地得到士大夫的支持。但是，也有少数士大夫与有权势的宦官保持比较亲密的关系，苟且以求利。

汉和帝即位时只有十岁，窦太后临朝，太后兄窦宪执掌朝政，"专总权威"。窦宪家族成员各居亲要之职，大批窦氏党徒，也占据了朝中和地方的主要职位。窦氏的奴客缇骑甚至杀人越

---

[1]《后汉书·宦者列传》。

货,横行京师。汉和帝有心重新控制中枢之权,然而身居深宫,"内外臣僚,莫由亲接,所与居者,唯阉竖而已",不得不依靠宦官。永元四年(92),宦官郑众受命指挥所控制的一部分禁军,以政变形式清除了窦氏兄弟的势力。郑众于是因功封侯,并参与朝事,这是宦官专理朝权和封侯成为贵族的开始。《后汉书·宦者列传》写道:"(郑众)遂享分土之封,超登公卿之位,于是中官始盛焉。"

元兴元年(105),汉和帝去世。邓皇后立出生仅百日的汉殇帝,自己以太后身份临朝称制,邓氏兄弟参与禁中决策。不久汉殇帝死去,年仅十三岁的汉安帝即位。

汉安帝登基时尚是少年,掌握实权的是邓皇后和她的兄弟邓骘等人。邓骘是汉光武帝刘秀开国时主要功臣邓禹的孙子。邓氏家族自东汉初以来,累世贵宠,凡有侯者二十九人,公二人,大将军以下十三人,中二千石级的官僚十四人,列校二十二人,州牧、郡守四十八人,其余任侍中、将、大夫、郎、谒者等官职的,不可胜数。① 邓太后除了重用外戚,还起用名士杨震等,以求取得士大夫的支持。邓太后去世之后,汉安帝与宦官李闰、江京等合谋,铲除了邓氏势力。此后,宦官李闰、江京等专权。他们"手握王爵,口含天宪"②,所执掌管理的,已经绝不单纯是服务于皇族的食宿游乐诸事了。当时,皇后阎氏的兄弟阎显等人也身居要职,形成了宦官集团和外戚阎氏共同专权的局面。

---

① 《后汉书·邓骘传》。
② 《后汉书·宦者列传》。

延光四年（125），宦官孙程等十九人杀掉阎显，拥立十一岁的济阴王刘保为帝，是为汉顺帝。汉顺帝当朝时，孙程等十九人皆得封侯，时称"十九侯"。孙程被封为浮阳侯，食邑万户，又任为骑都尉。宦官的权势于是大为增长。他们不但能够充任朝官，甚至还可以养子袭爵。

后来，汉顺帝也扶植外戚势力，相继拜皇后的父亲梁商和皇后的兄长梁冀为大将军。

汉顺帝死后，梁太后和梁冀先后选立两岁的汉冲帝、八岁的汉质帝、十五岁的汉桓帝。梁冀为大将军平尚书事，把握朝权近二十年，一贯恣意横暴，多行非法之事。汉质帝初立，不满梁冀骄横，称之为"此跋扈将军也"，竟然被梁冀派人毒杀。当时四方调发，岁时贡献，都先将等次最优良的送到梁冀宅中。官员重金贿赂以求升迁的，往来不绝。梁冀还派遣宾客出塞，交通外国，广求异物。他还大兴土木，营造第舍，又广开园囿，采土筑山，多拓林苑，禁同王家，据说其庄园范围殆近千里。他曾经规划起造数十里兔苑，有人误杀一兔，竟然有十余人因此被处死。梁冀还占夺良人以为奴婢，多至数千人，名之为"自卖人"。梁冀地位之高，曾经得以"入朝不趋，剑履上殿"，礼仪等级等同萧何；又增封至于四县，实利一如邓禹；而所受赏赐金钱、奴婢、彩帛、车马、衣服、甲第等，又仿佛霍光。一时专擅威柄，凶恣日积，朝廷重要决策，都要由梁冀最后决定。宫中近卫侍从，都是梁冀亲自指派，因而皇帝一举一动，都在梁冀视野之内。当时百官迁召，都要到梁冀门下谢恩，接受他的各种要求，然后再到尚书机关报到。官员不能顺从的，往往被梁冀杀害。梁冀当权多年，一门之中，有七人封侯，三人为皇后，六人为贵人，二人任大将军，女子食邑称君者七人，与公主结婚者三人，其余任卿、将、尹、校者五十七人。

延熹二年(159)，梁皇后去世，汉桓帝与宦官单超等五人于是合谋诛梁冀，发皇宫近卫千余人围梁冀府，梁冀自杀。梁氏家族的势力被一举肃清。随后所牵连的公卿列校刺史二千石等高级官员死者数十人，梁冀故吏宾客被罢免者多至三百余人，据说一时"朝廷为空"。因为事发仓促，朝中上下官吏多不知所措，政局混乱，以致"公卿失其度，官府市里鼎沸，数日乃定"，然而"百姓莫不称庆"。梁冀被抄没的财货价值三十余万万，充入官府后，竟然使当年"减天下税租之半"①。

梁冀被诛灭后，宦官独揽朝权，单超等五人同时封侯，当时世称"五侯"。单超拜车骑将军。单超死后，其余四侯横行天下，大起宅第楼观，穷极伎巧，又多取良人美女，珍饰华侈，生活消费完全仿拟宫中制度。其兄弟姻戚宰州临郡，残害百姓，与盗贼没有区别。宦官集团的暴戾，激化了社会矛盾。"五侯"的宗族宾客以残虐的行政风格为害遍天下，以致"民不堪命"，不得不起来反抗。②

东汉外戚集团和宦官集团的最后一次激烈的争斗发生于公元189年。汉灵帝死后，何太后临朝，太后兄大将军何进密谋诛宦官，计划泄露，反为所害。司隶校尉袁绍收捕宦官，无论老少统

---

① 《后汉书·梁冀传》。
② 《后汉书·宦者列传·单超》。

统处死，计二千余人。宦官张让等数十人劫持少帝至黄河之滨，追兵赶到，张让等投河而死。

太学清议

在外戚集团和宦官集团的争斗中，太学教育却得到发展。东汉中晚期，太学生多至三万人。在民生多艰、朝政昏乱的形势下，太学生议政成为风气。

太学生中虽然相当一部分人出身于官僚富户阶层，和官僚士大夫有比较密切的关系①，但是他们少年英锐，思想较为新进，言行较为勇敢，又以尚未跻身于官场的身份，和民间有较多的接触，对于弊政的危害，也有较为直接的感受。汉安帝以来风起云涌的农民暴动，使他们受到深刻的思想震动，认识到东汉王朝已经面临崩溃的严重危机。他们所接受的儒学教育，其中民本思想的积极因素也对他们的观念倾向发生了一定的影响。

东汉后期，官僚士大夫中形成了以品评人物为基本形式的政治批评的风气，当时称为"清议"。太学成为清议的中心。太学生们试图通过清议影响现实政治，反对导致黑暗政治的宦官外戚特

---

① 虽然东汉王朝将太学作为后备官僚的人才储备库，但是就学太学的诸生，后来"避世教授，专志不仕"的大有人在。如任安"少游太学"，"学终，还家教授"；孙期"少为诸生"，"家贫，事母至孝，牧豕于大泽中"，"远人从其学者，皆执经垄畔以追之"；杨伦"少为诸生"，"讲授大泽中，弟子至千余人"（《后汉书·儒林列传上》）；包咸"少为诸生，受业长安"，后"归乡里"，太守欲召入授其子，咸曰："礼有来学，而无往教"，太守"遂遣子师之"；程曾"受业长安"，"还家讲授"（《后汉书·儒林列传下》）。

别是当权的宦官，挽救陷于严重政治危机的东汉王朝。

在宦官外戚的统治下，州郡牧守在察举征辟时往往逢迎当朝权贵的私意，望风行事，而不附权贵的刚正士人则受到排斥。汉顺帝初年，河南尹田歆应当察举六名孝廉，而"多得贵戚书命，不宜相违"，当权的豪门贵族交相请托，当事者无法违命，而又有心按照自己的意愿荐举一位"名士"以报国家，于是所举权贵的私人竟然占据了五个名额。① 推想在通常情况下，真正的"名士"入选的可能性微乎其微。

汉桓帝以后，察举体制更为腐败，察举多不当其才德，于是当时民间流传这样的说法："举秀才，不知书；察孝廉，父别居；寒素清白浊如泥，高第良将怯如鸡。"士大夫阶层中，也多有趋炎附势、逐利忘义者。这些人丑恶的政治表现，助长了黑暗政治的威势。于是太学清议在攻击腐败朝政的同时，注重赞美敢于对抗权贵罪恶的士人。

名臣朱穆起先为梁冀所辟用。梁冀骄暴不悛，朝野多有怨愤之声，朱穆曾经以故吏的身份切谏，期望他避免衅积招祸。汉桓帝永兴元年（153），朱穆任冀州刺史，举劾权贵，惩处贪污的郡县长官，打击横行州郡的宦官势力。宦官赵忠丧父，归葬安平（郡治在今河北冀州），曾经僭用天子葬具，朱穆下令案验，于是发墓剖棺，陈尸出之，将其家属法办。后来朱穆因此被治罪，罚往左校服劳役。太学生刘陶等数千人诣阙上书，申明朱穆出以忧国之心，志在肃清奸恶的立场，指责宦官不仅在中朝以非法手段

---

① 《后汉书·种暠传》。

把持国家权力，而且父兄子弟分布地方，如虎狼一般残害小民，赞扬朱穆亢然不顾个人危难，"张理天网"的勇气，表示愿意代替朱穆服刑劳作。汉桓帝于是不得不赦免朱穆。①

汉桓帝延熹五年（162），一向"恶绝宦官，不与交通"的议郎皇甫规在论功当封时拒绝贿赂当权宦官，受到诬陷，也被以严刑治罪，太学生张凤等三百余人随同若干高级官僚一起诣阙陈诉，使皇甫规得到赦免。②

太学清议，是中国古代社会舆论影响政治生活的较早的史例。当时太学生的议政运动，使黑暗的政治势力被迫有所收敛。所谓"豪俊之夫，屈于鄙生之议"③，"自公卿以下，莫不畏其贬议"④的情形，表现出一定的历史进步意义。

当时郡国学的诸生，也与太学清议相呼应，形成了更广泛的舆论力量。

太学生以其活动的正义性受到黑暗势力的敌视。汉灵帝熹平元年（172），因朱雀阙出现匿名书，指斥宦官专权，公卿无敢忠言者，主持清查的段颎四出逐捕，收系太学生竟多至千余人。

党锢之祸

东汉中晚期，士大夫中正直激进的分子采取半公开乃至完全

---

① 《后汉书·朱穆传》。
② 《后汉书·皇甫规传》。
③ 《后汉书·儒林列传下》。
④ 《后汉书·党锢列传》。

公开的形式和当权的宦官集团抗争，曾经结成了相对坚定的群体。这些同道同志者，当时被称为"党人"。政府迫害"党人"而发起的政治运动，当时被称作"党事"。当权的黑暗政治势力对"党人"的迫害，有禁止其出任官职并限制其活动的形式，时称"党锢"（又写作"党固"），也称作"党禁"。

东汉中晚期，时政的昏暗，使得一些有胆识的士人奋起批判当朝权贵，揭露社会矛盾，发表不同政见。如《后汉书·党锢列传》所记述，在汉桓帝、汉灵帝在位前后，主上荒暗，政治昏乱，国家权力委于宦官，士人羞于与其为伍，于是出现"匹夫抗愤，处士横议"的情形，又激扬名声，互相题拂，品核公卿大臣，裁量执政贵族，刚直不阿的品格，由此得以风行于世。

士大夫清议之风兴起，李膺、陈蕃、王畅特别受到崇重。三万余太学生的领袖郭泰、贾彪等与他们关系紧密，太学中流传这样的赞语："天下楷模李元礼（膺），不畏强御陈仲举（蕃），天下俊秀王叔茂（畅）。"其中李膺的声名最高，士人得与之交游者，名为"登龙门"。

李膺任主持京师附近中枢地区行政的最高长官司隶校尉。当权宦官张让的弟弟张朔为野王（今河南沁阳）令，贪残无道，甚至杀害孕妇，听说李膺执法威严，畏罪逃还京师。李膺追捕张朔，依法处死。一时宦官集团不得不小心谨慎，甚至休沐日也不敢迈出宫门。

延熹九年（166），术士张成预言不久当有赦令颁布，于是指使其子杀人。李膺依法处死张成。张成生前以方伎之术与宦官集团关系密切，其弟子牢脩于是上书诬告李膺等指使太学游士，交结诸郡生徒，相互结为朋党，攻击朝廷，扰乱风俗。在宦官势力的作用下，汉桓帝震怒，下令郡国大捕"党人"，于是李膺等人被逮捕，并且又牵连陈寔等二百余人。有逃遁未捕获的，都悬赏购募，一时传令追捕逃亡者的使者频繁四出各地，道路上车马相望。

第二年，李膺等人被释放，允许归还田里，然而宣布禁锢终身。"党人"的姓名，也都一一记录在官府。

"党人"的光荣

党锢之祸发生后，海内士大夫阶层益发群情激昂，他们将鄙视宦官专政并敢于反抗的正直的天下名士，加上"三君""八俊""八顾""八及""八厨"等荣誉称号，广为传扬，形成了更为强劲的反抗当权宦官集团的舆论力量。度辽将军皇甫规没有列入"党人"名单，甚至自以为耻，上书请求以附党之罪连坐。① 可见"党人"在当时社会的特殊的舆论形象。《后汉书·党锢列传·李膺》写道："（李）膺免归乡里，居阳城山中，天下士大夫皆高尚其道，而污秽朝廷。"士人舆论皆敬仰"党人"的崇高风格，鄙视朝廷的丑恶作为。

汉灵帝建宁元年（168），名士陈蕃为太傅，与大将军窦武共同执政。他们起用李膺和其他被禁锢的名士，密谋诛杀作恶的宦

---

① 《后汉书·皇甫规传》："及党事大起，天下名贤多见染逮，（皇甫）规虽为名将，素誉不高。自以西州豪杰，耻不得豫，乃先自上言：'臣前荐故大司农张奂，是附党也。又臣背论输左校时，太学生张凤等上书讼臣，是为党人所附也。臣宜坐之。'"

官。宦官集团却抢先动作,双方对阵,宦官利用以往对禁军的控制,迅速瓦解了窦武率领的军队。这次政治变乱的结果,陈蕃、窦武都被杀害,宗亲宾客姻属也都被收捕诛杀,其门生故吏均免官禁锢。

侍御史景毅的儿子景顾为李膺门徒,因"党人"名单遗漏,所以没有直接受到迫害。景毅慨然说道:正是因为李膺贤良,才令儿子以他为师的,怎么能够因为名籍偶然漏脱而求苟安呢!于是主动上表免归,时人皆称颂其义。① 被列为"八顾"之一的议郎巴肃起初与陈蕃、窦武合谋诛杀宦官,事败后,宦官集团并不知他参与始谋,只是坐党禁锢,察觉后方下令收捕。巴肃从容不迫,自己乘车前往县府投案。县令面见巴肃,解下印绶准备和他一起逃亡。巴肃镇定地说,作为人臣,有政见不敢隐瞒,有罪过不会逃避。既然不隐瞒政治见解,又怎么能逃避刑罚呢!于是被害。②

被列为"八及"之首的张俭,曾经打击过宦官势力,久为宦官集团嫉恨。建宁二年(169),宦官上书,说张俭与同乡二十四人别相署号,共为部党,图谋危害社稷,而张俭是其首脑。于是诏令收捕张俭。张俭流亡于各地,沿途所投靠的民家,无不看重其名行,不惜冒着破家的危险予以收留,不惜牺牲自己予以掩护。"其所经历,伏重诛者以十数,宗亲并皆殄灭,郡县为之残破。"③

---

① 《后汉书·党锢列传·李膺》:"时侍御史蜀郡景毅子顾为(李)膺门徒,而未有录牒,故不及于谴。毅乃慨然曰:'本谓膺贤,遣子师之,岂可以漏夺名籍,苟安而已!'遂自表免归,时人义之。"
② 《后汉书·党锢列传·巴肃》。
③ 《后汉书·党锢列传·张俭》。

朝廷大规模逮捕党人时,李膺正在故乡隐居,乡人得知消息,劝他暂时逃避。李膺回答道:"事不辞难,罪不逃刑,臣之节也。吾年已六十,死生有命,去将安之?"他拒绝出逃,自赴诏狱,终于死于狱中,其妻子徙边,门生故吏及其父兄都被禁锢。①

范滂在大诛党人之际,姓名列于诏书。督邮吴导至县传舍,抱诏书,伏床而泣。范滂知道后说,一定是为我的缘故。于是自诣狱。县令郭揖大惊,自解印绶,说:天下如此之大,子何为在此?愿意和他一同逃亡。范滂说,我死则此祸可以了结,怎么能牵累你,又让老母颠沛流亡呢?范滂的母亲在与儿子告别时说:你现在得以与李膺、杜密齐名,死亦何恨!路边人看到这一情景,没有不流泪的。范滂被处死时,年三十三岁。②

这次残酷的政治迫害过后,"党人"横死狱中的达百余人,被牵连而死、徙、废、禁的又有六七百人。汉灵帝又诏令州郡大举钩党,天下豪杰名士陷党籍者甚多。熹平五年(176),州郡受命禁锢"党人"的门生故吏和父子兄弟。直到黄巾起义爆发后,"党人"才被赦免。

以记录和总结东汉历史而著名的史学家范晔曾经为党锢之祸发表感叹:李膺在个人面临危难的政治形势中,宣传正义的主张,影响民间的风习,赞颂"素行"以鄙弃"威权",崇美"廉尚"以撼动"贵势",从而使天下之士奋迅感慨,形成向黑暗政治抗争的潮流,深牢监禁,家族破败,都不能动摇其志向,甚至于"子

---

① 《后汉书·党锢列传·李膺》。
② 《后汉书·党锢列传·范滂》。

伏其死而母欢其义",这是何等的壮勇啊!① 党锢之祸,严格说来,是统治阶层内部的斗争。但是,东汉"党人"的正义感、无私情操、斗争意志和坚定气节,却代表着一种进步的时代精神。东汉"党人"的气质与品格,体现着曾经被鲁迅称为"中国的脊梁"②的人们所代表的民族精神的主流,后来成为一种文化传统,得到历代有血性有骨气的士人的继承。

在东汉末年农民大起义的历史浪潮中,被赦免的"党人"一旦恢复政治生命,就立即和当权的宦官相互联合,一同来镇压起义的农民了。这是由阶级关系的历史大势所决定的。

北匈奴败退

东汉建国之初,汉光武帝刘秀专心于统一大业,没有特别关注"沙塞之外"的边事,对于匈奴支持内地分裂势力的行为,取宽让的态度。通使往来,单于虽"骄踞""悖慢",仍以平和之心待之如初。匈奴势力转盛,对汉地的劫掠日益猖獗。东汉王朝将今内蒙古南部、山西及河北北部、辽宁西部边地的居民迁居于常山关(在今河北涞源南)、居庸关(在今北京延庆南)以东,匈奴左部于是转居塞内。此后"入寇尤深",建武二十年(44),曾经入侵上

---

① 所谓"子伏其死而母欢其义",说的是范滂诣狱,与其母诀别,其母以壮语相鼓励的故事。
② 鲁迅《中国人失掉自信心了吗》:"我们从古以来,就有埋头苦干的人,有拼命硬干的人,有为民请命的人,有舍身求法的人……虽是等于为帝王将相作家谱的所谓'正史',也往往掩不住他们的光辉,这就是中国的脊梁。"

党(郡治在今山西长子西)、扶风(郡治在今陕西兴平东南)、天水(郡治在今甘肃通渭西北)。次年,又至于上谷(郡治在今河北怀来南)、中山(首府在今河北定州)。"杀略钞掠甚众,北边无复宁岁。"①匈奴重新成为东汉政权的严重威胁。

不久,匈奴地方连年遭受旱蝗之灾,草木尽枯,赤地数千里,人畜饥疫,死耗大半。匈奴贵族集团内部又发生争夺统治权的内讧,此外,又有东方乌桓势力的逼迫,建武二十四年(48),匈奴日逐王比被南边八部拥立为南单于,并袭用其祖父呼韩邪单于的称号,率部众到五原塞,请求内附,为东汉王朝所接受。从此匈奴分为南北两庭。

南匈奴逐渐转为定居生活,从事农耕经济,并且逐渐向东向南迁移。北匈奴依然经常侵扰北边郡县,掳掠汉人和南匈奴人,并且以武力控制了西域地区。东汉王朝为了保障河西地区的安全,并且恢复和西域地区的交通,发动了对北匈奴的战争。

汉明帝永平十六年(73),汉军四路出击,祭肜、吴棠出高阙塞(在今内蒙古杭锦后旗东北),窦固、耿忠出酒泉塞(在今甘肃酒泉),耿秉、秦彭出张掖居延塞(在今内蒙古额济纳旗东南),来苗、文穆出平城塞(在今山西大同东北)。窦固、耿忠所部追击北匈奴到天山及蒲类海(今新疆巴里坤湖),占据伊吾(今新疆哈密西),设置了屯田基地。

汉和帝永元元年(89),窦宪、耿秉率军出击北匈奴,北匈奴降者二十余万人。汉军出塞三千余里,直至燕然山(今蒙古杭爱

---

① 《后汉书·南匈奴列传》。

山），刻石纪功而还。

次年，汉军再次占领了伊吾。永元三年(91)，汉军出居延塞，围击北匈奴单于于金微山(今阿尔泰山)。北匈奴战败，单于逃亡不知所踪。

自此之后，匈奴东面的鲜卑族逐步西进，占据了匈奴故地。

西边的"羌乱"

汉代西部边地称"西边"①。这一方向因羌人活跃造成的行政危机，史称"羌乱"②。

《后汉书·西羌传》记述了羌人先祖爰剑在秦厉公时曾经为秦人奴隶，后来逃亡的传说。羌人称奴隶为"无弋"，所以爰剑又称为"无弋爰剑"。当时羌人聚居的河湟地区少有五谷而多禽兽，羌人于是以射猎为生。无弋爰剑将在秦地得到的农耕知识传授给当地羌人，因而更受敬重，不断有羌人氏族部落前来归附。通过有关无弋爰剑的传说，可以知道西方羌人是在公元前5世纪前后接受了中原农耕文化的影响，将经济形式由以射猎为主转变为以田畜为主的。

到了两汉时代，无弋爰剑的子孙计有一百五十部。此外，还有属于别部的先零羌、当煎羌、牢姐羌等羌人部落。这些部落和部落联盟大多分布在今青海和甘肃西部地区。另有发羌、唐旄等

---

① 《汉书·百官公卿表上》颜师古注引《汉官仪》："牧师诸苑三十六所，分置北边、西边，分养马三十万头。"
② 《后汉书·班勇传》。《续汉书·五行志四》："西羌乱夏，连十余年。"

部,分布在西藏地区。羌人在西北方面也有广泛的分布。如新疆天山以南有羌,以西又有葱茈羌、白马羌、黄牛羌等。1953年,新疆沙雅于什格提遗址发现了一枚"汉归义羌长印",印铜质,以卧羊为纽。这件文物,正可以证明当时南疆羌族的存在。

羌人在西北地区的活动,对于当地经济的早期开发有重要的贡献。

东汉著名学者马融的作品中,有《长笛赋》传世,其中写道:"有庶士丘仲,言其所由出,而不知其弘妙。其辞曰:近世双笛从羌起,羌人伐竹未及已。龙鸣水中不见己,截竹吹之声相似。"可见,当时曾经流行笛的发明权属于羌人的说法。《太平御览》卷五八〇引《风俗通》也说:"笛,汉武帝时工人丘仲所造也,本出羌中。"古来羌笛的凄婉哀怨之声,曾经形成过深沉悠远的文化影响。可见,汉代中原主流文化的形成和发展,也受惠于来自羌文化的积极的因素。

西汉初年,匈奴强大,羌人曾经臣属于匈奴。记录汉代历史的文献于是有"羌胡"的称谓。汉景帝时,无弋爰剑玄孙研曾经率领所属的留何部归附汉王朝,被内迁安置在今甘肃南部。汉武帝时,取"隔绝羌胡"[①]的战略,设置河西四郡,汉王朝军事势力又进据河湟地区,一部分羌人被迫西迁,离开湟中(今青海西宁附近地区),前往西海(今青海海晏西北)、盐池(今青海刚察东南)左右。金城郡(郡治在今甘肃永靖西北)置破羌县(今青海民和西北)、临羌县(今青海湟源东南),又筑护羌城(在今青海湟源西

[①]《盐铁论·西域》。

南),都是监视和镇压羌人的政策的表现。汉印有"临羌长印",是可以说明当时历史的文物。一些汉朝地方行政长官和军事将领对羌人实行野蛮奴役和残酷屠杀的政策,迫使羌人奋起反抗。汉宣帝时,名将赵充国率军平定羌地,以空前规模的战争行动使羌人受到严重损失。汉元帝时,又对起义的陇西羌乡姐部等羌人的七个种姓用兵。右将军冯奉世率军艰难苦战,最终击败羌人,使羌人诸部死亡几近三分之一,余部不得不流落塞外。

王莽执政之后,为了渲染四海升平的假象,威胁利诱羌部族首领献西海之地。置西海郡(郡治在今青海海晏),所辖五县,其中有一县竟然被命名为"监羌"。两年后,羌人反攻西海,驱逐西海太守程永出境,试图夺回故土,然而被王莽派遣护羌校尉窦况镇压。王莽政权覆亡之后,羌人又重新收复了这一地区。

东汉时期,羌人不堪专制政府的压迫,不断进行反抗斗争。于是羌人起义成为东汉政治史中极其引人注目的现象。

东汉时期规模比较大的羌人起义计有五次。第一次,建初二年(77)到永元十三年(101),河湟地区以烧当羌为首,联合封养、烧何、当煎、当闐、卑湳等部,并与湟中的月氏胡、张掖的卢水胡联合起义。第二次,汉安帝永初元年(107)至元初五年(119),金城、陇西、汉阳三郡戍羌在开往西域途中,至河西的酒泉郡(郡治在今甘肃酒泉)爆发起义,与屯聚在陇西的先零羌和钟羌联合,展开了以北地、安定、陇西三郡为中心的起义,并在北地郡建立滇零政权。东汉王朝为镇压起义调用兵力二十多万,耗费军资二百四十余亿。第三次,从汉顺帝永和四年(139)到永嘉元年(145),金城、陇西两郡的且冻、傅难诸部与安定、北地两郡的罕羌、烧何诸部在凉州各郡以及关中西部展开反对汉朝将佐官吏贪污暴政的斗争。第四次，汉桓帝延熹二年(159)到建宁二年(169)，陇西的烧当等八种羌、安定的先零羌、上郡的沈氐羌先后在各郡展开反暴政斗争，东羌的兵力曾经攻入三辅的扶风、京兆一带。起义历时十一年，东汉王朝耗费军资四十四亿。第五次，中平元年(184)到建安十九年(214)，金城、陇西、汉阳三郡爆发了以金城的"义从羌"和陇西的先零羌为主，后又加入湟中的"义从胡"和一部分汉人的起义。起义先头部队曾经抵达三辅的西部。① 与羌人作战所耗用的军费，成为东汉王朝主要的经济负担之一。

四川中江塔梁子崖墓壁画榜题"鸿芦拥十万众平羌"，提示可能尚有正史并未记录的"平羌"战事。有学者指出，"羌民起义给东汉王朝以沉重打击"②。关于羌乱动摇东汉王朝统治的情形，《潜夫论·劝将》说："前羌始反时，将帅以定令之群，借富厚之蓄，据列城而气利势，权十万之众，将勇杰之士，以诛草创新叛散乱之弱虏，击自至之小寇，不能擒灭，辄为所败，令遂云烝起，合从连横，扫涤并、凉，内犯司隶，东寇赵、魏，西钞蜀、汉，五州残破，六郡削迹。"又《救边》："往者羌虏背叛，始自凉、并，延及司隶，东祸赵、魏，西钞蜀、汉，五州残破，六郡削迹，周回千里，野无孑遗，寇钞祸害，昼夜不止，百姓灭没，日月焦尽。"其中两次说到的"西钞蜀、汉"，正与我们所讨论事件的

---

① 马长寿：《氐与羌》，上海人民出版社，1984，第120—145页。
② 冉光荣、李绍明、周锡银：《羌族史》，四川民族出版社，1985，第83页。

背景有关。而所谓"权十万之众",有学者指出,"下篇云'诸郡皆据列城而拥大众',或疑'权'为'拥'之误"①。若作"拥十万之众",则与塔梁子崖墓壁画榜题"拥十万众"文辞十分接近。

王莽时代"平羌男家丞""新西国安千制外羌佰右小长"和东汉时的"征羌国丞"等官印,作为文物资料,都可以说明当时中央政府与羌人部族的关系是相当紧张的。

羌人起义被镇压之后,许多羌人部族被迫内徙。移居三辅(今陕西关中)、汉阳(郡治在今甘肃天水西北)、安定(郡治在今甘肃镇原东南)、北地(郡治在今宁夏吴忠)、上郡(郡治在今陕西榆林南)、西河(郡治在今山西离石)等地的羌人,史称"东羌"。而依旧定居于河湟一带的羌人,史称"西羌"。"东羌"与汉人杂居,较多地受到中原先进文化的积极的影响。

还应当看到,即使在汉人和羌人民族矛盾十分复杂尖锐的时代,一些羌人部族仍然和汉王朝保持着比较密切的关系。汉印所见"汉归义羌长""汉破虏羌长""汉归义羌佰长"等,都可以说明这一情形。

乌桓与鲜卑

乌桓与东胡有渊源关系,其部族为匈奴所灭,余部退保乌桓山,因以"乌桓"为号。民俗善骑射,以弋猎禽兽为事,随水草放牧,居无常处。

---

① 彭铎校正:《潜夫论笺校正》,中华书局,1985,第251页。

乌桓在匈奴强盛之时，以孤弱之势，"常臣伏匈奴，岁输牛马羊皮"。汉破匈奴，徙乌桓于上谷、渔阳、右北平（郡治在今内蒙古宁城西南）、辽西（郡治在今辽宁义县西）、辽东（郡治在今辽宁辽阳）五郡塞外，为汉侦察匈奴动静。汉设护乌桓校尉，管理监视其部族。

东汉初，乌桓与匈奴往往联结侵犯边境，朝发穹庐，暮至城郭，代郡（郡治在今山西阳高）以东受害最为严重，至于郡县损坏，百姓流亡。

建武二十二年（46），匈奴内乱，乌桓出兵击破匈奴。匈奴北徙数千里，漠南出现军事权力真空。汉光武帝刘秀以钱币、缯帛笼络乌桓。建武二十五年（49），辽西乌桓大人郝旦等九百二十二名乌桓部族首领诣阙朝贡，东汉王朝封其渠帅（首领）八十一人为侯王君长，皆安排其居于塞内，分布在缘边诸郡。东汉又重新在上谷宁城（今河北万全）设置护乌桓校尉，兼领鲜卑，并管理与乌桓、鲜卑互市事务。

在东北方向，汉明帝、汉章帝、汉和帝三世，大体保境无事。汉安帝、汉顺帝时代，乌桓多次以武力犯边，并与东汉军队接战，胜负无常。汉灵帝初，上谷（郡治在今河北怀来东南）、辽西（郡治在今辽宁义县西）、辽东（郡治在今辽宁辽阳）、右北平（郡治在今河北丰润东）乌桓诸部族领袖皆称王。中平四年（187），前中山（郡治在今河北定州）太守张纯叛入乌桓众中，自号弥天安定王，为诸郡乌桓元帅，寇掠青、徐、幽、冀四州。次年，幽州牧刘虞购募斩首张纯，北方边地大略安定。

汉献帝初平年间，乌桓王蹋顿以勇力武略统一各部族，形成号令一致的部族联盟。建安年间,蹋顿曾经击破将军公孙瓒,从袁绍处得到"单于"印绶。中原战乱,幽州、冀州吏民投奔蹋顿的多至十余万户。

鲜卑也是东胡的一支,曾经以鲜卑山为基地,因以为号。其言语习俗大体与乌桓相同。东汉初年,鲜卑人常与匈奴、乌桓合兵寇抄北边,杀略吏民。汉光武帝末年,许多鲜卑大人相继内属,东汉王朝封其为王侯。青州、徐州每年给钱二亿七千万成为常制。汉明帝、汉章帝两朝,北方边境得以安定。

东汉击破匈奴,北单于逃走后,鲜卑转徙据有其地。匈奴残留十余万落,也自号鲜卑,与鲜卑人逐渐融合,鲜卑于是逐渐兴盛。此后,鲜卑屡次攻掠东汉北边郡县。五十年间,或降或叛,始终成为北边的威胁。

汉桓帝时,鲜卑大人檀石槐"勇健有智略","兵马甚盛",东西部大人都倾心归附。檀石槐立庭于弹汗山歠仇水上(今河北尚义南大青山东洋河畔),南抄汉地边境,北拒丁零,东却夫余,西击乌孙,尽据匈奴故地,东西一万四千余里,南北七千余里间,山川水泽盐池草场,一切都在鲜卑贵族管辖之下。檀石槐连续寇扰北边。延熹九年(166),一次即分骑数万人同时攻入缘边九郡,杀掠官吏百姓。东汉王朝无法抵御,于是遣使持印绶封檀石槐为王,欲与和亲,为檀石槐拒绝。

檀石槐将其所控制的地域分为三部,从右北平以东至辽东为东部,从右北平以西至上谷为中部,从上谷以西至敦煌、乌孙为西部,各部分置大人主管,皆隶属于檀石槐。鲜卑"兵利马疾,过于匈奴",其领袖又"才力劲健,意智益生",汉人逃亡出塞者又往往为鲜卑武装内侵的策划向导,于是鲜卑势力和乌桓势力共同成为北边安全的严重威胁。《后汉书·乌桓鲜卑列传》说:"石槐骁猛,尽有单于之地,蹋顿凶桀,公据辽西之土。其陵跨中国,结患生人者,靡世而宁焉。"正说明了当时的形势。

汉灵帝光和四年(181),檀石槐死,继任者才力不及其父,"断法不平,众畔者半"①,鲜卑部族分裂,实力逐渐衰落。

南方"蛮越"文化

《后汉书·南蛮传》写道:"吴起相悼王,南并蛮越,遂有洞庭、苍梧。"以"蛮越"作为南方少数民族文化的代号。

"长沙、武陵蛮"或"五溪蛮",是东汉时期长期受到关注的民族力量。他们的原始居地在长沙、武陵两郡,即今湖南湘江、资江和沅江流域及洞庭湖沿岸地区。

汉光武帝建武年间,武陵五溪蛮据其险隘与中央政权对抗,出兵进攻郡县,并击败前往进剿的武威将军刘尚军。建武二十五年(49),伏波将军马援以六十二岁高龄率军至长沙、武陵地区,历尽艰辛方才将其击破。马援最终也病逝于征途中。

此后,蛮人反抗东汉王朝的武装斗争延绵不绝,此起彼伏。汉章帝时代、汉和帝时代、汉安帝时代、汉顺帝时代、汉桓帝时代乃至汉灵帝时代,都曾经发生较大规模的蛮人"以郡县徭税失平,怀怨恨","攻城杀长吏"的武装反抗。政府除了"以恩信招

---

① 《后汉书·鲜卑传》。

诱"以外，多采取残厉的手段施行武装镇压。

值得注意的是，"州郡募善蛮讨平之"，也是东汉王朝多次实行的策略。

例如，汉章帝建初元年（76），武陵澧中蛮陈从等起兵反抗，"零阳蛮五里精夫为郡击破（陈）从"。建初三年（78），溇中蛮覃儿健等起兵反抗，政府"募充中五里蛮精夫不叛者四千人击澧中贼"。精夫，是部族领袖。汉安帝元初二年（115），澧中蛮联合充中诸种二千余人起兵反抗，"州郡募五里蛮六亭兵追击破之"。① 政府多次利用所谓"善蛮"讨平蛮人起义，是值得重视的历史文化现象。

东汉时期，有汉光武帝建武十二年（36）"九真徼外蛮里张游率种人慕化内附"的记载。《后汉书·南蛮传》还写道：征侧、征贰起义，"九真、日南、合浦蛮里皆应之，凡略六十五城"。这里所说的"里"，又写作"俚"。三国时吴人万震作《南州异物志》也写道，"俚"分布于广州之南，苍梧（郡治在今广西梧州）、郁林（郡治在今广西桂平）、合浦（郡治在今广西合浦东北）、宁浦（郡治在今广西横州）、高良（郡治在今广东阳江）五郡皆有之，地方数千里。其活动地域，大致包括今广西大部地区和广东部分地区。

《后汉书·马援传》说，马援南征，"于交趾得骆越铜鼓"。铜鼓是青铜铸作的一种打击乐器，主要分布在中国的广西、广东、云南、贵州、四川、湖南诸省区，以及越南、老挝、柬埔寨、缅

---

① 《后汉书·南蛮传》。

甸、马来西亚、印度尼西亚等东南亚国家。中国是铜鼓分布最为密集、出土数量也最多的国家。"骆越铜鼓"见于著录，反映南方少数民族的这种古乐器曾经发出极其悠远的历史回声。

南方被称作"蛮夷"的少数民族服饰的风格，也给当时的中原人以深刻的印象。《后汉书·南蛮传》说，槃瓠"其毛五采"，其子孙用木皮织绩，用草籽印染，好五色衣服，又说其民俗"衣裳斑兰"。据唐代李贤的注释，这些文字已经见于东汉学者应劭的《风俗通义》一书。也就是说，自称槃瓠后代的南方少数民族"衣裳斑兰"的风俗，东汉时已经为中原人所熟知。

西汉时期，曾经有越人北徙①。史籍中也可以看到长安有越

---

① 汉武帝建元三年（前138），闽越进攻东瓯，东瓯粮绝，向汉帝告急。西汉政府发军浮海救援。汉军未到，闽越军退走。东瓯王担心闽越再次进犯，请求举族内迁，得到汉武帝准许，于是举众共四万余人迁移到江淮之间。据《史记·汉兴以来将相名臣年表》记载，内徙的东瓯人聚居在庐江郡，即今安徽庐江、安庆一带。后来，因闽越数次发起区域战争，往往与中央政府对抗，又山林阻隔，难以控制，汉武帝于是诏令内徙至江淮之间。《史记·东越列传》记载，"天子曰东越狭多阻，闽越悍，数反复，诏军吏皆将其民徙处江淮间。东越地遂虚"。《史记·河渠书》中还记载，汉武帝时，曾经调动士卒数万人"作渠田"，开发河边滩地，引汾河水灌溉皮氏、汾阴地，引黄河水灌溉汾阴、蒲坂地，使今山西河津、永济地区农业得以发展。不过，因河道移动，渠田收成多受影响，于是将渠田交予"越人"，直接将租税上缴少府部门。将渠田交予越人经营，据说是因为"其田既薄，越人徙居者习水利，故与之"（司马贞《史记索隐》）。可见，当时越人北徙，还有定居于西汉王朝的中心地区三河地区。据说南越国派使节进长安时，往往"多从人，行至长安，虏卖以为僮仆"（《史记·南越列传》），在这种情形下来到中原地区的越人，数量虽然不会很多，然而对于中原和百越之地文化交流的意义，也是值得注意的。

巫的活动①。建章宫的规划和建设,就是根据越巫的建议②。西汉学者刘向在《说苑·善说》中记述的一则政治寓言,保留了一首《越人歌》。这是我们看到的最早的越民族语言文学作品。从译成楚语的文字看,其意境和文采都是值得称道的。③

《文选》卷二张衡《西京赋》又有"东海黄公,赤刀粤祝,冀厌白虎,卒不能救,挟邪作蛊,于是不售"语,李善注引《西京杂记》说,"东海人黄公,少时为幻,能制蛇御虎,常佩赤金刀。及衰老,饮酒过度,有白虎见于东海厌之,术既不行,遂为虎所杀"。按照薛综的解释,"东海有能赤刀禹步,以越人祝法厌虎者,号'黄公'"。所谓"赤刀粤祝",一时成为主要的巫术表演形式,也说明当时民间"越巫"的活跃。

汉印中的"黄神越印",或许可以看作"越巫"之术社会影响的

---

① 《史记·封禅书》说,汉灭两越后,越人勇之上言道,"越人俗鬼,而其祠皆见鬼,数有效。昔东瓯王敬鬼,寿百六十岁。后世怠慢,故衰耗"。汉武帝于是"令越巫立越祝祠,安台无坛,亦祠天神、上帝、百鬼,而以鸡卜"。汉王朝的神祀系统中,正式确定了来自越地的巫者的地位。据《汉书·地理志上》,甘泉宫所在的左冯翊云阳,是西汉皇家祠祀重地,其中神祠设置,包括"越巫"所主持的"越人祠"。
② 汉武帝太初元年(前104),长安柏梁台发生火灾,越巫勇之又以越人习俗建议建设更宏丽的宫殿区,以取厌胜火灾之用。于是有建章宫的规划:"勇之乃曰:'越俗有火灾,复起屋必以大,用胜伏之。'于是作建章宫,度为千门万户。前殿度高未央。其东则凤阙,高二十余丈。""其北治大池,渐台高二十余丈。""其南有玉堂、璧门、大鸟之属。乃立神明台、井干楼,度五十丈,辇道相属焉。"《史记·封禅书》张衡《西京赋》于是写道:"柏梁既灾,越巫陈方,建章是经,用厌火祥,营宇之制,事兼未央。"
③ 《越人歌》原文为:"滥兮抃草滥予,昌枑泽予,昌州州,饨州焉乎,秦胥胥,缦予乎,昭澶秦踰,渗惿随河湖。"译为楚语,则为:"今夕何夕兮,搴舟中流。今日何日兮,得与王子同舟。蒙羞被好兮,不訾诟耻。心几烦而不绝兮,得知王子。山有木兮木有枝,心说君兮君不知。"《说苑·善说》。

物证。

班超定远

匈奴势力西移后，以武力加强了对西域地区的控制。王莽时代西域五十五国，北道诸国受匈奴控制。莎车王康曾经屏护受到匈奴攻击的汉王朝西域都护吏士及其眷属千余人，在塔里木盆地西端与邻近诸国军队一同抗击匈奴的侵犯。

建武五年(29)，莎车王康致书河西，询问中原形势。河西大将军窦融承制立康为"汉莎车建功怀德王西域大都尉"。建武十四年(38)，莎车王贤与鄯善王安遣使请汉王朝派都护到西域，汉光武帝刘秀无力用兵西北，不得不拒绝。此后匈奴因旱蝗之灾，国力衰竭，莎车(今新疆莎车)骄横一时，攻掠西域诸小国。于是建武二十一年(45)有车师前部(今新疆吐鲁番西北)、鄯善(今新疆若羌)、焉耆(今新疆焉耆)等十八国遣王子入侍，再次请求汉王朝派遣都护。汉光武帝以中国初定，北边未服，没有满足这一愿望。因都护不出，莎车王贤致鄯善王安书，令其断绝汉通西域的道路，鄯善王安拒绝，杀其使节。莎车发兵攻鄯善，又兼并龟兹(今新疆库车)。鄯善王上书，再请都护，宣称如果都护不出，将臣服于匈奴。汉光武帝刘秀答复道："今使者大兵未得出，如诸国力不从心，东西南北自在也。"在推卸保护西域诸国的责任的同时，也放弃了收服西域诸国的权利。于是鄯善、车师(今新疆吐鲁番附近)、龟兹等国均归属匈奴。后来攻灭莎车的于阗(今新疆和田南），也为匈奴所控制。①

汉明帝永平十六年（73），窦固、耿忠进占伊吾。次年，东汉以陈睦任西域都护。窦固占领伊吾后，派假司马班超率吏士三十六人出使西域南道诸国，争取他们与东汉军队合力抗击匈奴。

班超先到鄯善，当时也有匈奴使者来，鄯善王首鼠两端，态度暧昧。班超以"不入虎穴，不得虎子"，"死无所名，非壮士也"的豪言壮语激励随行者，夜烧匈奴使者营幕，杀匈奴使者，鄯善于是"一国震怖"。班超控制鄯善后，又西行于阗，迫使于阗王攻杀匈奴使者，归降东汉。永平十七年（74），班超又前往西域西部的疏勒（今新疆喀什），废亲匈奴的龟兹王所立疏勒王，另立亲汉的疏勒贵族为王。

永平十八年（75），汉明帝去世，焉耆以中国大丧，攻没西域都护陈睦，班超孤立无援。汉章帝建初元年（76），东汉撤销西域都护，召班超归国。疏勒、于阗等国担心匈奴卷土重来，苦留班超。班超于是决意留驻西域。班超镇压了疏勒国中亲匈奴的势力，又请得东汉王朝援兵，迫使倾向匈奴的莎车向汉军投降，又击败了龟兹援救莎车的军队。西域南道于是畅通。

汉和帝永元二年（90），月氏发兵七万逾葱岭进攻班超。班超坚壁清野，沉着应战。月氏抄掠无所得，联络龟兹以求救，又遭到班超伏兵截击，于是被迫撤军。

永元三年（91），龟兹、姑墨（今新疆温宿）、温宿（今新疆乌什）都归降东汉王朝。东汉朝廷以班超为西域都护，驻守龟兹。

---

① 《后汉书·西域传》。

永元六年(94),班超发龟兹、鄯善等八国兵七万余众征讨焉耆。焉耆王降。西域五十余国于是悉皆纳质内属。东汉王朝封班超为定远侯,奖励他安定西域的非凡功绩。

永元九年(97),班超派甘英出使大秦,即罗马帝国的东部地区。甘英抵达条支海滨(今波斯湾),临大海欲渡,为安息西界船人以海行艰难,"数有死亡者"所阻拦。

班超在西域三十一年,永元十四年(102)回到洛阳,同年九月病逝,时年七十一岁。班超在西域的军事外交实践,使这一地区和中原的联系空前密切,为东西文化的交往创造了必要的条件。

《后汉书》的《陈禅传》和《西南夷列传·哀牢》中,记载了"幻人"经西南夷地区转入中原的史实。永宁元年(120)由西南夷掸国王进献的这些据说"能变化吐火,自支解,易牛马头"的魔术艺术家,自称来自"海西",海西也就是大秦,有的学者认为就是埃及的亚历山大城。其实,大秦往中原的通路,据《三国志·魏书·乌丸鲜卑东夷传》裴松之注引《魏略·西戎传》,应当有三条:西域陆路;交阯海路;海陆兼行的益州、永昌路。这三条通路共同发挥服务于文化交流的作用,是在东汉中期。

汉桓帝延熹九年(166),大秦王安敦,即罗马皇帝马可·奥勒留(161—180年在位)派使者来到洛阳,实现了中国和罗马帝国的第一次正式的直接接触。

十二　经济格局的变动与政治地理重心的换移

东汉时期的一个重大的历史变化，就是江南地区得到空前规模的开发。而全国经济重心的东移，也将促使政治和文化的地理布局发生重要的演变，当然，这种演变往往稍显滞后。

山西和山东：盛与衰的转换

自秦始皇兼并六国，一时"六合之内，皇帝之土"①，随着大一统政体的形成，全国各个地区也逐渐归并入作为秦王朝统治基础的宏大的经济共同体之中。然而，当时经济区域开发的程度依然是有限的。自秦至于西汉，中央政权以为主要依靠的先进农耕区大致仍限于长城以南、长江以北，而尤以黄河中下游地区备受倚重。这一情形在东汉时期又有所变化。

---

① 《史记·秦始皇本纪》。

司马迁在《史记·货殖列传》中综述各地物产时，曾经将全国地域大略划分为"山西""山东""江南""龙门、碣石北"四个基本经济区。一般以为，"山西"是指崤山或华山以西的地区，与所谓"关中"所指代的地域相近①。也有一种意见，认为这里所说的"山"是指太行山。②而按照《史记·货殖列传》中所谓"山东食海盐，山西食盐卤"的说法，山东、山西以太行山分划的说法似乎也可以成立。总之，所谓"山西"大致是指以关中为主体的当时的西部地区。巴蜀地区与关中交通已久，又有秦人曾以关中模式进行开发的历史背景，因而一般也可以划归同一经济区。

经过战国兼并战争、秦末战争、楚汉战争，山东地区遭受严重破坏，而关中地区则相对比较安定。于是司马迁《史记·货殖列传》曾经说，关中之地，相当于天下三分之一，人口数不过百分之三十，然而估量其富足，则相当于全国的百分之六十。《史记·高祖本纪》也有"秦富十倍天下"的说法。张良附议娄敬建都关中的主张，对于这一地区的经济实力，也有"金城千里，天府之国"的评价。③

关中之富足，不仅由于农业的先进，矿产及林业、渔业资源之丰盛也是重要原因。交通贸易条件之优越，也促成了经济的

---

① 《史记·太史公自序》："萧何填抚山西。"张守节《正义》："谓华山之西也。"
② 顾炎武《日知录》卷三一有"河东山西"条，其中写道："古之所谓山西，即今关中。《史记·太史公自序》：'萧何填抚山西。'《方言》：'自山而东，五国之郊。'郭璞解曰：'六国惟秦在山西。'王伯厚《地理通释》曰：'秦、汉之间，称山北、山南、山东、山西者，皆指太行，以其在天下之中，故指此山以表地势。《正义》以为华山之西，非也。"
③ 《史记·留侯世家》。

发达。

经两汉之际社会大动乱的破坏，关中经济一度残破，百姓饥饿相食，死者数十万，长安一时成为废墟，据说甚至"城中无人行"①。然而经数十年恢复，在东汉时期依然具有举足轻重的经济地位。不过，值得注意的是，东汉中晚期涉及"山西"地区经济地位的评价时，多有强调其畜牧业成就的意见。如《后汉书·邓禹传》说，上郡（郡治在今陕西榆林南）、北地（郡治在今宁夏吴忠西南）、安定（郡治在今甘肃镇原东南）三郡，土广人稀，"饶谷多畜"。汉顺帝永建四年（129），尚书仆射虞诩上疏赞美"雍州"形势，除了"沃野千里，谷稼殷积"等文句之外，又说道："水草丰美，土宜产牧，牛马衔尾，群羊塞道。"②

"山东"经济区大致包括秦统一前六国故地，西自"三河"地区，东至齐鲁之郊，包括农耕文化起源最早、积累最为丰厚的黄河中下游地区，以及华北平原北部及江汉平原、淮河两岸。作为开发最早的农业区，其中多有以精耕细作创造先进物质文化而体现先王遗风之地，又有重视通过多种经营以繁荣经济者。例如燕地有鱼盐枣栗之饶，齐地出产质地精美的丝织品，"号为冠带衣履天下"，鲁地也颇有桑麻之业。③

"山西"与"山东"虽然都是经济较为先进的地区，然而其经济文化的传统与形式又有所不同。所谓"山东出相，山西出将"的说

---

① 《汉书·王莽传下》。
② 《后汉书·西羌传》。
③ 《汉书·地理志下》。

法①所表明的"山东"与"山西"人才素养的显著差异,当然也可以从两个地区经济文化基本形式的区别中探寻原因。

秦据有关中形胜,击灭六国后,实际上仍以关中作为统治全国的基点。汉并天下,依然定都关中。西汉王朝组织关东贵族、富豪和高级官僚移居关中,以进一步强化关中经济优势的同时,又大规模用兵西边、北边,并就地实行屯田,使整个西部地区的经济实力得以显著充实。当时的关中地区,在天下经济的全局之中居于主导地位。

据史书记载,西汉初年,转运山东粟米以供给京师消费,每年不过数十万石。后来长安各级官署消费人口愈益增多,河渭漕运粮食四百万石,再加上政府有关部门适当收购的部分,才可以大体满足需要。汉武帝时代推行均输制度,山东漕粮年运输量曾经达到六百万石②。可见,关中之富足,其实又得益于区域经济政策的倾斜。据《史记·平准书》中的记述,仅汉武帝时代,关中以东地区即为全国政治安定与经济平衡付出甚多。用兵两越,"江淮之间萧然烦费矣"。出军朝鲜,"则燕齐之间靡然发动"。通西南夷道,财力不足,募豪民入粟县官,"东至沧海之郡,人徒之费拟于南夷"。又如经营西北,动员十万余人筑卫朔方,转漕甚为辽远,"自山东咸被其劳"。

尽管西汉王朝一贯推行所谓"强干弱支""强本弱末",即剥夺关东以充实关中,令"山东"地区承负国家主要耗用的经济政

---

① 《汉书·赵充国辛庆忌传》。
② 《史记·平准书》。

策,"山东"经济仍然得到稳步的发展。

通过《汉书·地理志下》所载汉平帝元始二年(2)郡国户口数字,可知当时三河地区户口已经远远超过三辅地区(表3):

表3 　　　　　　元始二年三辅、三河户口比较

	户	口
三辅地区	647180	2436360
三河地区	754586	3770288
三河与三辅比率(%)	116.6	154.8

据《续汉书·郡国志一》所载汉顺帝永和五年(140)郡国户口数字,可以看到不过一百三十八年间,两个地区的户口比率又有惊人的变化(表4):

表4 　　　　　　永和五年三辅、三河户口比较

	户	口
三辅地区	107741	523860
三河地区	461799	2383188
三河与三辅比率(%)	428.6	454.9

虽然户口的绝对数字都有所减少,但是两个地区户口比率却有显著的变化。这一变化可以反映东汉时期关中经济日衰,"山东"经济日盛,全国经济重心明显东移的历史事实。

东汉王朝的统治者从全局出发,毅然定都洛阳,无疑是在认真考察全国经济形势之后做出的清醒的决定。

将《汉书·地理志》人口数字与《续汉书·郡国志一》人口数字进行比较，可以看到自西汉平帝至东汉顺帝间，在总人口数字下降的情况下，某些郡国人口数字是有所增长的（表5）。

表5 《汉书·地理志》与《续汉书·郡国志一》关东三郡国人口数字比较

郡国	《汉书·地理志》人口数	《续汉书·郡国志一》人口数	绝对增长率（%）
南阳郡	1942051	2439618	25.6
西汉淮阳国 东汉陈国	981423	1547572	57.7
梁国	106752	431283	304.0

由此可以看到东汉时期关东有些地区经济发展较为迅速的历史事实。

实际上，自西汉中期起，"山东"许多地方的经济已经表现出显著的进步。除三河地区仍居于先进地位之外，颍川、汝南、南阳地区及梁、楚地区，即今黄河、淮河之间的中部地区经济发展尤为引人注目。

以汝南为例，许多历史记载说明，地方官员对水利事业的重视，使得这一地区农耕经济的进步具备了便利的条件。建武年间，邓晨任汝南太守时，大力兴修水利，当地逐渐殷富，其"鱼稻之饶"甚至对邻近地区也产生了积极的影响。① 汉明帝永平年间，鲍昱拜汝南太守，曾经组织维修陂池工程，"水常饶足，溉

---

① 《后汉书·邓晨传》。

田倍多，人以殷富"①。汉和帝永元年间，时任汝南太守的何敞修理旧有水利工程，百姓仰赖其利，开垦的田亩增加了三万余顷。②当然，汝南经济的发展应当还有其他因素，并不宜简单理解为地方行政长官的政绩。汝南走向"殷富"的变化，其实代表了黄淮地区经济史演进的大趋势。

司马迁曾经以"龙门、碣石"一线，划出当时农业经济区与牧业经济区的分界。龙门、碣石以北地区，主要出产"马、牛、羊、旃裘、筋角"等，其经济形式显然以畜牧业为主。司马迁曾经数次亲历这一地区，有亲身实地生活的经历③，他对于当地经济特征的总结，应当是真实可信的。《史记·货殖列传》中还写道：天水（郡治在今甘肃通渭西）、陇西（郡治在今甘肃临洮）、北地（郡治在今甘肃庆阳西北）、上郡（郡治在今陕西榆林南），与关中同俗，但是西有羌中之利，北有戎翟之畜，"畜牧为天下饶"，也强调了关中西北的四郡当时以畜牧业的优势闻名天下。

这一地区一部分是畜牧区，一部分是半农半牧区，以畜产作为关中农耕经济的重要后备和补充，其经济作用不可忽视。这一地区的畜牧业当时是受到社会重视的产业，因而司马迁说，"陆地牧马二百蹄，牛蹄角千，千足羊"，均被看作显示出"富给之资"的物业。而拥有"马蹄躈千、牛千足、羊彘千双"以及"狐貂裘千皮，羔羊裘千石，旃席千具"者，其经济实力"亦比千乘之家"。

---

① 《后汉书·鲍昱传》。
② 《后汉书·何敞传》。
③ 司马迁自述经历，说到"生龙门"（《史记·太史公自序》），又曾"北过涿鹿"（《史记·五帝本纪》），"适北边，自直道归"（《史记·蒙恬列传》）。

《汉书·地理志下》又写道，自武威（郡治在今甘肃武威）以西，地广民稀，地理生态条件宜于发展畜牧业，因此"凉州之畜为天下饶"。汉武帝策划所谓"马邑之谋"时，匈奴入塞，"徒见畜牧于野，不见一人"①，或说"见畜布野而无人牧者"②，则说明塞内也有广袤的以畜牧业为主体经济形式的地区。塞外"随畜牧而转移"，"逐水草迁徙，毋城郭常处耕田之业"的匈奴等游牧部族，则大体经营单一的畜牧业。

西汉政府为组织对匈奴的战争，曾经大力发展马政，史称"天子为伐胡，盛养马"③。而官营畜牧业的主要基地均处于龙门、碣石以北地区。《续汉书·百官志二》记载，太仆属下有牧师菀，"主养马，分在河西六郡界中"。可见，汉代中央政府在龙门、碣石以北地区组织规模较大的畜牧业生产，有相当长的历史。④

"龙门、碣石北"经济区由于丝绸之路的开通和机动性极强的游牧部族的作用，其经济文化其实往往表现出较强的活力。

西汉王朝连年组织大规模的军队屯戍、移民实边，都为中原先进农耕技术向北传播提供了条件。而东汉时期草原游牧部族南下入塞内附，又曾在这一地区导致畜牧经济对农耕经济的冲击。

秦及西汉时期，北边新经济区的建设受到特殊重视，农耕经济区与畜牧经济区的分界曾经向北推移。秦始皇时代已开始向北

---

① 《史记·韩长孺列传》。
② 《史记·匈奴列传》。
③ 《史记·平准书》。
④ 《后汉书·和帝纪》记述，永元五年（93），"诏有司省减内外厩及凉州诸苑马"。

边移民。西汉仍多次组织移民充实北边。通过甘肃武威磨咀子四十八号汉墓出土的西汉木牛犁模型,可以看到牛耕已在北边地区得到推广。① 辽阳三道壕西汉村落遗址出土的巨型犁铧,据推测可能是用数牛牵引的开沟犁②,可以体现当时北边地区对于水利灌溉事业的重视。《史记·匈奴列传》记载,自西汉军队取得决定性胜利之后,匈奴远遁,大漠以南无王庭。汉人北渡黄河,自朔方(郡治在今内蒙古乌拉特前旗南)以西至令居(今甘肃永登西),"往往通渠置田,官吏卒五六万人,稍蚕食,地接匈奴以北"。以水利建设为基础的农耕经济,逐渐蚕食畜牧区地域,使农业区与牧业区之分界逐渐向北推移。居延汉简所见"田卒""治渠卒"诸称谓,可能就是北边以军事化形式行农耕经济开发的文字遗存。

《后汉书·南匈奴列传》记载:东汉以来,汉光武帝刘秀以主要力量用于平定内地,未能顾及沙塞之外,于是"徙幽、并之民,增边屯之卒",只做消极防守。天下大定之后,猛夫勇将,多跃跃欲试,争言卫青、霍去病事迹,然而刘秀未曾准许对匈奴用兵。后来匈奴内部相互争权,有部族前来投靠,汉帝"和而纳焉",将其安置在水草肥美之地。无论是东汉王朝保守政策所助长的匈奴骄踞益横,频繁南侵,还是因匈奴部族内乱自争所导致的匈奴奉藩称臣,殷勤内附,都使得北边"肥美之地"可能重新成为牧场。

所谓"徙幽、并之民",即建武十三年(37)匈奴进扰河东(郡

---

① 甘肃省博物馆:《武威磨咀子三座汉墓发掘简报》,《文物》1972 年第 12 期。
② 黄展岳:《近年出土的战国两汉铁器》,《考古学报》1957 年第 3 期。

治在今山西夏县西北),州郡不能禁,于是逐步徙幽、并两州边人于常山关、居庸关以东,匈奴左部也转居于塞内。此后匈奴"入寇尤深",北边没有一年能够安宁。后来南单于内附,于是复诏单于徙居西河美稷(今内蒙古准格尔旗西北)。此后,北地(郡治在今甘肃庆阳西北)、朔方(郡治在今内蒙古磴口北)、五原(郡治在今内蒙古包头西)、云中(郡治在今内蒙古呼和浩特西南)、定襄(郡治在今内蒙古和林格尔西北)、雁门(郡治在今山西左云)、代郡(郡治在今河北蔚县东北)等北边诸郡几乎均有匈奴屯居。后来北匈奴亦"款五原塞降",至云中、五原、朔方、北地诸郡内降者,遂分处于北边诸郡,此外,又有"窜逃入塞者络绎不绝"。东汉王朝将西河的郡治内徙至离石(今山西离石),上郡的郡治内徙至夏阳(今陕西韩城南),朔方的郡治内徙至五原(今内蒙古包头西)。

原有农业经济遭受严重破坏,农耕区与畜牧区的分界又进一步南移。东西羌势力会合之后,又破坏了陇西(郡治在今甘肃临洮)、北地(郡治在今宁夏青铜峡南)、武威等地的农耕生活秩序。东汉王朝于是又将安定的郡治徙至扶风(今陕西兴平)[1],北地的郡治徙至冯翊(今陕西高陵)。

北边少数民族南下的压力,导致农耕区和畜牧区分界的南移,这一历史变化,也是促成关东和关西经济地位变化的因素之一。

---

[1] 安定的郡治原在今甘肃镇原东南。

从卑湿之贫国到富足之乐土

"江南"地区曾经是经济文化水平相对落后的地区。

司马迁在《史记·货殖列传》中进行各地区的经济比较，曾经有"江南卑湿，丈夫早夭"语。西汉时期，江南农业还停留于粗耕阶段，生产手段较为落后，虽矿产、林产资源丰饶，然而尚有待于开发。

《史记·平准书》记汉武帝元鼎二年（前115）事，山东遭受黄河水害，连续数年歉收，出现"人或相食"情形的重灾区，广阔至于"方一二千里"。汉武帝于是颁布诏书，宣布："江南火耕水耨"，允许饥民可以流徙就食于江淮间，希望在当地定居的，可以批准。可见，就当时作为社会主体经济形式的农业而言，"江南"尚处于相当落后的发展阶段。

司马迁在评价"江南""多贫"，"地广人希，饭稻羹鱼"的经济水平时，也说到"或火耕而水耨"。所谓"火耕水耨"，是指烧去杂草灌水种稻的简单的耕作方式。司马迁又分析说，江南地区的自然资源条件有优越之处，野生植物和水产，可以方便地采获，有"地势饶食"之称，因而没有饥馑的忧患。然而在"无冻饿之人"的另一面，也没有相对富足的"千金之家"。

《汉书·王莽传下》记载，天凤年间，费兴任荆州牧，在分析当地经济形势时说，荆州、扬州民众大多依山林水泽定居，"以渔采为业"。颜师古解释说："渔"，是说捕鱼；"采"，是说采集蔬果之类。可见直到西汉末年，长江中下游许多地区，渔猎采集在经济生活中仍然占有相当大的比重。其经济形式与中原先进农耕区相比,存在相当大的差距。

《后汉书·循吏列传·卫飒传》记载东汉光武帝建武年间,卫飒任桂阳太守时指导当地经济文化进步的事迹,说他"理恤民事,居官如家,其所施政,莫不合于物宜"。卫飒的继任者茨充仍执行其"合于物宜",促进经济发展的政策,传统"风土"特色也随之改变。据记载,茨充指导民众种植桑柘麻一类经济树种和经济作物,劝令养蚕织屦,民众因此得到利益。李贤注引《东观记》也说,建武年间,桂阳太守茨充教人种桑麻,人得其利。至今江南颇知桑蚕织屦,都是北方先进生产经验传入的结果。

江南水利事业也得到发展。《太平御览》卷六六引《会稽记》,说到汉顺帝时代会稽地区的水利建设:汉顺帝永和五年(140),会稽太守马臻创治"镜湖",在会稽、山阴两县界筑塘蓄水,根据水旱状况随时调节水量,所以不再有凶年。堤塘周回三百一十里,溉田九千余顷。这是规模相当大的水利工程,而规模较小的水利设施在江南分布之普遍,可以由汉墓普遍出土的水田陂池模型得到反映。

汉安帝永初初年,水旱灾异连年,郡国多被饥困。据《后汉书·樊准传》,樊准上疏言救灾事,建议灾民"尤困乏者,徙置荆、扬孰郡,既省转运之费,且令百姓各安其所",得到批准。所谓"荆、扬孰郡",当包括二州所领辖的江南地区。《后汉书·安帝纪》又记述,永初元年(107)九月,"调扬州五郡租米,赡给东郡、济阴、陈留、梁国、下邳、山阳",则是江南租米北调江北的明确记载。又《安帝纪》记载永初七年(113)救灾运输事:

"九月，调零陵、桂阳、丹阳、豫章、会稽租米"，赈给江汉、江淮地区饥民。江南地区零陵（郡治在今湖南零陵）、桂阳（郡治在今湖南郴州）、丹阳（郡治在今安徽宣城）、豫章（郡治在今江西南昌）、会稽（郡治在今浙江绍兴）租米丰饶，足以赈救江北饥民的事实，可以得到确认。

可见，江南地区农耕业的发展水平和经济实力，与江北许多地区相比，已经逐渐居于优势地位。

《三国志·吴书·鲁肃传》裴松之注引《吴书》说，东汉末年，雄杰并起，中州扰乱，鲁肃对他的从属说："中国失纲，寇贼横暴"，淮水、泗水之间已经难以生存，我听说江东"沃野万里，民富兵强"，可以避战乱之害，你们愿意与我相随，"俱至乐土，以观时变"吗？其从属皆从命。看来，秦及西汉时期的所谓"卑湿贫国"[1]，到东汉末年前后，由于地理条件和人文条件的变化，已经演进成为"沃野万里，民富兵强"的"乐土"了。

显然，自两汉之际以来，江南经济确实得到速度明显优胜于北方的发展。正如有的学者所指出的："从这时起，经济重心开始南移，江南经济区的重要性亦即从这时开始以日益加快的步伐迅速增长起来，而关中和华北平原两个古老的经济区则在相反地日益走向衰退和没落。这是中国历史上一个影响深远的巨大变化，尽管表面上看起来并不怎样显著。"[2]

---

[1] 《史记·五宗世家》。
[2] 傅筑夫：《中国封建社会经济史》第2卷，人民出版社，1982，第25页。

由北而南的移民热潮

秦汉时期江南地区经济文化实现显著进步的原因,是由复杂的多方面的条件共同形成的。其中气候环境的变迁,也是研究者不应忽视的重要因素之一。由不同途径以不同方式获取的不同资料,大体可以共同印证江南地区的气候环境于两汉之际由湿暖转而干冷的结论。

秦代及西汉时期,北方人往往以为江南地区最不利于生存和发展的因素是气候的"暑湿"。

《史记》的《袁盎晁错列传》《南越列传》《淮南衡山列传》等都说到"南方卑湿"。《货殖列传》则写作"江南卑湿"。《屈原贾生列传》记载,汉文帝以贾谊为长沙王太傅,贾谊听说长沙卑湿,自以为寿命不得长久,于是为赋以吊屈原。又《五宗世家》写道:长沙王因为其生母地位低下,无宠,所以"王卑湿贫国"。《汉书·严助传》记载,汉武帝遣两将军将兵征伐闽越,淮南王刘安上书谏止,以为当地"暑湿"的恶劣气候,将会导致部队大量减员:"夏月暑时,欧泄霍乱之病相随属也。"即使尚未直接交战,死伤者也一定不在少数。刘安又回顾前时击南海王的情形以为教训,说当时天暑多雨,水军远征,尚未与敌军遭遇,病死者已经过半,于是亲老涕泣,孤子啼号,破家散业,迎尸千里之外,裹骸骨而归。悲哀之气数年不息,长老至今深念不忘。刘安强调中国之人不能适应当地水土,于是描绘出一幅大军南征的黯淡前景:"南方暑湿,近夏瘅热。"加上暴露水居,蝮蛇毒虫侵扰,而疾疫多发作,兵未血刃而因病死将减员十分之二三,如此,即使完全占有并且奴役敌国,也依然得不偿失。

对于江南之"暑湿"深怀疑惧之心,避之唯恐不远的史例,还有汉元帝时封地原在江南"下湿"之地的刘仁请求"内徙"的故事。①

东汉前期,还有其他类似的史例。例如《后汉书·马援列传》记载,马防"徙封丹阳",后来以"江南下湿",上书请求归还本郡,得到汉和帝准许。而伏波将军马援率军击武陵蛮时,也曾经"会暑甚,士卒多疫死","军士多温湿疾病,死者太半"。②

东汉中期以后,则少见类似的记载,大约气候条件的演变,使得北人对南土的体验已经与先前有所不同。

两汉之际的南向移民

两汉之际及东汉末年,两次出现由中原往江南的大规模的移民浪潮。

以《汉书·地理志》与《续汉书·郡国志》中所提供的有关两汉户口数字的资料相比照,可以看到丹阳、吴郡(郡治在今江苏苏州)、会稽(郡治在今浙江绍兴)、豫章(郡治在今江西南昌)、江夏(郡治在今湖北新洲西)、南郡(郡治在今湖北江陵)、长沙

---

① 《后汉书·宗室四王三侯列传·城阳恭王祉》记载:刘仁先祖以长沙定王封于零道之舂陵乡,为舂陵侯,刘仁则以"舂陵地势下湿,山林毒气",上书请求减邑内徙。于是徙封南阳之白水乡。

② 《后汉书·宋均传》。

（郡治在今湖南长沙）、桂阳（郡治在今湖南郴州）、零陵（郡治在今湖南零陵）、武陵（郡治在今湖南常德）等郡国户口增长的幅度。（表6）

表6　　　　　　　　丹阳等九郡国两汉户口比较

元始二年			永和五年			增长率(%)	
郡国	户	口	郡国	户	口	户	口
丹扬郡	107541	405171	丹阳郡	136518	630545	26.9	55.6
会稽郡	223038	1032604	吴郡	164164	700782	28.8	14.5
			会稽郡	123090	481196		
豫章郡	67462	351965	豫章郡	406496	1668906	502.6	374.2
江夏郡	56844	219218	江夏郡	58634	265464	2.8	21.1
南郡	125579	718540	南郡	162570	747604	29.5	4.0
长沙国	43470	235825	长沙郡	255854	1059372	488.6	349.2
桂阳郡	28119	156488	桂阳郡	135029	501403	380.2	220.4
零陵郡	21092	139378	零陵郡	212284	1001578	906.5	618.6
武陵郡	34177	185758	武陵郡	46672	250913	36.6	35.1
合计	707322	3444947		1701111	7307763	140.5	112.1

江夏郡与南郡辖地分跨大江南北，户口增长率亦最低。丹阳郡与会稽郡由于开发较早，因此户口增长幅度也并不显著。汉顺帝永和元年（136）全国户口数与汉平帝元始二年（2）相比呈减少的趋势，分别为负百分之二十点七与负百分之十七点五。与此对照，江南地区户口增长的趋势，成为引人注目的历史现象，而豫章、长沙、桂阳及零陵等郡国的增长率尤为突出。户数增长一般

均超过口数增长,暗示移民是主要增长因素之一。

两汉之际,中原兵争激烈,据说流民数量之多,甚至可能达到原有户口数不能存留百分之一的程度①,民人流移的主要方向之一,即往往"避乱江南"②。东汉时期,"连年水旱灾异,郡国多被饥困","饥荒之余,人庶流进,家户且尽",其中也往往有渡江而南者。永初初年曾经实行所谓"尤困乏者,徙置荆、扬孰郡,既省转运之费,且令百姓各安其所"③的政策,可以说明民间自发流移的大致方向。通过所谓"令百姓各安其所",可知流民向往的安身之地,本来正是"荆、扬孰郡"。

东汉晚期北方民众"流入荆州""避乱扬州"

东汉末年剧烈的社会动乱再一次激起以江南为方向的流民运动。

《三国志·吴书·张昭传》说:汉末天下大乱,徐州地方士民往往南流,多避难于扬州地方。《三国志·魏书华歆传》注引华峤《谱叙》也说:"是时四方贤士大夫避地江南者甚众。"《三国志·魏书·卫传》也记载:"关中膏腴之地,顷遭荒乱,人民流入荆州者十万余家。"《三国志·吴书·全琮传》也有"是时中州士人避乱而南"的历史记录。

---

① 《三国志·魏书·董卓传》注引《续汉书》:"民人流亡,百无一在。"
② 《后汉书·循吏列传·任延》。
③ 《后汉书·樊准传》。

史称士民南流,"流入荆州""避乱扬州"①者,似乎直接原因是畏避兵燹之灾。然而仅仅以此并不能真正说明这一历史现象的深层缘由。战国时期列强之间的长期战争,秦统一天下的战争,秦末反抗秦王朝的战争,刘邦、项羽争夺天下的战争,其规模和烈度之惊人,都曾经对中原社会造成了巨大的破坏,然而当时却未曾出现大规模南渡避乱的情形。

《三国志·魏书·蒋济传》记载,建安十四年(209),曹操准备以强制手段迁徙淮南百姓,消息传出,一时江、淮之间的十余万民众,皆惊恐流亡,投靠吴国。《三国志·吴书·吴主传》记述建安十八年(213)事,又写道,曹操担心江滨郡县为孙权所略,征令内移,百姓相互转告,惊惶不安,自庐江(郡治在今安徽六安东北)、九江(郡治在今安徽寿县)、蕲春(郡治在今湖北蕲春西南)、广陵(郡治在今江苏淮安)有民户十余万渡江而东,江西地区于是空虚,合肥(今安徽合肥西)以南唯有皖城(今安徽潜山)。江淮间民众不得不迁徙时,宁江南而毋淮北,体现出对较优越的生存环境的自发的选择。其考虑的基点,可能并不仅仅在于战乱与安定的比较。

大致在东汉晚期,江南已经扭转以较原始的耕作技术从事农业生产的落后局面,成为"垦辟倍多,境内丰给"②的"乐土"。《抱朴子·吴失》说到吴地大庄园经济惊人的富足:势利倾于邦国之君,储积富于朝廷公室,僮仆成军,闭门为市,牛羊遮蔽原

---

① 《三国志·魏书刘馥传》。
② 《后汉书·循吏列传·王景》。

野，田池遍布千里。庄园主有充备的物质实力，享受着奢靡华贵的生活：金玉满堂，伎妾溢房，商贩千艘，腐谷万庾，园囿仿拟上林之苑，馆第偪逼太极之宫，粱肉余弃于犬马，积珍陷失于帑藏。这样的情形，与司马迁所谓江南"无千金之家"的记述形成了鲜明的对照，而几乎完全成为王符《潜夫论·浮侈》、仲长统《昌言》中所描绘的东汉中期前后黄河流域豪富之家极端奢侈的经济生活的翻版。

气候变迁与经济文化重心向东南方向的转移

气候变迁是经济形势发生变化的重要因素。两汉之际，气候由温湿转为干冷。据竺可桢所绘"五千年来中国温度变迁图"，秦及西汉时，平均气温较现今大约高1.5℃，东汉时平均气温较现今大约低0.7℃。平均气温上下摆动的幅度超过2℃。[1] 气候变迁，导致主要作物发生由水稻而豆麦的转换。从《四民月令》提供的信息看，东汉时以洛阳为中心的农业区已十分重视豆类种植。洛阳汉墓出土陶仓有朱书"大豆万石"题记者[2]，也反映出当地豆类作物经营相当普及的事实。农耕作物由以适应"暑湿"[3]、"可种卑湿"[4]的稻为主，到可以种植于"高田"，"土不和"亦可以生

---

[1]《竺可桢文集》，科学出版社，1979，第495、497页。
[2] 洛阳区考古发掘队：《洛阳烧沟汉墓》，科学出版社，1959，第112页。
[3]《史记·大宛列传》。
[4]《史记·夏本纪》。

长的"保岁易为"足以"备凶年"的大豆①受到特殊重视，似乎可以看作西汉至于东汉气候条件发生若干变化的例证之一。《三国志·吴书·陆逊传》记载，陆逊临襄阳前线，面对强敌而镇定自若，"方催人种葑豆，与诸将弈棋射戏如常"。可见当时豆类作物在江汉平原亦得以普遍种植。长沙走马楼竹简所见租赋征收记录中，可见有关"豆租""大豆租"的内容，由此可知当时长沙地区"豆"类作物的种植已经具备相当的规模，所以地方政府能够征收"豆租"和"大豆租"。"豆"也成为仓储的重要内容之一。

江南地区气候条件的变迁，使得中原士民不再视之为"暑湿""瘴热"之地而"见行，如往弃市"②。移民南下，使得中原地区较为先进的农耕技术可以迅速在江南地区移用推广。这些无疑都成为江南经济发展水平得以迅速提高的重要因素。江南的开发，为全国经济重心向东南方向的转移准备了条件。自两汉以来，江南经济确实得到速度明显优胜于北方的发展。正如有的学者所指出的："从这时起，经济重心开始南移，江南经济区的重要性亦即从这时开始以日益加快的步伐迅速增长起来，而关中和华北平原两个古老的经济区则在相反地日益走向衰退和没落。这是中国历史上一个影响深远的巨大变化，尽管表面上看起来并不怎样显著。"③

随着经济的进步，江南地区的文化面貌也为之一新。

经过这样的历史过程，江南地区与中原地区的文化差距逐渐

---

① 《氾胜之书》："大豆保岁易为，宜古之所以备凶年也。""三月榆荚时有雨，高田可种大豆。土和无块，亩五升；土不和，则益之。"
② 《汉书·晁错传》。
③ 傅筑夫：《中国封建社会经济史》第2卷，人民出版社，1982，第25页。

缩小，江南地区的文明程度明显上升，从而为后来全国经济文化重心向东南地区的转移准备了条件。

东汉前期，"避乱江南者未还中土"，已经有"会稽颇称多士"的说法。①

汉桓帝延熹二年（159），曾经请尚书令陈蕃品评当时天下名士，问道："徐稺、袁闳、韦著谁为先后？"陈蕃回答说，袁闳出身于公侯之家，较早受到贵族文化的熏陶。韦著长于三辅礼义之俗，也正是所谓"不扶自直，不镂自雕"。至于豫章南昌（今江西南昌）人徐稺，出自"江南卑薄之域"，而能够"角立杰出"，十分不易，在这三人中应当名列为先。② 可见当时江南的文化地位，仍然被看作"卑薄之域"，不过，当时这里已经出现了"角立杰出"于天下的著名文士，而且得到了较高的评价。

至于东汉晚期，孔融曾经读虞翻《易注》，不禁感叹道：我这才知道东南出产的美物，不仅仅是会稽之竹箭啊！③ 一时被称为"江南之秀"的文士，往往也闻名中原。④ 据《三国志·吴书·虞翻传》注引《会稽典录》所说，江南之地，多有"俊异"之才，著名学士"各洪才渊懿，学究道源，著书垂藻，骆驿百篇"，才略学识，往往惊人，或"海内闻名，昭然光著"，或"为世英彦"，"粲然传世"，或"聪明大略，忠直謇谔"，或"探极秘术"，"文艺多通"，诸多英俊，只是因为所活动的地域距京畿过于遥远，因而

---

① 《后汉书·循吏列传·任延》。
② 《后汉书·徐稺传》。
③ 《三国志·吴书·虞翻传》。
④ 《三国志·吴书·陆逊传》。

在当时作为文化重心的中原地区影响还是相对有限的。

不过,当时江南士人在与中州士大夫相会时,每每傲然自恃,"语我东方人多才",具有"交见朝士,以折中国妄语儿"①的自信。

所谓"江南有王气"②的说法,其实也反映出经济地位与文化水准上升之后,江南人关心政治文化的热忱。

岭南经济文化的进步

岭南地区在秦末至西汉前期曾经出现割据政权。当地经济文化与黄河流域先进地区相互隔闭,有相当明显的差距。淮南王刘安反对汉武帝用兵南越,曾经说,"越,方外之地,劗发文身之民也。不可以冠带之国法度理也"。以为"不居之地,不牧之民,不足以烦中国"。除指出文化传统的界隔之外,又以所谓越地没有城郭邑里,百姓居处于溪谷之间,篁竹之中,"地深昧而多水险",描述了这一地区文化形态的原始性。③

岭南地区真正与中原实现一统,是汉武帝时代的事。此后,汉朝统一的文化共同体的南界又进一步向南推进,真正至于所谓"北向户"地区。政治文化的统一,便利了经济交往。不过,在汉武帝时代汉王朝直接控制了南越地区之后,当地与中央政权的关系,仍然并非十分紧密。大约在两汉之际中原战乱频仍时,大量

---

① 《三国志·吴书·虞翻传》注引《江表传》载孙策与虞翻语。
② 《三国志·吴书·吴范传》。
③ 《汉书·严助传》。

北人南迁，许多人行迹又南至于岭南，中原文化的影响于是又一次南下，从而开创了南越地区文化进步的新纪元。

我们以《续汉书·郡国志五》提供的汉顺帝永和五年(140)户口数字和《汉书·地理志下》提供的汉平帝元始二年(2)户口数字相比较，可以看到岭南户口增长的情形(表7)：

表7　　　　　　　　　岭南两汉户口比较

	元始二年		永和五年		增长率(%)	
	户	口	户	口	户	口
南海	19613	94253	71477	250282	264.4	165.5
郁林	12415	71162				
苍梧	24379	146160	111395	466975	356.9	219.5
交阯	92440	746237				
合浦	15398	78980	23121	86617	50.2	9.7
九真	35743	166013	46513	209894	30.1	26.4
日南	15460	69485	18263	100676	18.1	44.9
合计	215448	1372290	270769（缺郁林、交阯二郡）	1114444（缺郁林、交阯二郡）	144.8（据估算永和五年郁林、交阯郡户口）	100.8（据估算永和五年郁林、交阯郡户口）

永和五年缺郁林、交阯郡户口数。以其余五郡户口增长平均数户百分之一百四十四点八以及口百分之一百点八计，估算永和五年两郡户口数当分别为：郁林郡，三万零三百九十二户，十四万二千八百九十三口；交阯郡，二十二万六千二百九十三户，一百四十九万八千四百四十口。按照这一估算数合计的岭南七郡户口，增长率当仍然分别为户百分之一百四十八点八，口百分之

一百点八。根据有的估计①，实际总增长率一定还要超过这一估算。

显然，在全国户口呈负增长的情况下，这样的增长幅度是十分惊人的。而户数增长超过口数增长，体现出移民是实现这种增长的主要形式。

《史记·南越列传》记载，汉军出南越，韩千秋的部队击破若干居民点，其后不断从当地取得军粮补充。又元鼎六年（前111）冬，楼船将军将精卒攻破石门，缴获"越船粟"，于是占据了军事上绝对优势。说明越地农业发展，已有剩余谷物可以积蓄。不过，这一地区农耕事业取得更为突出的成就，是在与汉地地界隔离已基本打破，中原经济文化的影响更为显著之后。

关于岭南地区水稻一年两熟制的最早记载，始于东汉时期。②在广东佛山澜石东汉墓出土的一件陶制水田模型中，附有表现农田劳作的陶俑，有的犁地，有的插秧，有的收割，有的脱粒，展现出在不同田垄中抢种双季稻的紧张的劳动场面。"第五方地上有表示秧苗的篦点纹和一个直腰休息的插秧俑。"可见当时已经另有育秧田，采用了适应水稻一年两熟连作需要的育秧移栽技术。陶制水田模型还表现了备耕田中的粪肥堆，体现出当地水稻田已经普遍施用基肥。③ 这件文物，可以说明东汉时期岭南某些地区

---

① 《后汉书集解》引陈景云曰："交阯、郁林二郡，皆阙户口之数。建武中，马援平交阯，请分西于县为封溪、望海二县。时西于一县，户已有三万二千。合余数县计之，户口之繁，必甲岭表诸郡矣。"
② 《初学记》卷二七引杨孚《异物志》："交阯冬又熟，农者一岁再种。"《太平御览》卷八三九引《异物志》作："交阯稻夏冬又熟，农者一岁再种。"《隋书·经籍志二》："《异物志》一卷，后汉议郎杨孚撰。"又写道："《交州异物志》一卷，杨孚撰。"
③ 广东省文物管理委员会：《广东佛山市郊澜石东汉墓发掘简报》，《考古》1964年第9期。

的农业技术已经达到相当高的水平。

《后汉书·循吏列传·任延》记载,南阳宛人任延任九真(郡治在今越南清化西北)太守,当地传统民俗以射猎为业,不知牛耕,任延于是令铸作铁制农具,教之垦辟,于是田畴岁岁开广,百姓充给,一时"风雨顺节,谷稼丰衍"。先进的农耕技术的引入,是当地经济文化进步的主要因素之一,而大规模南下的移民,可以直接把黄河流域的先进农耕技术推广到岭南。

东汉末年,因为黄河流域严重的战乱和灾荒,再一次掀起了波澜壮阔的移民浪潮。许多中原人在北方社会动乱激烈的背景下"避乱交州",甚至北方军阀刘备也曾经准备南下投靠苍梧(郡治在今广西梧州)太守吴巨,① 孙权也曾卑辞致书于曹魏,称"若罪在难除,必不见置,当奉还土地民人,乞寄命交州,以终余年"②。大致以往被看作"山川长远、习俗不齐","重译乃通,民如禽兽"③的南边地区,经先进经济形式长期的影响,其经济状况在许多方面可能已经与"中土"农业经济区相当接近了。

其实,长期以来岭南移民中集中了许多身份低下的劳动者,据说南海(郡治在今广东广州)、苍梧(郡治在今广西梧州)、郁林(郡治在今广西桂平西南)、珠官(郡治在今广东徐闻南)四郡,长期成为中原亡人叛逆避祸藏身的地方。这种移民数量的大量增加,直接促进了当地经济文化的发展,而逃离北方的动乱社会之后,他们更珍视和平安定的生活环境,于是一时出现了"商旅平

---

① 《三国志蜀书·先主传》注引《江表传》。
② 《三国志·吴书·吴主传》。
③ 《三国志·吴书·薛综传》。

行",民无疾疫,"田稼丰稔","民得甘食"①的局面。

中原先进经济形式对岭南地区的积极影响,当然可以进一步推动当地文化的进步。

《后汉书·循吏列传·卫飒》说,交州地方有不知礼义道德规则的文化特征。中原士人桓晔"尤修志介",浮海而客居于交阯之后,越人礼俗受到积极的影响,至闾里不争讼。② 这应当是北人南下使中原礼义文明影响南越地区的史例之一。《三国志·吴书·薛综传》引录薛综上疏,又说到这种文化浸渍的漫长历程:汉武帝时代初平南越时,由于山川长远,习俗不一,言语各有同异,需要数次翻译才能沟通。百姓生活一如禽兽,长幼没有等级尊卑之别,发式椎结,双足徒跣,贯头左衽,地方官吏的设置,虽有若无。此后多有中原移民南下,逐步推广文化知识,"稍使学书,粗知言语,使驿往来,观见礼化"。后来锡光为交阯(郡治在今越南河内东北)太守,任延为九真(郡治在今越南清化西北)太守,"乃教其耕犁,使之冠履",官府有所引导,婚姻关系也逐渐走上正轨,又建立学校,导之经义。经历四百余年的文化交流和文化融合的过程,中原民人与当地人杂居交往,中原吏人来到岭南管理行政,在形成经济影响的同时也形成文化影响,所谓"教其耕犁,使之冠履",体现出了经济进步和文化进步之间的内在关系。

不过,薛综以中原传统文化的尺度比量当地的民间风习,仍

---

① 《三国志·吴书·陆胤传》。
② 《后汉书·桓晔传》。

然以为"易以为乱，难使从治"。他说到当地保留有若干原始遗风的婚俗与中原的不同："人民集会之时，男女自相可适，乃为夫妻，父母不能止。交阯麋泠、九真都庞二县，皆兄死弟妻其嫂，世以此为俗，长吏恣听，不能禁制。日南郡男女倮体，不以为羞。"他认为，要实现所谓"章明王纲，威加万里，大小承风"，真正完成文化的一统，还是相当困难的事。

不过，薛综虽然是沛郡竹邑（今安徽宿州北）人，但是少时就"避地交州"，是在当地就学，成为天下名儒的。他虽然客居岭南，"困于蛮垂"，仍然"光华益隆"，在文化史上多有创获。当时以文才丰富当地文化的学人还有许多。马雍先生曾经指出，汉末士燮治理交阯时，当地的儒学是很盛的。① 有的学者讨论苍梧一郡的文化贡献，所列举汉时出避交阯的中原士人，除上述诸位外，还有士燮七世祖、胡刚、袁徽、许慈、许劭、袁忠等。又指出："当时苍梧籍经学家的学术思想早已突破岭南的地域限制，在全国经学论坛上占据了重要的一席。""在全国范围而言，苍梧郡亦跻身文化先进地区之列。尤其是越到汉朝后期，这种文化兴盛的表现就越为明显。"②

这样的见解，是符合历史事实的。

---

① 马雍：《东汉后期中亚人来华考》，《西域史地文物丛考》，文物出版社，1990，第46—59页。
② 张荣芳：《两汉时期苍梧郡文化述论》，《秦汉史论集（外三篇）》，中山大学出版社，1995，第185、180页。

十三　东汉王朝的衰亡与"光和末，黄巾起"

东汉王朝的弊政到晚期已经发展到了极点。最高统治者的极端昏庸和官僚阶层的彻底腐败，使许多人都看到社会危局已经无可挽救。而频繁的天灾所造成的危害，因政治的黑暗更为加重。

"光和末，黄巾起"[①]，使东汉政权受到摧毁性的打击。但是东汉的真正灭亡，其直接原因却是统治阶层内部的军阀官僚之间的激烈争斗。

汉末黑暗政治

汉灵帝时，宦官把持朝政，横行天下。汉灵帝公开宣称："张常侍(张让)是我公，赵常侍(赵忠)是我母。"一时宦官得志，无所惮畏。有的当权宦官，其管理家事的私奴可以"交通货赂，威形喧赫"，其布列地方的亲戚往往"所在贪残，为人蠹害"，其

[①]《三国志·魏书·武帝纪》。

典据州郡的宾客同样"辜榷财利,侵掠百姓"。①

　　汉灵帝本人奢侈荒淫,后宫彩女数千余人,衣食之费,每天竟高达数千金。光和元年(178),他甚至公开设西邸出卖官职,级别不同,各有价格,又私下授意连公卿这样的高位也可以出卖,公一千万钱,卿五百万钱。② 其他官位,二千石的官职二千万钱,四百石的官职四百万钱。而通过正常方式荐举者,要取得实职,也需要缴纳一半或三分之一的数额。③

　　大官僚崔烈在中平二年(185)由廷尉任司徒④,竟然也是出钱五百万而得到这一职位的。朝拜之日,汉灵帝甚至对身边亲幸者说,后悔当时没有抬高一点价格,否则本来是可以卖到一千万的。崔烈出身"世有美才"的"儒家文林",当时"有重名于北州",此后则声誉衰减。他心不自安,问其子崔钧:我位居三公,人们有什么议论吗?崔钧答道:大人少有英称,历位卿守,论者没有说不当为三公的;但是,今登其位,天下失望。崔烈追问其中原因,崔钧回答道:"论者嫌其铜臭。"⑤

　　地方政权的黑暗也达到十分严重的程度。把握地方大权的官员,多怠于行政,精于逐利,往往违背法律,专纵私情,残害民

---

① 《后汉书·宦者列传》。
② 《后汉书·灵帝纪》:"初开西邸卖官,自关内侯、虎贲、羽林,入钱各有差。私令左右卖公卿,公千万,卿五百万。"
③ 《后汉书·灵帝纪》李贤注引《山阳公载记》:"时卖官,二千石二千万,四百石四百万,其以德次应选者半之,或三分之一,于西园立库以贮之。"
④ 《后汉书·灵帝纪》。
⑤ 《后汉书·崔骃列传》。

众,小民百姓的怨愤无所诉说。① 地方官员贪赃枉法,成为惯习。所谓"政令垢玩,上下怠懈"②,正反映了当时国家政治机器已经被腐败风气全面锈蚀的情形。地方官吏为了应付考绩,常常隐瞒灾情,虚报户口和垦田数字,使更为沉重的赋税负担被强加于民众的肩上,于是迫使大批农民流亡他乡。

灾变与空前规模的流民运动

在以农业为主体经济形式的古代中国,长期形成了安居本土,不轻易迁徙的文化传统,因而有所谓"安土重迁,黎民之性"③,"安土重居,谓之众庶"④的说法。不过,由于种种原因,历史上经常发生民众离开土地大规模流徙的流民运动。严重的流民问题往往导致对于政治结构的强烈冲击。由于与其他历史因素交互作用,流民运动又往往成为社会大动荡的先声。

因战乱而发生的流民问题,曾经造成较严重的社会影响。然而对社会产生更为剧烈的震撼的,其实往往是非战乱因素引起的流民运动。

东汉晚期,严重自然灾害导致大批流民离开家园往异乡漂泊。汉顺帝永建六年(131),因连年水灾,百姓多有弃业,流亡

---

① 《潜夫论·三式》:"刺史守相,率多怠慢,违背法律,废忽诏令,专情务利,不恤公事,细民怨结,无所控告。"
② 崔寔:《政论》。
③ 《汉书·元帝纪》。
④ 《后汉书·杨终传》。

不绝,以及永和四年(139)太原郡(郡治在今山西太原西南)发生严重旱灾,"民庶流冗"①都是类似的史实。

汉桓帝永兴元年(153),又一次发生由严重自然灾害引起的流民运动,当时三十二郡国先后遭受蝗灾,黄河决口,民众饥穷,流落四方,多至数十万户。②《后汉书·朱穆传》也记载:永兴元年,黄河泛滥,漂害人众数十万户,百姓饥馑,流移道路。

汉灵帝时,幽、冀地区因流民众多,郡县空虚,万里萧条。③刘陶上疏说到河东、冯翊、京兆等地区流民问题的严重:今三郡之民,大量流亡,留居原地的只有十分之三四,也都有外流求生之心。④

流民的冲击,使得受纳流民地区的经济形势也受到严重的破坏性的影响。例如,东汉末年,中原战乱,而徐州地区百姓殷盛,谷米丰赡,流民多归之。⑤ 然而,不久则又出现所谓"徐方士民多避难扬土"⑥,即徐州地区民众又流亡扬州地区的现象。徐州地区由流民的受纳地转变为流民的发生地,固然有战乱终于波及这一地区的因素,但是短时间内大量流民的迅速涌入,无疑也是导致当地经济形势恶化的原因之一。

东汉末年张角等领导的黄巾起义军,据说就是以流民为主体

---

① 《后汉书·顺帝纪》。
② 《后汉书·桓帝纪》。
③ 《后汉书·蔡邕传》。
④ 《后汉书·刘陶传》。
⑤ 《后汉书·刘陶传》。
⑥ 《三国志·魏书·陶谦传》。《后汉书·陶谦传》也说:"是时徐方百姓殷盛,谷实甚丰,流民多归之。"

成分。因而司徒杨赐曾经建议严厉敕令州郡地方政府，沿途护送流民①，以此分化流民，使各护归本郡，以削弱起义军的力量，以为如此则"可不劳而定"②，即可以不用兵而平息动乱。

流民成为"盗贼"，转化为反抗政府的军事力量，由于本身习惯于流动生活的特点，因而长于运动游击，战斗力较强。正如《后汉书·梁统传》李贤注引《东观记》，谈到陇西、北地、西河"盗贼"时所说，"越州度郡，万里交结，或从远方，四面会合，遂攻取库兵，劫略吏人"，政府调动军队大举追捕，也仅仅只能"破散"其众，而不能真正根绝。

在专制主义政治占主导地位的时代，政府总是把控制尽可能多的户籍作为最基本的行政要务之一。东汉时期，政府也有针对流民的严厉法令。然而，流民的反抗因已经挣脱乡土田宅等因素的束缚，往往表现出异常的勇敢坚定。正如当时一首民谣所说："发如韭，剪复生；头如鸡，割复鸣；吏不必可畏，小民从来不可轻！"事实上，当流民运动已经形成较大声势时，指望以严酷手段平息其影响的企图，只是一种妄想。

民间秘密宗教

民间信仰对于社会生活的影响往往可以比正统文化更为广泛深刻。在社会发生动乱时期，这种文化形式常常可以有力地引发

---

① 《三国志·吴书·张昭传》。
② 《后汉书·杨赐传》。

民众心理的冲动，激荡起狂热的社会风潮。

汉安帝永初元年(107)十一月，又曾经发生性质很可能与汉哀帝时流民行西王母诏筹而惊走的事件相类似的，所谓"民讹言相惊"，以致司隶、并州、冀州民人流移的事件①。东汉末年的类似情形，则可以表明民间秘密宗教和农民战争的密切关系。

东汉末年的流民暴动往往被称为"妖贼"②。如《后汉书·顺帝纪》记载，阳嘉元年(132)三月，扬州六郡"妖贼"掌河等侵扰四十九县，杀伤地方官吏。《后汉书·桓帝纪》记载，和平元年(150)二月，扶风"妖贼"裴优自称"皇帝"；延熹八年(165)十月，勃海"妖贼"盖登等，称"太上皇帝"。《后汉书·臧洪传》记载，汉灵帝熹平元年(172)，会稽"妖贼"许昭起兵句章，自称"大将军"，立其父许生为"越王"。③ 对于黄巾起义，也有"伪托大道，妖惑小民"④的说法。当时的统治者，或称之为"妖民"⑤、"妖贼"，又称之为"妖寇"⑥。这里所谓"妖"，是对非正统的民间秘密宗教信仰的诬蔑性称谓。黄巾起义领袖张角曾经利用过的《太平清领书》，也被指斥为"妖妄不经"⑦。

---

① 《续汉书·五行志一》。同一史事，《后汉书·安帝纪》记载为："民讹言相惊，弃捐旧居，老弱相携，穷困道路。"
② 《三国志·魏书·张鲁传》裴松之注引《典略》。《曹全碑》又有"妖贼张角"字样（《金石萃编》卷一八）。
③ 《三国志·吴书·孙坚传》记载："会稽妖贼许昌起于句章，自称'阳明皇帝'，与其子(许)韶扇动诸县，众以万数。"许昌即许生，许韶即许昭。
④ 《后汉书·刘陶传》。
⑤ 《太尉刘宽碑》说到"妖民张角"（《隶释》卷一一）。
⑥ 《三国志·魏书·陶谦传》裴松之注引《吴书》。
⑦ 《后汉书·襄楷传》。

以黄巾起义为代表的东汉末年的农民战争,表现出组织严密①、发动迅速②、影响阔远③、斗志坚强④等特点,民间秘密宗教信仰的作用是不可忽视的。

《后汉书·刘陶传》说,张角"伪托大道,妖惑小民"。这里所谓"大道",取义于《老子》第十八章、第二十四章、第五十三章中所使用的语汇,然而所尊奉的,已经是神化的老子。此后的原始道教及其所发动的起义,仍然使用"大道"一称。所谓"大道",不但是黄巾起义所奉事的原始道教宗教实体的名称,而且从东汉末年到魏晋南北朝曾经普遍使用。"大道"之外,黄巾起义所奉事的宗教实体还有其他流行的名称,即"天师道"与"太平道"。⑤ 黄巾起义的主要领袖张角宣传鼓动和组织联络部众的形式,据说包括用符水咒说治疗疾病,病者多得痊愈,因而百姓信向之。张角于是分遣弟子使于四方,"以善道教化天下",转相宣传,十余年间,众徒多达数十万。⑥ 关于张角等人团结和组织民众的策略,

---

① 《后汉书·皇甫嵩传》:"置三十六方,'方'犹将军号也。大方万余人,小方六七千。"《三国志·吴书·孙坚传》所谓"潜相连结",《后汉书·刘陶传》所谓"私共鸣呼",也都反映了黄巾起义组织形式的特征。
② 《后汉书·皇甫嵩传》:"晨夜驰敕四方,一时俱起。"《续汉书·五行志二》:"七州二十八郡同时俱发。"
③ 《后汉纪》卷二四:"弟子数十万人,周遍天下。"《三国志·吴书·孙坚传》:"三十六方一旦俱发,天下响应。"《后汉书·傅燮传》:"黄巾乱于六州","祸延四海"。
④ 《三国志·魏书·陶谦传》:"妖寇类众,殊不畏死,父兄歼殪,子弟群起。"《后汉书·皇甫嵩传》:皇甫嵩大破张梁,"获首三万级,赴河死者五万许人"。
⑤ 方诗铭:《黄巾起义先驱与巫及原始道教的关系》,《历史研究》1993年第3期;方诗铭:《黄巾起义的一个道教史的考察》,《史林》1997年第2期。
⑥ 《后汉书·皇甫嵩传》。

也有"执左道"①、"托有神灵"②等说法。显然，借用巫术的神秘主义功用，也是黄巾起义发动民众的方式之一。

黄巾一时俱起

光和七年（184）是干支纪年的甲子年，张角准备在这一年起事。其信众传诵这样的起义口号："苍天已死，黄天当立。岁在甲子，天下大吉。"大意是，汉王朝的政治统治已经走向终结，新的政治实体即将诞生，正是在"甲子"这一神圣的时刻，伟大的政治转变将要完成。他们在京师和州郡官府门上用白土书写"甲子"字样，作为起义的号令。

起义的发动，计划以大方马元义等先收荆、扬数万人，期会发于邺（今河北磁县西南）。马元义还多次活动于京师，约定以宦官中信奉张角"大道"者作为内应，准备在三月五日这一天内外同时举事。

然而"张角弟子济南唐周上书告之"，因叛徒出卖，马元义被捕，并被车裂于洛阳。汉灵帝下令案验皇宫官署及百姓中与张角所宣传的"大道"有关者，诛杀千余人，并下令通缉张角等。

张角不得不提前仓促起事，光和七年二月，他晨夜"驰敕四方"，部众"一时俱起"，起义者都头着黄巾以为标识，时人称之为"黄巾"。张角、张宝、张梁兄弟分别称"天公将军""地公将

---

① 《后汉书·杨赐传》。
② 《三国志·吴书·孙坚传》。

军""人公将军"。起义迅速爆发,形势风起云涌,黄巾军在各地"燔烧官府,劫略聚邑",州郡长官不能控制局势,纷纷仓皇逃亡。"旬日之间,天下向应,京师震动"。①

东汉政府匆忙布置防守和镇压,以精兵驻守京师,在洛阳四围设置八关校尉,形成了严密的防卫圈。这时有人又提醒汉灵帝,"党锢久积,人情多怨,若久不赦宥,轻与张角合谋,为变滋大,悔之无救"②,担心作为政治反对派的"党人"和起义民众相结合,将造成严重的患害。汉灵帝接受了赦天下党人的建议,解除了党锢,并且招还已经徙往边地的党人的妻子故旧。

东汉朝廷发天下精兵镇压黄巾起义,各地的豪强武装也和官军联合与黄巾起义军作战,处处阻截起义军,杀戮起义民众。被诬称为"蚁贼"的黄巾起义军人众极多,声势浩大,但是往往携妻子老幼行军作战,影响了机动性,终于为强悍的政府武装和豪强武装的联合镇压所挫败。

东汉朝廷发五校三河骑士并募精勇四万余人,以左中郎将皇甫嵩和右中郎将朱儁各领一军,进攻颍川(郡治在今河南禹州)黄巾。另遣北中郎将卢植征河北黄巾。

颍川黄巾击败朱儁军,又包围了皇甫嵩军,然而因为缺乏军事知识,在大风之夜依草地结营,被皇甫嵩军借风势以火攻击破。皇甫嵩军、朱儁军和曹操军三军合击,扑灭了颍川黄巾,被屠杀者数万人。

---

① 《后汉书·皇甫嵩传》。
② 《后汉书·党锢列传》。

政府军又东进击败了汝南(郡治在今河南平舆北)黄巾、陈国(首府在今河南淮阳)黄巾。继而皇甫嵩军击败了东郡(郡治在今河南濮阳南)黄巾,朱儁军击败了南阳(郡治在今河南南阳)黄巾。

以张角兄弟为首领的钜鹿(郡治在今河北柏乡东)黄巾,是黄巾军的主力。他们相继抗击了卢植、董卓、皇甫嵩指挥的政府军主力的进攻。张角病死,张梁败于皇甫嵩,被杀者三万人,赴河死者五万余人。皇甫嵩又杀张宝,斩杀俘虏其部众十万余人。

黄巾起义在二月爆发,到十一月,颍川、河北、南阳等黄巾军的主力一一被消灭。

黄巾起义的主力部队作战失败之后,各地黄巾军仍然以"黄巾"为标志坚持与东汉王朝的武装抗争,前后达十余年。汉献帝初平二年(191),青州黄巾转战太山(郡治在今山东泰安东)、勃海(郡治在今河北南皮北),人众多至百万。次年为东郡太守曹操击败收编时,仍然有"卒三十余万,男女百余万口"①。

黄巾起义基础的广泛,计划的周密,发动的迅速,士气的旺盛,在历史上是空前的。黄巾起义虽然最终没有能够建立起以"黄天"为象征的政权,但是却摧毁了东汉王朝的基础,扫荡了东汉王朝的皇威,这一政权从此名存实亡。而与东汉王朝相依托的代表黑暗政治势力的宦官集团和外戚集团,经过短暂的反复之后,也在政治舞台上消逝了。

---

① 《三国志·魏书·武帝纪》。

军阀战争

东汉末年，出身军人、性粗猛而有谋断的董卓在汉灵帝病危时被拜为并州牧。他驻屯河东（郡治在今山西夏县西北），拥兵自重。汉灵帝死后，大将军何进和司隶校尉袁绍合谋诛除宦官集团，私召董卓进京，以为军事依靠，压制反对势力。后来计划泄露，宦官杀何进兄弟，袁绍勒兵入宫欲讨宦官，宦官张让等劫持少帝和陈留王出逃。董卓闻讯引兵驰抵洛阳，领有何进部曲，势力更盛。京都兵权于是都把握在董卓手中。他废少帝为弘农王，又将其杀害，立汉灵帝少子陈留王为天子，是为汉献帝。

董卓位居太尉，又迁相国，封郿侯，可以赞拜不名，剑履上殿。他统率精兵控制京师，适值帝室大乱，得以独意决断皇帝废立，据有武库甲兵与国家珍宝，一时威震天下。董卓专权，开了历史上军阀依恃武装力量控制朝政的先例。

董卓出身西北多战之地，以军功晋升，性格极端残忍，用高压手段宰治朝臣，以严酷刑罚控制属下，睚眦之隙必报，朝中官僚人不自保。他纵使部下士兵以"攻贼"为名，残酷地杀掠洛阳附近的和平民众，在洛阳开阳门焚烧所斩头颅，使都城笼罩在严酷的恐怖气氛中。

东方实力派军事首领和地方豪强纷纷举兵讨伐董卓，黄巾起义军余部也相继起兵关东。董卓恐惧不宁，于是在初平元年(190)二月，徙天子都长安，挟持汉献帝西行。离开洛阳时，董卓焚烧宫室民居，发掘帝陵及贵族家墓，劫取宝物，致使洛阳这一当时东方文明的中心一派残破。①

迁都长安后,董卓据有太师之位,号为"尚父",宗族内外并列朝廷。又筑郿坞,高与长安城相等,号"万岁坞",积谷可以支用三十年。自称事成可以雄踞天下,不成,守此足以毕老。

司徒王允与吕布等合谋诛董卓。初平三年(192)四月,汉献帝于未央殿大会群臣,董卓入朝时为吕布所杀。消息传出,"士卒皆称万岁,百姓歌舞于道,长安中士女卖其珠玉衣装市酒肉相庆者,填满街肆"。董卓体态肥胖,人们燃火置其脐中,以发泄愤恨。②

董卓专权,是中国历史舞台上黑暗的一幕。然而社会遭受如此的浩劫,也是东汉后期以来腐败昏暗政治演进的必然后果。

镇压黄巾起义和讨伐董卓集团等军事过程,为关东地区军阀势力的兴起提供了适宜的历史条件。

建安元年(196)以前,有这样一些军阀集团割据各地:

(一)董卓及其部将李傕、郭汜据有关中(今陕西中部);

(二)公孙度据有辽东(今辽宁东部);

(三)公孙瓒、刘虞据有幽州(今河北北部及辽宁西部);

(四)袁绍据有冀州、青州和并州(今河北大部、山西大部、山东大部);

---

① 《三国志魏书·董卓列传》裴松之注引《续汉书》:"(董)卓部兵烧洛阳城外面百里。又自将兵烧南北宫及宗庙、府库、民家,城内扫地殄尽。又收诸富室,以罪恶没入其财物。无辜而死者,不可胜计。"《后汉书·董卓列传》还记载:"于是尽徙洛阳人数百万口于长安,步骑驱蹙,更相蹈藉,饥饿寇掠,积尸盈路。""悉烧宫庙、官府、居家,二百里内无复孑遗。"

② 《后汉书·董卓列传》。

(五)曹操据有兖州(今山东西部、河南东北部);

(六)袁术据有南阳(今河南南阳),后据有扬州(今江苏南部);

(七)陶谦、刘备、吕布先后据有徐州(今江苏北部、山东东南部);

(八)孙策据有江东(今江苏南部、江西北部、安徽南部);

(九)刘表据有荆州(今湖北、湖南);

(十)刘焉据有益州(今四川、贵州及云南北部);

(十一)马腾、韩遂据有凉州(今甘肃);

(十二)张鲁据有汉中(今陕西南部)。

这些军阀集团为了自身的利益,或相互勾结,或相互争斗,经过几年的激烈兼并,到建安四年(199)前后,有实力的军事集团还有江东孙策、荆州刘表、益州刘璋、凉州韩遂与马超、辽东公孙度以及袁绍和曹操等。其中势力最为雄厚的是北方的袁绍集团和曹操集团。

东汉末年的严重的天灾,导致了社会生产力的大幅度衰颓。当时疾疫的大规模流行,也致使人口锐减。据《续汉书·五行志五》记载,汉桓帝至汉献帝时代发生的大疫,六十六年间竟然多达九次(表8):

表8　　　　　　　　汉桓帝至汉献帝时代大疫

时间	疫情
汉桓帝元嘉元年(151)正月	京都大疫
汉桓帝元嘉元年(151)二月	九江、庐江又疫
汉桓帝延熹四年(161)正月	大疫

续表

时间	疫情
汉灵帝建宁四年(171)三月	大疫
汉灵帝熹平二年(173)正月	大疫
汉灵帝光和二年(179)春	大疫
汉灵帝光和五年(182)二月	大疫
汉灵帝中平二年(185)正月	大疫
汉献帝建安二十二年(217)	大疫

以汉献帝建安二十二年(217)的大疫为例,曹丕曾经回忆道,因此疾疫,亲人故友多有遇难者。在这一年,"建安七子"中的陈琳、王粲、徐幹、应玚、刘桢五人皆死于疾疫。曹植也曾经说,在这次大疫中,几乎家家都有亲属死去,甚至有的举族丧生。[1]政治制度的弊病,使得当时的社会没有力量有效地抵御自然灾变,相反,却加剧了其危害。特别是军阀连年争战,给民众带来了更为深重的苦难。

董卓死后,屯驻在陕(今河南陕州)的部将李傕、郭汜请求得到赦免,遭到拒绝,于是举兵西进,以十万余人围攻长安。长安城破,李傕、郭汜纵兵掳掠,死者数万人。当时长安城中"人相食啖,白骨委积,臭秽满路"。李傕劫持汉献帝,郭汜则将朝臣公卿劫留于营中。李傕、郭汜两部又相互猜忌,直至引兵相攻。

---

[1]《续汉书·五行志五》刘昭注补:"魏文帝书与吴质曰:'昔年疾疫,亲故多离其灾。'魏陈思王常说疫气云:'家家有强尸之痛,室室有号泣之哀,或阖门而殪,或举族而丧者。'"

董卓强迫迁都长安时，关中民众尚有数十万户，连年战乱，百姓饥困，至于人相食，两三年间，这一历史上曾经最为繁荣发达的地区，人口几乎绝尽。① 历经百战的中原地区，情况也大致相同。军阀混战，往往使农耕区经历反复洗劫，千里尽为荒野。② 战争连年不已，民众被残酷屠杀，据说户口减耗的程度，至于十分之九，③ 有的地方已经荒无人烟。④ 据说北方十二州，说起民众户口数字，不过相当于汉代盛世的一个大郡而已。⑤ 曹操来到家乡沛国谯县（今安徽亳州），曾经深切感叹道："旧土人民，死丧略尽，国中终日行，不见所识，使吾凄怆伤怀！"⑥

曹操的《蒿里》诗曾经用这样的名句真切描述了当时中原地区百业残破、民生维艰的情形："铠甲生虮虱，万姓以死亡。白骨露于野，千里无鸡鸣。生民百遗一，念之断人肠！"最早发育中华农耕文明的富庶的黄河中游地区，已经被灾变和战乱洗荡成一片凄冷的荒野。

汉末军阀混战之中，袁绍以"门生故吏遍于天下"的优越的家世背景，实力逐渐雄厚，控制了冀州，即比较富足的河北地区。当时，关于冀州地方的经济实力，有"民人殷盛，兵粮优足"⑦的

---

① 《后汉书·董卓传》："初，帝入关，三辅户口尚数十万，自催、汜相攻，天子东归后，长安城空四十余日，强者四散，羸者相食，二三年间，关中无复人迹。"
② 《后汉书·公孙瓒传》："粮食并尽，士卒疲困，互掠百姓，野无青草。"
③ 《三国志·魏书·张绣传》："是时天下户口减耗，十裁一在。"
④ 《后汉书·仲长统传》："名都空而不居，百里绝而无民者，不可胜数。"
⑤ 《三国志·魏书·蒋济传》。
⑥ 《三国志·魏书·武帝纪》。
⑦ 《三国志·魏书·武帝纪》裴松之注引《英雄记》。《三国志·魏书·袁绍传》也说："冀州，天下之重资也"，"带甲百万，谷支十年"。

说法。曹操后来取得冀州，也曾经说，案冀州户籍，"可得三十万众"①。

早年袁绍和曹操起兵讨伐董卓时，一次袁绍问曹操："若事不辑，则方面何所可据?"曹操反问："足下意以为何如?"袁绍说："吾南据河，北阻燕、代，兼戎、狄之众，南向以争天下，庶可以济乎?"②可见，占有河北以为取天下的基地，是袁绍长久的夙愿。

袁绍久自心怀"势盛兵强"，"天下群英，孰逾于此"③的得意，据有当时比较殷实的冀州之后，确实成为东方割地称雄的军阀中最强大的一家。

曹操是主要依靠"机警，有权数"④的个人资质而逐步取得成功的政治家。汝南对时事人物每月一评的所谓"月旦评"的领袖人物许劭曾经这样评价曹操："子治世之能臣，乱世之奸雄。"⑤曹操曾参加镇压黄巾起义的战争。董卓进京，时任典军校尉的曹操变易姓名，间行东归，散家财，起兵讨董卓。

经过几年混战，汉献帝回到洛阳时，曹操已经破青州黄巾，收降卒三十万，又相继击败袁术、陶谦、吕布，占有兖州，任兖州牧。迎汉献帝都许(今河南许昌东)后，又占有豫州。战争形势的演变，使得袁绍和曹操这两个青年时代的朋友、征讨董卓时的战友，终于兵刃相向，开始以战争形式争胜于天下。

---

① 《三国志·魏书·袁绍传》裴松之注引《世语》。
② 《三国志·魏书·武帝纪》裴松之注引《魏书》。
③ 《三国志·魏书·武帝纪》。
④ 《三国志·魏书·武帝纪》裴松之注引孙盛《异同杂语》。
⑤ 《三国志·魏书·武帝纪》。

建安四年（199）三月，袁绍刚刚战胜公孙瓒，就整束精兵十万，骑万匹，准备向曹操发动进攻。袁绍号称要攻许，却又没有即时出兵。曹操却利用这段时间，巩固和加强了防御力量。建安四年八月，曹操进兵黎阳（今河南浚县北），使在青州地方有雄厚社会基础的臧霸防御东方，制止袁谭从青州攻许。曹操又在大河以南驻军设防，自己在许坐镇指挥。袁绍拉拢曾多次与曹操作战的占有南阳（今河南南阳）的军阀张绣，未获成功。张绣归降曹操，解除了曹操南北两面受到夹击的忧患。张绣部较为精悍的凉州兵的加入，又增强了曹操军的战斗力。

建安五年（200）正月，曹操又出兵徐州击败和袁绍联合的刘备军。出军时，多有人担心主要敌手袁绍会"乘人之后"，曹操却果断地说："夫刘备，人杰也，今不击，必为后患。袁绍虽有大志，而见事迟，必不动也。"曹操迅速出击，刘备战败，妻子被俘，主要将领关羽投降。刘备逃往河北投靠袁绍。直到曹操还军官渡（今河南中牟东北），袁绍果然始终未动。

建安五年二月，袁绍进军黎阳。

袁绍遣大将颜良攻曹操别将刘延于白马（今河南滑县东北），自领大军进驻黎阳，准备过河。曹操采用了谋臣荀攸的建议，虚张声势，引兵趋延津（今河南卫辉东），佯作从延津北渡河抄袭袁军后路，引诱袁绍分兵西来应战，然后集中兵力，快速行军，直趋白马。曹操大破颜良军，临阵斩颜良，解白马之围，于是徙白马军民，沿河西撤。

这时，袁绍从黎阳渡河追击，双方在延津南又一次会战，曹操军取胜。随后，曹操退兵到官渡，袁绍随之进兵到阳武（今河南原阳东南)。建安五年八月,袁绍进逼官渡。

八月到十月,袁、曹两军在官渡相持,袁军兵多势强,占据攻势,曹军兵少势弱,取守势。九月,曹军截击袁军的运粮车队,烧其辎重车数千辆。冬十月,袁军启程于河北的军粮一万多车,停宿于距离袁绍大营四十里的乌巢(在今河南延津)。曹操亲率精锐步骑往袭乌巢粮囤,火烧粮谷。袁绍派往攻击曹军大营的张郃投降曹操。至此袁绍败局已定。消息传来,袁军大溃。袁绍只和儿子袁谭逃回河北,官渡之战以势弱的曹操军战胜势强的袁绍军的结局结束。

袁绍回到河北后不久死去,袁绍集团内部的矛盾于是爆发。建安九年(204)至建安十年(205),曹操相继击破相互攻击的袁尚、袁谭兄弟,取得冀州,平定青州。建安十二年(207),曹操又出军卢龙塞(在今河北宽城南),涉鲜卑庭,兵锋东指柳城(今辽宁朝阳南),平定了幽州,征服了乌桓。于是曹操发起统一战争的后方得到安定。建安十三年(208)七月,曹操出兵南征,表面上的目标是占据荆州的刘表,而潜在的敌手还有投靠于刘表的刘备和雄踞江东的孙权。

刘表是汉末名士,党锢事件中的闻人。安定荆州后,中原士人归附者多至千数,刘表都予以庇护安置。当时关中人口逃到荆州的有十万余家,也得到安定的生活条件。然而,刘表作为政治人物却徒有其表,胸无雄略,缺乏政治进取的能力。[1]

---

[1] 据《后汉书·刘表传》,曹操曾经批评刘表说:"我攻吕布,(刘)表不为寇,官渡之役,不救袁绍,此自守之贼也。"

刘表收容刘备，礼遇甚隆，然而又心存疑忌，"惮其为人，不甚信用"①。刘备在荆州数年，最大的收获是结识了诸葛亮，使这位才智超群的人物参与今后政治军事的谋略。

曹操大军尚未到荆州，刘表病死，其次子刘琮继立，决意投降曹操。刘备当时居于樊城(今湖北襄阳北)，听到消息，仓皇率军过襄阳(今湖北襄阳)奔江陵(今湖北江陵)。曹操到襄阳，任刘琮为青州刺史，刘表时期汇集于荆州的士人，都得到安排。

曹操征刘表和刘表病死的消息传到江东，上下人心震动。鲁肃和周瑜力排迎操之议，劝孙权与刘备合力抗击曹操。

建安十三年十月底至十一月初，周瑜与程普、鲁肃率吴军溯江而上，与刘备军会合，进与曹操军相遇于赤壁(今湖北嘉鱼西南)。

当时正值严冬，北军初到南方，水土不服，军中又出现疾疫。初次交战，曹操军失利，于是退驻江北。周瑜驻军江南。

周瑜部将黄盖致书曹操，请求归降。在约定之日以快船装载易燃材料，乘东南风，中江举帆，在距北军二里多的地方，同时点火，"火烈风猛，往船如箭，飞埃绝烂，烧尽北船，延及岸边营柴"②。周瑜等率轻锐紧随其后，擂鼓大进，北军溃败，曹操退走。

曹操取道华容(今湖北潜江南)，仓皇步行退往江陵(今湖北江陵)，途中逢刘备军邀击，又遇泥泞，道不通，相互蹈藉，死

---

① 《三国志·蜀书·先主传》裴松之注引《世语》。
② 《三国志·吴书·周瑜传》裴松之注引《江表传》。

者甚众。孙权军与刘备军水陆并进，追击曹操军。曹操遣将留守襄阳(今湖北襄阳)、江陵，自己领兵还邺(今河北磁县南)。

赤壁战后，荆州为曹操、刘备、孙权三家所瓜分。刘备占领了江南长沙(郡治在今湖南长沙)、零陵(郡治在今湖南零陵)、桂阳(郡治在今湖南郴州)、武陵(郡治在今湖南常德)四郡。江北南阳(郡治在今河南南阳)、南郡(郡治在今湖北江陵)、江夏(郡治在今湖北新洲西)三郡是荆州人口较多、经济较为富庶的地区。曹操退回北方后仍然占据着江陵、襄阳，退出江陵后，仍然占有襄阳。孙权占据江夏。南郡则为刘备和曹操分治。

正是在这时，刘备才真正有了自己的土地，三国鼎立的形势初步形成。

在这三派政治势力中，曹操集团最强，孙权集团次之，刘备集团最弱。当时，能够和曹操相抗衡的主要还是孙权集团。刘备看来只是作为孙权的附庸，然而却有尚未施展的政治潜力。曹操、刘备、孙权三大军事集团势力的发展，使后来的魏蜀吴三国得以成立。事实上，魏蜀吴三国都以自身的基础为条件，在割据状态下，使本地的经济得到及时的恢复和稳步的发展。

汉末强势军事集团对黄巾理念的继承

黄巾起义以"苍天已死，黄天当立"为号召，以"黄巾"为标识。传统认识以为这是利用了当时民间因五德终始学说而形成的政治迷信，以为"黄"是象征继代汉王朝的新政权的颜色。

蜀国是以继汉为旗帜的。而魏、吴开国，都分别以"黄初"

"黄武""黄龙"纪年，通常以为"黄"是象征继代汉王朝的新政权的颜色。

然而方诗铭先生指出，"如果按照当时五德终始学说，土德（黄）所取代的是汉朝的火德（赤），不应该称为青色的'苍天'。最早，吕思勉先生曾提出'苍天疑当作赤天，汉人讳而改之。然则（张）角所依托者，实为当时五德终始之说'"①。方诗铭先生赞同熊德基先生《〈太平经〉的作者和思想及其与黄巾和天师道的关系》一文所指出的观点："这个'苍天'只不过是自古流传的口头语的'天老爷'（如《诗·黍离》'悠悠苍天'，《诗·巷伯》'苍天苍天'，《楚辞·惜颂》'指苍天以为正'），影射统治者。"②方诗铭先生说："这个意见是正确的。出土于安徽亳县曹操宗族墓中的32号墓砖，即有'但抟汝属，仓天乃死'的刻辞。墓砖的时代在汉灵帝建宁三年（170），正是黄巾起义前十余年。从这些作砖工人口中吐露出'仓天乃死'的呼声，说明黄巾起义所提出的口号'苍天已死'，正是反映了民间多少年来对东汉统治者的憎恨和诅咒。因此，'苍天已死，黄天当立'，黄巾起义的这个口号与统治者信奉的五德终始学说毫无共通之处，应该从民间信仰加以考虑。"他注意到出土文物中"镇墓文有'天帝使黄神越章''天帝神师黄（神）越章''黄神之印''天帝神师使者'"，"所谓'黄天当立'的'黄天'即是'天帝神师黄神越章'"，也就是黄巾檄曹操文中的"中黄太乙"。这就是"'黄'成为张角发动的这次大起义的标

---

① 原注："《吕思勉读史札记》乙帙的'太平道·五斗米道'条，上海古籍出版社。"
② 原注："《历史研究》1962年第4期。"

志"的原因。起义部众标志所谓"'黄巾''黄衣''黄布褐',应该是来自对'黄神越章'这位原始道教尊神的崇奉"。"作为'使者'的'黄神越章',将代表'天帝'成为人间的主宰者,这样就可以导致'天下大吉',人们可以过上美好的生活。这是流行民间的原始道教的理想。"①

执政者以"黄初""黄武""黄龙"纪年,可以看作对黄巾军政治理念的继承。这一文化现象,体现了前世对后世的影响,信仰对政治的影响,民间宗教意识对上层社会观念的影响。

---

① 方诗铭:《曹操·袁绍·黄巾》,上海社会科学院出版社,1996,第240—242页。

十四　秦汉社会的文化风貌

与其他历史时期比较，秦汉政治表现出若干富有时代特色的面貌。而秦汉社会独有的文化风貌，则是我们在回顾秦汉政治演进的轨迹时，不可以忽视的历史存在。其中有些重要的特征，在总结秦汉政治史时，应当做出必要的说明。

儒风的流布

齐鲁地区基础深厚的文化，在战国时代已经形成对周边地区有重要影响的显著领先的优势。秦汉时期，齐鲁文化在保持自己的个性的同时，又积极参与了"远迩同度"①的文化共同体的建设。

秦最后灭齐。刘邦的汉军在歼灭项羽军之后，项羽已死，楚地皆降汉，独有鲁地依然坚持。刘邦于是引天下兵欲屠之，只是

---

① 《史记·秦始皇本纪》载会稽刻石。

因为尊重其守礼义,又为主死节的缘故,乃持项王头颅视鲁,鲁父兄方才降汉。起先楚怀王初封项羽为鲁公,及其死,鲁地最后归汉,所以以鲁公礼葬项羽于谷城(今山东平阴西南)。① 西汉王朝在策划迁徙关东贵族豪杰名家居关中时,首先想到的又是"徙齐诸田"②。齐鲁地区的文化实力和文化影响,一直是处于关西的最高统治集团不可以须臾轻视的。

齐鲁文化以悠远的传统和厚重的内力,影响着秦汉文化史的进程。同时,在儒学西渐的过程中,也接受着其他区域文化诸种积极因素对自身的改造。

《史记·儒林列传》说:天下并争于战国,儒术有所削弱,但是齐鲁之间,学者独不废也。于齐威王、齐宣王之际,孟子、荀卿之列,都遵孔子之业并且润色发扬,以学显于当世。司马迁还写道:等到高皇帝刘邦诛项羽,举兵围鲁,鲁中诸儒仍然在讲诵经典演习礼乐,弦歌之声不绝,这里难道不是"圣人之遗化,好礼乐之国"吗?司马迁又说:"夫齐鲁之间于文学,自古以来,其天性也。"

司马迁曾经赞颂鲁人的"揖让之礼"③,他还曾经亲临鲁地,感受这里特殊的文化氛围。《史记·孔子世家》写道:我读孔氏之书,想见其为人。来到鲁地看到孔子的庙堂车服礼器,以及诸生按时演习礼仪的情形,我流连许久不能离去。天下君主道德能够达到贤人水准的有许多,而当时荣耀,死后则无声无息了。孔子

---

① 《史记·项羽本纪》。
② 《史记·刘敬叔孙通列传》。
③ 《史记·鲁周公世家》。

布衣，传十余世，学者依然宗法崇敬。上自天子王侯，中国说到"六艺"的都不能不以孔子的见解作为准则，孔子真可以称为"至圣"啊！《史记·齐太公世家》记载，他在踏上齐国故土时，也曾经发出由衷的感叹："洋洋哉，固大国之风也！"

可以推知，司马迁千里游学，"北涉汶、泗，讲业齐、鲁之都，观孔子之遗风，乡射邹、峄"①的经历，对于他学术素养的形成和文化资质的造就，有重要的意义。

对于鲁文化的特色，《汉书·地理志下》特别强调了其重视文教礼义的基本风格：其民有圣人之教化，所以孔子说："齐一变至于鲁，鲁一变至于道。"言近正也。濒洙泗之水，其民涉度，幼者扶老而代其任。俗既益薄，长老不自安，与少者相让，所以说："鲁道衰，洙泗之间龂龂如也。"孔子忧虑王道将废，于是修《六经》，以追述唐虞三代之道，弟子受业而通者七十有七人。所以"其民好学，上礼义，重廉耻"。

秦汉以来，齐鲁文化的特质又逐渐发生了与传统相偏离的历史性的变化。

司马迁在《史记·货殖列传》中说："鲁好农而重民。"不过，齐鲁之地也有所谓"当世千里之中，贤人所以富者"足以"令后世得以观择"的，例如，曹邴氏"以铁冶起，富至巨万"，其家族能够"俯有拾，仰有取，贳贷行贾遍郡国"。司马迁指出，在他的影响下，邹、鲁地方"多去文学而趋利者"。

班固在《汉书·地理志下》中也指出：现今距离圣人时代已经

---

① 《史记·太史公自序》。

久远，周礼的遗风渐次销微，孔子创立的教育系统也已经衰坏。于是地方风习"俭啬爱财，趋商贾，好訾毁，多巧伪"，丧祭之礼徒有形式而内容虚陋，不过，其"好学"之风则较其他地区显著。民俗虽然有所变化，"好学"的风气依然如初，所以，"汉兴以来，鲁、东海多至卿相"。

陈直先生曾经著文论述西汉时期齐鲁文化人的学术艺术成就，题为《西汉齐鲁人在学术上的贡献》。其中凡举列九种：（一）田何、伏生等的经学；（二）褚少孙的史学；（三）东方朔的文学；（四）仓公的医学；（五）尹都尉的农学；（六）徐伯、延年的水利学；（七）齐人的《九章算术》；（八）宿伯年、霍巨孟的雕绘；（九）无名氏之书学。陈直先生主要讨论了齐鲁人以上九种文化贡献，其他"至于《汉书·艺文志》所载师氏的乐学，《律历志》所载即墨人徐万且的历学，《曹参传》所载胶西盖公的黄老学，其事实不够具体，故均略而不论"。

陈直先生同时指出，"西汉时齐鲁人对学术上的贡献，如此之伟大，其原因远受孔子下官学的私学的影响。次则受荀卿游齐之影响，汉初齐鲁经学大师，如申培公、毛苌，皆为其再传弟子。再次则受齐稷下先生之影响，稷下为人才荟萃之地，百家争鸣，不拘一格，医学、农学、算学等，当必有从事研究者，在战国时开灿烂之花，至西汉时结丰硕之果，其势然也"[1]。

齐鲁文化扩展其影响的最突出的表现，是儒学的向西传布。

---

[1] 陈直：《西汉齐鲁人在学术上的贡献》，《文史考古论丛》，天津古籍出版社，1988，第173—182页。

秦始皇当政时，据说"天性刚戾自用"，"天下之事无小大皆决于上"，以其绝对的刚愎自用，却仍然"悉召文学方术士甚众，欲以兴太平"，在他的高级咨政集团中有许多儒学博士承当政治文化顾问。

秦始皇廷前议封建事，至湘山祠问湘君，海上"求芝奇药仙者"，秦始皇都曾经听取他们的意见，"上邹峄山，立石"，又曾经直接"与鲁诸儒生议"。

就所谓"坑儒"这一著名冷酷的集体残杀儒学之士的血案看，据《史记·秦始皇本纪》，当时在秦王朝统治中心咸阳，"诸生皆诵法孔子"者，仅"自除犯禁"而"坑之咸阳"的，竟多达四百六十余人。

秦末社会大动乱中，有不少齐鲁地区的儒生踊跃参与了关东地区民众反秦的武装斗争。孔子八世孙孔鲋，就曾经"为陈王涉博士，死于陈下"[①]。原秦博士，出身于鲁国薛地的叔孙通被刘邦拜为博士，号稷嗣君。他"征鲁儒生三十余人"西行，合作帮助汉王朝制定朝仪。成功后，刘邦感叹道：我今天才知道做皇帝的尊贵啊！于是拜叔孙通为太常，赐金五百金。[②]

鲁地儒生拜为九卿，使儒学的影响第一次可以托附于政治权力的作用而空前扩展。

儒学在百家之学中的主导地位的彻底确定，是在汉武帝时代。

―――――――

[①]《史记·孔子世家》。
[②]《史记·刘敬叔孙通列传》。

齐地儒生公孙弘相继任博士、太常、御史大夫、丞相，封平津侯，是标志儒学地位开始上升的重要的文化信号。

《史记·儒林列传》记载，公孙弘以《春秋》为天子三公，封以平津侯，"天下之学士靡然乡风矣"。公孙弘作为齐鲁儒生的代表，建议各地荐举"好文学，敬长上，肃政教，顺乡里，出入不悖所闻者"，加以培养，充实政府机构，"以文学礼义为官"。这一建议为汉武帝认可，于是"自此以来，则公卿大夫士吏斌斌多文学之士矣"。

汉初政治结构，经历了由"功臣政治"和"功臣子政治"两个阶段，在汉武帝时代又开始了向"贤臣政治"的历史转变。而齐鲁儒学之士纷纷西行，参与政治决策，恰恰是和这一历史转变同步的。

西汉后期诸朝丞相，已经以掾史文吏和经学之士为主。自昭宣时期到西汉末年，丞相计二十一人二十二任，考其出身地域，可以发现其中齐鲁人合计七人，八人次，占总人数的三分之一。以人次计，则所占比率更高。

《史记·儒林列传》说，汉武帝时代，黜黄老刑名百家之言，延纳文学儒者至于数百人，实现了所谓"罢黜百家，表章《六经》"[①]的历史性的文化转变，儒学之士于是在文化史的舞台上逐渐成为主角。

《史记·仲尼弟子列传》中列录七十七人中，齐鲁人四十五人，占百分之五十八点四四；卫宋陈楚吴人十二人，占百分之十

[①]《汉书·武帝纪》。

五点五八；秦人二人，占百分之二点六零；籍贯不明者十八人，占百分之二十三点三八。

《史记·儒林列传》中所列录的西汉前期著名儒生，仍然以齐鲁人为主。所见三十九人中，齐鲁人二十八人，占百分之七十一点七九；其他燕人、砀人、温人、广川人、雒阳人共计七人，占百分之十七点九五；籍贯不明者四人，占百分之十点二六。

然而，据《汉书·儒林传》的记载，综合考察西汉一代著名儒生的区域分布，情况则已经有所不同。

我们看到，齐鲁人在西汉名儒中占百分之四十五点六零，出身其他地区者占百分之四十六点一一，籍贯不明者占百分之八点二九。

出身于齐鲁以外地区的儒学学者中，有远至蜀、淮南、九江、江东，甚至苍梧的。值得注意的是，其中三辅名儒占总数的百分之五点一八，三河名儒占总数的百分之五点七零。

分析《后汉书·儒林列传》中提供的资料，可以看到当时著名的儒学学者，齐鲁人占百分之三十六点三六，出身于齐鲁以外地区者，占百分之六十三点六四。另外，值得注意的是，其中关中学者占百分之六点八二，河南、河内、南阳学者占百分之七点九五，会稽、九江、豫章学者占百分之六点八二，巴蜀学者占百分之十点二三。齐鲁儒学学者比例的下降，并不是由于当地儒学的衰落，而说明了儒学在各地的普遍传布。

人们进行文化区域的划分时，往往"齐鲁"统称。其实，"齐"与"鲁"，从历史渊源分析，两地的文化传统表现出明显不同，而秦汉时期，两地的文化风格仍然存在着若干差异。鲁地是儒学的发生地。鲁人曾经因此怀有强烈的文化优越感而傲视齐人。

《孟子·公孙丑上》开篇就写道：公孙丑问道："您如果在齐国当权，管仲、晏子的功业可以再度兴起来吗？"孟子答道："你真是一个齐国人，只知道管仲、晏子……"所谓"子诚齐人也"，似乎表现出鲁人对齐人的轻蔑。其实，齐文化较鲁文化，曾经具有更为开阔、更为灵活、更为积极的特质。甚至后来儒学本身，也因为齐人的精神投入而得到突出的发展。

清代学者俞樾《湖楼笔谈》卷二写道："孔子鲁人，七十子亦大半鲁人。乃微言大义传至今者，则往往出于齐人。"所举实例，有齐人公羊子说明《春秋》，汉初《诗》有三家，而《齐诗》之学独存异义等。俞樾于是感叹道："齐实未可轻也！"

在秦汉时期文化进步的历史过程中，儒风流布四方，是影响非常深远的文化现象。与此同步，各地源流各异的文化开始得以融会而一，中土比较先进的文明借助政治军事的强力向边地扩衍。

儒学以崇文为宗旨，但是却借助军事力量争取到在乱世中向各地扩展其文化影响的立足点。据说刘邦起初"不好儒，诸客冠儒冠来者，沛公辄解其冠，溲溺其中，与人言，常大骂"[①]，但是在取天下时，却接受了儒生不少有战略眼光的积极的建议。当他明白"夫儒者难与进取，可与守成"之后，儒士的地位更有所提高。

汉武帝即位之后，曾经大举贤良文学之士。著名儒学大师董

[①]《史记·郦生陆贾列传》。

仲舒以贤良身份，就汉武帝提出的政治文化命题发表对策，讨论成就治世的策略。他认为，秦王朝灭亡以后，"其遗毒余烈，至今未灭"，只单凭"法"和"令"而求"善治之"，是"亡可奈何"的事。他写道："当更化而不更化，虽有大贤不能善治也。"认为政令推行不顺利，政治形势不理想，则应当重新调整法令政策，才能够求得行政成功。

董仲舒提出"更化"的主张时，特别强调"教化"的作用。他以为要谋求"善治"，一定应当注重文化体制的调整。他以为，"教化大行"，则可以实现"天下和洽，万民皆安仁乐谊，各得其宜，动作应礼，从容中道"。

董仲舒文化建设理论的核心，是要确定儒学独尊的地位。他明确提出：《春秋》倡起的"大一统"，是天地之常经，古今之通谊。现今师异道，人异论，百家殊方，指意不同，是以帝王无法持一统之政；法制频繁变更，民众不知应当坚持什么。他建议"诸不在六艺之科孔子之术者"，皆绝其道，勿使并进。认为歪理邪说消灭平息，然后统纪可以归一而法度可以明确，民众才知道应当遵从什么。① 主张文化的"一统"，和政治的"一统"是一致的。而前者，又可以为后者奠定深入人心的统治的根基。

这样的观点，得到最高统治集团的认可。在当时的历史条件下，这种文化体制变革的发生，却是有一定的合理基础的，是有一定的积极意义的。

西汉前期，儒学在以齐鲁为基地向西传布的过程中，一方面

---

① 《汉书·董仲舒传》。

进行着自身的学术改造,一方面完成着自身的学术统一。

儒学因传承系统和流传地域不同而出现的各个学派,在当时走向逐渐统一,有政府行政力量的作用。

刘汝霖《汉晋学术编年》"汉太祖高皇帝五年己亥(前202)"条记录了两件史事,即田何徙关中、伏胜以《尚书》教于齐鲁之间。这是对于当时的学术大局有决定性影响的重要事件。即战乱后儒学在齐鲁地区复苏,同时在关中取得了新的学术据点。易学大师田何"以齐田徙杜陵,号杜田生",标志着关中地区成为儒学一个新的重心区域。汉惠帝时,田何年老,家贫,守道不仕。帝亲自往观其庐舍以受业,确定了他为《易》学大宗的地位。田何的再传弟子中,淄川杨何,元光年间征为太中大夫;齐即墨成,至成阳相;广川孟但,为太子门大夫;鲁周霸、莒衡胡、临淄主父偃,皆以《易》至大官。"要言《易》者,本之田何。"①

据《史记·儒林列传》记载,济南人伏生,初为秦博士,秦时禁书,伏生在壁中藏之。其后兵大起,流亡。汉定天下后,伏生求其书,亡失数十篇,仍然保留二十九篇,于是以此在齐鲁之间教授。"学者由是颇能言《尚书》,诸山东大师,无不涉《尚书》以教矣。"

儒学的学术绪统由于齐鲁学者的努力,得以世代继承,而儒学学者"至大官",对于所继承和坚持的学术体系成为正统,自然可以有重要的作用。

儒学学者最集中的地域,西汉时期为齐鲁梁地区和关中地

---

① 《汉书·儒林传》。

区，东汉时期则转变为中原陈夏地区。

我们看到的另一个重要变化，是儒学的文化影响向边地的推衍。

在东南方向，原先所谓"越俗不好学"①、"其俗少学者而信巫鬼"②、"风俗脆薄，不识学义"③的文化传统得以改变。例如，卫飒少时"家贫好学问"，任桂阳太守，"修庠序之教，设婚姻之礼，期年间，邦俗从化"。④

在西北方向，原先带有浓重军事文化色彩的凉州地区，在《后汉书》中已可见列传士人十六人、公卿十一人，凉州人士著书也多达十六种。⑤ 任延年十二，为诸生，学于长安，明《诗》《易》《春秋》，显名太学，学中号为"任圣童"，任武威太守后，制定学官制度，官吏子孙，都令诣学受业，免除其徭役。学成之后，都予以重用，于是当地也有了儒雅之士。⑥

在西南方向，则以文翁任蜀郡太守时传布儒学的事迹最为突出。《汉书·循吏传·文翁》记载：文翁，庐江舒人也。少好学，通《春秋》，以郡县吏察举。汉景帝晚年，任为蜀郡守，仁爱好教化。看到蜀地僻陋有蛮夷之风，文翁准备以引导的方式改造，于是选郡县小吏开敏有才者张叔等十余人亲自指教，又派遣他们到京师，受业博士，有的则学习律令。数年之后，皆学成还归，文

---

① 《后汉书·李忠传》。
② 《后汉书·宋钧传》。
③ 《后汉书·循吏列传·许荆》。
④ 《后汉书·循吏列传·卫飒》。
⑤ 卢云：《汉晋文化地理》，陕西人民教育出版社，1991，第82页。
⑥ 《后汉书·循吏列传·任延》。

翁委以要职，历经察举，职务有至于郡守刺史的。

文翁选派小吏到京师学习，然后予以重用的做法，是教育史上具有独创意义的新形式，作为促进文化区域间相互沟通的措施，也有值得推崇的价值。文翁还创立地方学校，使蜀地的文化地位逐渐提高。蜀地至京师学习进修的学人，可以与齐鲁相当。据说汉武帝时令天下郡国皆立学校官，就是自文翁所创始。

《汉书·循吏传·文翁》还写道，文翁在蜀地去世，吏民为他设立祠堂，年年祭祀不绝。至今巴蜀好文雅，都是由于文翁的教化。

在蜀地文化进程走向先进之后，儒学的影响进一步向西南边地推进。《华阳国志·南中志》说，汉章帝时，蜀郡王阜为益州太守，治化尤异，"始兴文学，渐迁其俗"。当地出现了一些著名的学人，他们往往远道求师，而"还以教授，于是南域始有学焉"。

《华阳国志·南中志》在"朱提郡"条下又写道："其民好学""号多士人"。儒学的传播至于如此辽远的地区，确实是令人惊异的。

儒风的流布，当然是一种文化史现象。但是由于执政集团的热心推动和强力引导，以至全面影响了社会文化风习，无疑也是一种政治史现象。

佛教的传入

从西汉晚期到东汉初期，中国文化开始受到一种外来文化的强大影响。这就是发生于印度，辗转传入中国的佛教。

佛教传入中国内地的年代，有多种说法。

一说汉哀帝元寿元年(前2)博士弟子景卢受大月氏王使伊存口授《浮屠经》。①《浮屠经》，即佛经，是为佛教传入内地之始。

一说汉明帝永平年间，梦见神人，身有日光，飞在殿前，欣然悦之。次日问群臣："此为何神？"通人傅毅回答说，臣闻天竺有得道者，号之曰"佛"，飞行虚空，身有日光，陛下所见，可能就是此神。汉明帝于是派遣中郎蔡愔、羽林郎中秦景、博士弟子王遵等十二人往西域访求佛法，于大月氏写佛经四十二章。② 或说永平十年(67)，蔡愔等人于大月氏遇沙门迦叶摩腾、竺法兰二人，并得到佛像经卷，用白马驮回洛阳。汉明帝特为建立精舍，是为白马寺。据说摩腾与竺法兰二人在寺里译出《四十二章经》。

就江苏连云港孔望山东汉佛教摩崖造像的发现③，有的学者结合东汉佛教盛行于东海地区的记载，推想孔望山佛教艺术从海路传入的可能性很大。佛教传入内地，或许并不只是途经中亚一路。

佛教传入中国内地后，最早的信奉者多为帝王贵族，如楚王刘英为斋戒祭祀，汉桓帝在宫中立祠等。不过，当时人将佛教教义理解为清虚无为，省欲去奢，与黄老学说相似，所以浮屠与老子往往一同敬祭。楚王刘英"诵黄老之微言，尚浮屠之仁祠"④，

---

① 鱼豢：《魏略·西戎传》。
②《牟子理惑论》。
③ 连云港市博物馆：《连云港市孔望山摩崖造像调查报告》，《文物》1981年第7期；俞伟超、信立祥：《孔望山摩崖造像的年代考察》，《文物》1981年第7期。
④《后汉书·光武十王列传·楚王英》。

汉桓帝也"设华盖以祠浮图老子"①,"宫中立黄老浮屠之祠"②。实际上,正如汤用彤所指出的,"黄老之道,盛于汉初","而其流行之地,则在山东及东海诸地,与汉代佛教流行之地域相同。其道术亦有受之于佛教者。而佛教似亦与其并行,或且藉其势力以张其军,二者之关系实极密切也"。③

汉献帝初平四年(193),丹阳人笮融为徐州牧陶谦督广陵(郡治在今江苏扬州)、下邳(首府在今江苏邳州南)、彭城(首府在今江苏徐州)等地运漕,他利用手中的武装,断截三郡委输以自入,并大造佛祠,高铸佛像,广招佛徒:"乃大起浮图祠,以铜为人,黄金涂身,衣以锦采。垂铜盘九重,下为重楼,阁道可容三千余人。悉课读佛经,令界内及旁郡人有好佛者听受道,复其他役以招致之。由此远近前后至者五千人余户。每浴佛,多设酒饭,布席于路,经数十里。民人来观及就食且万人,费以巨亿计。"④这是关于佛教造像立寺的最早的记载。

佛教传入,对于中国社会形成了深刻的文化影响。后世王朝执政者往往以行政力量推进或限制其传播。而佛教起初流布中原的路径,我们通过汉明帝、楚王刘英、汉桓帝的表现,也可以看到政治权力的明显作用。

---

① 《后汉书·桓帝纪》。
② 《后汉书·襄楷传》。
③ 汤用彤:《汉魏两晋南北朝佛教史》上册,中华书局,1983,第42页。
④ 《三国志·吴书·刘繇传》。

游侠的社会文化影响

所谓"游侠",秦汉时期指壮勇豪放,重义轻死,虽然未必据有权位和财富,然而在民间的影响却十分显著的人。荀悦说:"立气齐,作威福,结私交,以立强于世者,谓之'游侠'。"①司马迁《史记》特别为他们立传,又称述其独异于社会其他人等的品格:"救人于厄,振人不赡,仁者有乎;不既信②,不倍言,义者有取焉。"③

在秦汉时期,"游侠"曾经进行过引人注目的表演。他们的社会活动和社会影响,为秦汉文化史涂染了鲜丽的色彩。对于"游侠",执政集团怀有复杂的心理,政策也往往多变。

秦汉时期的"游侠",其实是当时社会文化活泼生动的特色的一种人格代表,也是当时时代精神豪迈闳放的风貌的一种人格象征。

司马迁在《史记·游侠列传》中,开篇就说到游侠的文化品格:韩非说,"儒以文乱法,而侠以武犯禁"。二者都受到批评,而社会声誉依然很高。"今游侠,其行虽不轨于正义,然其言必信,其行必果。"为了实践诺言,救人危难,往往奋不顾身。游侠的行为虽然并不遵循传统的社会规范,但是他们的诚信品德与牺牲精神,表现出强有力的文化影响。司马迁注意到游侠的历史绪

---

① 《史记·游侠列传》裴骃《集解》引荀悦曰。
② 《史记·游侠列传》裴骃《集解》引徐广曰:"一云'不慨信'。"
③ 《史记·太史公自序》。

统的悠远，这种绪统，并不凭借经典文献而得以承继，也注意到游侠的社会声誉的广大，这种声誉，也并不凭借权势地位而得以张扬。司马迁写道：世间"闾巷之侠""匹夫之侠"，虽然往往违犯当时法禁，对于社会却并无贪求，因而值得肯定。其名声之远播，群众之追随，不是没有原因的。对于放纵私欲、奴役贫民、欺凌孤弱的行为，游侠其实也是鄙视的。司马迁不满意将游侠与"暴豪之徒"等同的世俗见解，表现出鲜明的情感倾向。

许多学者由此分析司马迁的平民意识。李长之先生指出："游侠根本是社会上的一种下层组织，也就是现在的所谓流氓。可是司马迁十分加以称道。""所谓布衣，所谓乡曲，所谓闾巷，正是指现在的所谓下层社会。你看他一则说'有足多者'，二则说'曷可少哉'，三则说'有足称者'，他的向慕为何如！秦以前的游侠湮灭不见，他便恼恨，汉兴以来的游侠为世俗所不了解，他便悲哀，他的同情又何如！游侠的纪律和信条，他是清楚的，这就是行果诺诚，赴士困危，不怕死，却又不矜伐。而且他们虽有势力，但不聚敛，也不欺弱者。尤其难得的，是他们同样有品德的锻炼，修行砥名，廉洁退让，这是比朝廷中那般伪君子像公孙弘等，高出万万的。所以就是触犯当时刀笔吏的法律，不合乎伪君子的'正义'，司马迁对他们也仍然在原谅着了！"[①]

其实，游侠不仅是下层社会的群体代表，也是都市特殊的生活环境中的社会存在。游侠的活跃，是秦汉时期特殊的社会文化的表现之一。

---

① 李长之：《司马迁之人格与风格》，三联书店，1984，第212—213页。

游侠的出现，以及表现出非同寻常的社会影响，是以城市经济和城市文化的空前发达为条件的。

以《史记·游侠列传》所举列的著名游侠为例，可以看到，秦汉时期游侠活跃的地区，都是经济文化比较先进的中心地区：

鲁——朱家
楚——田仲
洛阳——剧孟
济南——瞯氏
陈——周庸
代——诸白
梁——韩无辟
阳翟——薛兄
陕——韩孺
轵——郭解
长安——樊仲子
槐里——赵王孙
长陵——高公子
西河——郭公仲
太原——卤公孺
临淮——兒长卿
东阳——田君孺

南阳——赵调①

关于剧孟，司马迁说："周人以商贾为资，而剧孟以任侠显诸侯。吴楚反时，条侯为太尉，乘传车将至河南，得剧孟，喜曰：'吴楚举大事而不求孟，吾知其无能为已矣'，天下骚动，宰相得之若得一敌国云。"可见其影响力和号召力之显著。郭解轵人，后徙茂陵，"解入关，关中贤豪知与不知，闻其声，争交欢解"。关中当时是游侠集中的区域。司马迁又说到长安附近据守四方道路的著名游侠：

  北道——姚氏
  西道——诸杜
  南道——仇景
  东道——赵他、羽公子

赵他、羽公子，或以为一人②。据司马贞《索隐》引录苏林和如淳的解释，"道"，指京师四出道路。

《汉书·游侠传》颜师古注也说："据京师而言，指其东西南北谓也。"《汉书·游侠传》所说到的未见于《史记·游侠列传》而"名闻州郡"的各地著名游侠，还有：

---

① 《汉书·游侠传》"周庸"作"周肤"，"薛兄"作"薛况"，"韩孺"作"寒孺"，"樊仲子"作"樊中子"，"郭公仲"作"郭翁仲"，"卤公孺"作"鲁翁孺"，"田君孺"作"陈君孺"。
② 司马贞《索隐》："旧解以赵他、羽公子为二人，今案：此姓赵，名他羽，字公子也。"

符离——王孟
马领——绣君宾
西河——漕中叔

马领，是北地郡治所在。

游侠的主要活动区域，在重要城市和重要交通枢纽附近，这都是政治重心地方。

《汉书·游侠传》分析西汉前期游侠兴起的情形时说道："及至汉兴，禁网疏阔，未之匡改也。是故代相陈豨从车千乘，而吴濞、淮南皆招宾客以千数。外戚大臣魏其、武安之属竞逐于京师，布衣游侠剧孟、郭解之流驰骛于闾阎，权行州域，力折公侯。"与司马迁重点记述"布衣游侠"不同，班固将贵族带有侠风的活动与"布衣游侠"事迹一起叙述。可以看到，《史记》和《汉书》"游侠"的含义似乎存在差别。

这或许不仅说明司马迁与班固个人意趣与历史视角有所不同，也说明在司马迁所处的时代之后，游侠逐渐参与上层政治生活，已经是相当普遍的情形。

按照《汉书·游侠传》的说法，从车、招客、竞逐、驰骛，"游侠"都是以交往活动作为主要社会活动形式。

虽然说"郡国豪杰处处各有""郡国处处有豪杰"，但是游侠活动最为集中的，仍然是以长安为中心的关中地区。

《史记·季布栾布列传》说到"著闻关中""气盖关中"的著名游侠其威望可以影响"方数千里"，成为"天下所望者"的情形。

《汉书·游侠传》记述了长安游侠万章的事迹:"长安炽盛,街闾各有豪侠,万章在城西柳市,号曰'城西万子夏'。"此外,又有"箭张回①,酒市赵君都、贾子光②,皆长安名豪,报仇怨养刺客者也"。《汉书·游侠传》说到的关中地区"名闻州郡"的著名游侠,还有:

长安——楼护
杜陵——陈遵
茂陵——原涉
霸陵——杜君敖
池阳——韩幼孺

当时,"长安、五陵诸为气节者"形成了影响力极大的社会力量。

张衡《西京赋》中,也用相当浓重的笔墨,说到关中游侠的活动:"都邑游侠,张赵之伦,齐志无忌,拟迹田文。轻死重气,结党连群,实蕃有徒,其从如云。茂陵之原,阳陵之朱,赳悍虓豁,如虎如貙,睚眦蚤芥,尸僵路隅。丞相欲以赎子罪,阳石污而公孙诛。"所谓"都邑游侠,张赵之伦",《文选》卷二李善注:"《汉书》曰:长安宿豪大猾,箭张回、酒市赵放,皆通邪结党。一云:张子罗、赵君都,皆长安大侠。"而所谓"茂陵之原,阳陵之朱",是指著名游侠原涉和朱安世。所谓"丞相欲以赎子罪,阳

---

① 颜师古注引服虔曰:"作箭者姓张,名回。"
② 颜师古注引服虔曰:"酒市中人也。"

石污而公孙诛"事,见于《汉书·公孙贺传》。丞相公孙贺子公孙敬声犯罪,当时诏捕阳陵大侠朱安世不能得,汉武帝催促甚急,公孙贺于是自请逐捕朱安世以赎公孙敬声罪,得到准许。后来果然捕获朱安世。朱安世听说公孙贺急于追捕是为了赎子之罪,笑道:丞相的灾祸要殃及整个宗族了。他从狱中上书,揭露公孙敬声与阳石公主私通,并且指使人以巫法诅咒汉武帝,在汉武帝经行的甘泉宫驰道埋偶人以为蛊术,用恶言祝诅。有关官署案验,证实了这一罪行,于是公孙贺父子死于狱中,全家被族灭。可见巫蛊之祸起自朱安世。朱安世从狱中上书,以致"阳石污而公孙诛"的故事,反映京师游侠介入上层政治生活,并且曾经产生重要影响的历史事实。

《后汉书》没有《游侠传》,但是东汉游侠在社会生活中的影响仍然是显而易见的。

以《三国志》中的人物为例,我们可以看到多有以"任侠"作为人生基点而开始政治军事生涯的。例如:

(沛国谯曹操)少机警,有权数,而任侠放荡,不治行业。(《魏书·武帝纪》)

(陇西临洮董卓)少好侠,尝游羌中,尽与诸豪帅相结。(《魏书·董卓传》)

(东平寿张张邈)少以侠闻,振穷救急,倾家无爱,士多归之。(《魏书·吕布传》)

(丹杨陶谦)少孤,始以不羁闻于县中。(《魏书·陶谦传》注引《吴书》)

(武威祖厉张绣)招合少年，为邑中豪杰。(《魏书·张绣传》)

(沛国谯夏侯少时)以烈气闻。(《魏书·夏侯惇传》)

(沛国谯曹仁)少好弓马弋猎，后豪杰并起，仁亦阴结少年，得千余人，周旋淮、泗间。(《魏书·曹仁传》)

(江夏平春李通)以侠闻于江、汝之间。(《魏书·李通传》)

(陈留己吾典韦)有志节任侠。(《魏书·典韦传》)

(涿郡涿县刘备)好交结豪侠，年少争附之。(《蜀书·先主传》)

(临淮东城鲁肃)将轻侠少年百余人，南到居巢就(周)瑜。(《吴书·鲁肃传》)

(巴郡临江甘宁)少有气力，好游侠，招合轻薄少年，为之渠帅，群聚相随。(《吴书·甘宁传》)宁轻侠杀人，藏舍亡命，闻于郡中。(《吴书·甘宁传》注引《吴书》)

(吴郡余杭凌操)轻侠有胆气。(《吴书·凌统传》)

(会稽山阴贺齐)县吏斯从轻侠为奸。(《吴书·贺齐传》)

与西汉时期相比，侠风远播，西北至于陇西、武威，西南则至于巴郡。而尤其引人注目的，是江东地区丹杨、吴郡、会稽诸郡也普遍流行起"轻侠"之风。若干政治活跃人士的"任侠""好侠"表现，也是政治史研究者应当关注的。

人口流动和文化交融

《列子·天瑞》说：有人去乡土、离六亲、废家业、游于四方而不归者，这是什么人呢？世人一定称之为狂荡之人。

这正是在秦汉时期十分通行的观念。

《盐铁论·相刺》谈到关于古时圣王治世时说道，丈夫经营农耕，女子从事纺织，"无旷地，无游人"。"无游人"，被看作理想的社会状况。"游人"，于是被看作无益于社会正常发展的闲散人口。《后汉书·酷吏传·樊晔》："凉州为之歌曰：'游子常苦贫，力子天所富。'"也体现了这样的道德倾向。与"游子"相对应的"力子"，据李贤的解释，是"勤力之子"。

《潜夫论·浮侈》中，可以看到王符对离开乡土田亩的所谓"浮食者"的严厉批评，他们的社会行为，被称作"游手"："今举世舍农桑，趋商贾"，"游手为巧，充盈都邑，治本者少，浮食者众"。《潜夫论·务本》又写道："夫富民者，以农桑为本，以游业为末。"明确否定"游业"对于经济生活和一般社会生活的意义。

应当看到，秦汉时期所谓"去乡土、离六亲、废家业、游于四方而不归"，是比较普遍的社会文化现象。无论是主动的流动还是被动的流动，他们的社会实践，都对各个地区间文化的交融产生过积极的作用。人口的若干流动方式，与政治史情态有密切的关系。

役人，是秦汉时期流动人口中数量最大，牵动社会生活也最为显著的成分。

秦汉王朝征发调动农人服事以劳作为主要内容的徭役，规模和影响都达到惊人的程度。

秦始皇时代多所兴作，往往"输将自海上而来"①，以致出现《淮南子·氾论》中说到的情形："丁壮丈夫西至临洮、狄道，东至会稽、浮石，南至豫章、桂林，北至飞狐、阳原，道路死人以沟量。"

出于军事政治目的而规划的大规模的土木工程，往往调动远方民众。他们在当时的交通条件下，不得不经历极其艰苦的跋涉山水的过程。例如，发卒五十万，北筑长城，"西属流沙，北击辽水，东结朝鲜，中国内郡挽车而饷之"②。《史记·平津侯主父列传》所谓"天下蜚刍挽粟（迅速运输粮草），起于黄、腄、琅邪负海之郡，转输北河"，体现了这种流动过程的遥远。

秦始皇陵骊山工程，调用役人数十万，一说多达七十万③。经过对秦始皇陵复土工期和工程量与当时劳动生产率的核算，可知秦始皇复土工程用工人数超过七十万的记载是基本可信的。④

秦始皇陵西侧赵背户村发掘的秦陵修建工程劳役人员的墓地中，发现十九人的瓦文墓志，其中计有标志死者出生地点的地名

---

① 贾谊：《新书·属远》。
② 《淮南子·人间》。
③ 《史记·秦始皇本纪》："始皇初即位，穿治骊山，及并天下，天下徒送诣七十余万人。"
④ 王子今：《秦始皇陵复土工程用工人数论证》，《文博》1987年第1期。

十四个，分别属于原三晋、齐、鲁和楚国故地。① 可见秦王朝徭役征调，确实往往使服役人员经历不同的文化区域。

当时调用徭役之残酷，据说使得役者"苦不聊生，自经于道树，死者相望"，以致不得不发"丁女转输"②。楚汉战争时期，仍然有"丁壮苦军旅，老弱罢转漕"③的情形。而汉王朝建立之后，依然"接秦之弊，丈夫从军旅，老弱转粮饷"④。

繁重的徭役，使民众经历沉重的苦难，也使社会生产力遭受严重的破坏，但是从不同地区因此而能够得到文化交汇的条件这一角度考察，却可以发现以苦难和破坏为代价的文化史的进步。

农人成为役人，"去乡土、离六亲、废家业"，开始经历原先未曾经历的徭役生活，劳作虽然备极辛苦，心情虽然备极愁懑，但是眼界却因此而阔远，识见却因此而丰富，不同区域人们的文化心理，也因此而得以接近。

军人，也是秦汉时期比较集中地流动于不同文化区域之间的人口构成。

秦末大起义爆发的直接原因，就是陈涉等远戍渔阳的役人屯大泽乡，适逢天大雨，不能如期抵达役所，而失期，依秦法当被处斩。其实军人征远远戍，原本就因远离乡土而使踏上征程者不

---

① 始皇陵秦俑坑考古发掘队：《秦始皇陵西侧赵背户村秦刑徒墓》，《文物》1982年第3期。另可参看孙英民：《〈秦始皇陵西侧赵背户村刑徒墓〉质疑》，《文物》1982年第10期；高炜：《秦始皇陵的勘察与发掘》，载中国社会科学院考古研究所编著《新中国的考古发现和研究》，文物出版社，1984。
② 《史记·平津侯主父列传》。
③ 《史记·项羽本纪》。《史记·高祖本纪》作"丁壮苦军旅，老弱罢转饷"。
④ 《史记·平准书》。

免人心愁苦。秦时，中原人赴越地，所谓"见行，如往弃市"，甚至"行者深怨，有背畔之心"①，就反映了军人万里南征时的心理。

汉代开边定远的军事行动仍然十分频繁。征人远行万里，是很平常的事。

以往对汉代军制的理解有所不同。《汉书·昭帝纪》颜师古注引如淳的见解，说："天下人皆直戍边三日，亦名为'更'，《律》所谓徭戍也。虽丞相子亦在戍边之调。"而《汉书·食货志上》董仲舒又有所谓"一岁屯戍"之说。黄今言先生指出，如淳讲的"戍边三日"，着重阐明的是更赋的性质及内容问题。如淳所说的"戍边三日"和《汉书·食货志上》董仲舒所谓"一岁屯戍"，是从不同角度来讲"役"的形式。董说"屯戍"，说的是戍卫兵役。"史实表明，研讨西汉屯戍的役期问题，不能以如淳之说为是，当以董氏之说为据。至少武帝之前如此。"西汉后期，随着小农的破产流亡，征兵制度逐渐难于推行，在役法上出现了些松动。诸如：运用夷兵、刑徒及募兵等。然而戍卒屯戍一岁的制度，到西汉末年仍然没有改变。"天下人皆直戍边三日"，是征收"更赋"的一个计算标准。尽管存在以钱代役的形式，"至于一般被压迫人民，却仍然存在'屯戍一岁'或'久戍不归'的情况"。②《盐铁论·执务》说到汉时军役使民众不得不涉历千万里的情形："古者无过年之徭，无逾时之役。今近者数千里，远者过万里，历二期。长子不

---

① 《汉书·晁错传》。
② 黄今言：《秦汉赋役制度研究》，江西教育出版社，1988，第276—281页；《秦汉军制史论》，江西人民出版社，1993，第58—64页。

还,父母愁忧,妻子咏叹。愤懑之恨发动于心,慕思之积痛于骨髓。"《盐铁论·执务》也写道:"若今则徭役极远,尽寒苦之地,危难之处,涉胡、越之域,今兹往而来岁旋,父母延颈而西望,男女怨旷而相思。身在东楚,志在西河。故一人行而乡曲恨,一人死而万人悲。"

这种人口流动的幅面相当广阔。从居延汉简和敦煌汉简中的资料看,河西兵士多有来自东方远郡者。见诸简文记录的东方籍军人,有来自京兆尹、左冯翊、右扶风、弘农、河东、上党、河内、河南、东郡、陈留、颍川、汝南、南阳、山阳、济阴、沛郡、魏郡、钜鹿、常山、北海、丹阳、汉中、广汉、蜀郡、陇西、金城、武威、张掖、酒泉、敦煌、北地、西河、渔阳、淮阳、大河、赵国、广平、高密、梁国、东平、昌邑等四十一郡国一百六十七县八百余例。所见戍卒原籍郡县,占《汉书·地理志下》所谓全国"郡国一百三"的百分之三十九点八,"县邑千三百一十四"的百分之十二点七,可见戍卒征发地域之广阔及行程之遥远。①

秦汉军人跨越不同文化区域的军事生活实践,是各个区域间文化沟通与文化融会的有利因素之一。

吏人,在秦汉时期也以其行历四方的人生实践,为文化的融合与统一创造了条件。

从秦汉时期大一统的专制主义政体确立之后,官僚政治作为

---

① 参看何双全:《〈汉简·乡里志〉及其研究》,载甘肃省文物考古研究所编《秦汉简牍论文集》,甘肃人民出版社,1989。

中国传统社会的主体架构长期不再动摇。要实现所谓"六合之内，皇帝之土""经理宇内""远迩同度"①的政治要求，无疑要依靠吏制的完备。

自秦汉时期起，中央政府已经注重从各地选用人才从事国家行政的管理，地方官吏的任免，也往往由最高统治集团决策。官员的调任迁转，不仅相对较为频繁，而且常常辗转千里，历程辽远。

汉代官员已经有自称"牛马走"的习用文语。司马迁的《报任少卿书》开篇即称"太史公牛马走司马迁再拜言少卿足下"。《文选》李善注解释说，"走，犹仆也"，"自谦之辞也"。有的学者以为，"牛马走"应当就是"先马走"。钱钟书先生指出，"先马走"，犹如后世所谓"马前走卒"，"即同书札中自谦之称'下走''仆'耳"。②"牛马走"与"先马走"，都强调其奔波劳碌。事实上，如牛马一般为君王驱役，千里奔走，不避风尘，是在专制帝国各级行政机构中服务的官员们生活方式的基本特色之一。

汉代制度已经有地方行政长官回避本籍的规定。

汉武帝时，除了司隶校尉、京兆尹、长安县令丞尉以外，地方长官都不用本籍人。刺史不用本州人。郡守、国相不用本郡国人。县令长丞尉不用本县人，也不用本郡人。此外，郡督邮可用本郡人，但不用所督诸县之人。州之部郡从事也可用本州人，但不用所部之郡人。

---

① 《史记·秦始皇本纪》。
② 钱钟书：《管锥编》第1册，中华书局，1979，第395页。

东汉时期，对回避本籍制度的执行更为严格。京畿也一律不用本籍人。婚姻之家及两州人士也不得互相监临。以后又有更为严格的所谓"三互法"。"三互法"规定，如甲州人士在乙州为官，同时乙州人士又在丙州为官，则丙州人士不但不能到乙州为官，也不能到甲州为官。三州婚姻之家也是如此。①

这种防止地方官相互勾结庇护，以加强中央对地方控制的制度，对于从政人员本人来说，几乎都不得不远程迁转，行历各地。于是经历不同文化区域的行旅生活，自然成为大多数官员社会生活总体中的最重要的内容之一。

史籍中所见官僚履历，大多历任数职，转仕于各地。《汉书·循吏传》中著名循吏召信臣曾经转仕七处，黄霸则曾经转仕九处。据《后汉书·循吏列传·任延》，东汉著名循吏任延转仕地点竟然多达十处，西北至武威，东南到会稽，南至九真，都有他担任行政长官的足迹。

1971年发现的内蒙古和林格尔汉墓壁画，有记录墓主生前仕途经历的内容，可知墓主举孝廉为郎，又出任西河长史、行上郡属国都尉、繁阳令、雁门长史、使持节护乌桓校尉等职。其出生地可能是定襄武成，即墓址所在附近。为郎时当居于洛阳。西河郡治在今山西离石，上郡属国都尉治所在今山西石楼，繁阳则在今河南内黄西北，雁门郡治在今山西朔州东，而护乌桓校尉治所则在今河北万全。壁画绘有"渭水桥"，桥上车骑间榜题"长安令"

---

① 安作璋、熊铁基：《秦汉官制史稿》下册，齐鲁书社，1985，第376—378页；安作璋、陈乃华：《秦汉官吏法研究》，齐鲁书社，1993，第33页。

三字，显然体现的是长安渭桥。壁画又有"居庸关"图，并榜题"使君从繁阳迁度关时"，车骑队列间有"使君□车从骑"等字样，也体现了墓主当时辗转千里宦游四方的经历。①

行政官员在较广阔的地域的交通实践，在较众多的地点的施政经历，无疑会有益于他们文化素养的提高，有益于他们政治视野的开阔，有益于他们管理经验的成熟，有益于他们行政事业的成功。这样的情形也可以促进不同地域文化的接近，对于社会文化结构的形成也无疑有着积极的影响。正如有的学者曾经指出的，"汉代的官吏士大夫阶级的人"往往"对于'天下'知道得较清楚，对于统一的信念也较深"，而"这一点不仅影响到当时人政治生活心理的健康，而且能够加强全国文化的统一性"，其原因，正在于他们"多半走过很多的地方"②，有流移生活的经历。

学人，也是秦汉时期较为活跃的社会力量，他们的文化行迹，对于消弭不同区域间的文化隔阂，也有相当重要的积极意义。

秦汉学人大多经历过远道寻师求学的艰辛。在当时比较落后的交通条件下，他们往往自己背负着行李、书籍和文具，不远千里，跋山涉水，求师问学。史书中常常用所谓"千里负笈"来形容这样的社会文化活动。

"笈"，是一种主要用以盛装书籍的竹编器具。《太平御览》卷七一一引《风俗记》说："笈，学士所以负书箱，如冠籍箱也。"同

---

① 内蒙古自治区博物馆：《和林格尔汉墓壁画》，文物出版社，1978。
② 孙毓棠：《汉代的交通》，《中国社会经济史集刊》第7卷第2期，收入《孙毓棠学术论文集》，中华书局，1995。

卷所引谢承《后汉书》又具体说到了几位著名"学士""负笈"就学的事迹：

> 袁闳，字夏甫，汝南人也，博览群书，常负笈寻师，变易姓名。
> 苏章，字士成，北海人，负笈追师，不远万里。
> 方储，字圣明，负笈到三辅，无术不览。

据《后汉书·儒林列传》记载，汉光武帝刘秀兴起太学，汉明帝当政时，又曾经亲自临众讲学，听讲者据说"盖亿万计"，甚至匈奴贵族子弟也前来洛阳在太学就读，研习儒学经典。太学形势一时"济济乎，洋洋乎"，后来"游学增盛"，太学生竟多达三万余人。这些人来自全国各地，都是为了求学而经历艰辛的行旅生活而来的。

当时私家教学也形成风气。各地许多办私学的学者，也吸引了万千远道而来的学人。

据说疏广"家居教授，学者自远方至"①。申公"归鲁退居家教，终身不出门"，"弟子自远方至受业者千余人"。② 东汉时，私学更为繁盛。据《后汉书·儒林列传》，刘昆曾经"教授弟子恒五百余人"。洼丹"徒众数百人"。任安在家中教授学生，"诸生自远而至"。张兴讲学，弟子自远而至者，仅著录在册的就将近万

---

① 《汉书·疏广传》。
② 《汉书·儒林传·申公》。

人。魏应教授徒众,"弟子自远方至,著录数千人"。杨伦"讲授于大泽中,弟子至千余人"。魏应"教授山泽中,徒众常数百人","弟子自远方至,著录数千人"。丁恭"教授常数百人","诸生自远方至者,著录数千人"。

远路求学之例,有广汉绵竹人任安"少游太学""学终,还家教授,诸生自远而至"。济阴成武人孙期"少为诸生""家贫,事母至孝,牧豕于大泽中,以奉养焉。远人从其学者,皆执经垄畔以追之"。会稽曲阿人包咸"少为诸生,受业长安"。任城人魏应"诣博士受业"。蜀郡繁人任末"少习《齐诗》,游京师"。淮阳人薛汉的弟子中,以犍为人杜抚、会稽人澹台敬伯、钜鹿人韩伯高最为知名。会稽山阴人赵晔"到犍为资中,诣杜抚受《韩诗》,究竟其术,积二十年,绝问不还",以致"家为发丧制服"。东海人卫宏曾经从九江人谢曼卿学《毛诗》,又从大司空杜林学《古文尚书》。犍为资中人董钧曾经"事大鸿胪王临"。汝南汝阳人钟兴也曾经"少从少府丁恭受《严氏春秋》"。这种以中央政府高级官僚为师的求学生涯,自然当以游历京师为条件。豫章南昌人程曾"受业长安,习《严氏春秋》,积十余年,还家教授"。南阳章陵人谢该曾经为河东人乐详解释疑难,有所谓《谢氏释》行于世,也反映了远行千里求师问学的现象。而出身广汉郡梓潼县(今四川梓潼)的学者景鸾,据说"少随师学经,涉七州之地"。

据《后汉书·儒林列传》记载,在路途中结束其生命的名儒,就有牟纡"道物故"[1],任末"奔师丧,于道物故",服虔"遭乱行

---

[1] 李贤注:"在路死也。"

客,病卒"等数例。

当时,"经生所处,不远万里之路",是相当普遍的情形。

《后汉书·李固传》说,李固虽然身为最高级的官僚"三公"的子弟,然而自幼好学,"常步行寻师,不远千里"。后来潜心钻研儒学典籍,终于学有成就,于是"四方有志之士,多慕其风而来学"。李贤注引《谢承书》曾经说到他当初为了求学而不畏行旅艰辛的具体情形:"(李)固改易姓名,杖策驱驴,负笈追师三辅,学《五经》,积十余年。"

《后汉书·杜乔列传》李贤注引《续汉书》也记述说,杜乔"少好学""虽二千石子,常步担求师"。虽然是高官显宦的子弟,仍然经常步行担负书籍,远道寻师求教。

行旅生活和学术成就的关系,久已受到有识见的学者们的充分重视。他们通过"读万卷书,行万里路"的人生实践,对于我们民族文化的繁荣和进步,做出了特殊贡献。

汉代文史大家司马迁也是一位大游历家。他为丰富人类文化宝库而贡献的史学名著《史记》,就是在千里行旅的同时进行实地考察的基础上写作的。据《史记》中的自述,他的游踪之远,在今天看来也是令人惊异的。我们看到,他行旅所至,遍及现今行政区划的十六个省区,当时汉文化所覆盖的各个主要地区,几乎都留下了他的足迹。《史记·太史公自序》说道:司马迁生于龙门,曾经耕牧于河山之阳,二十岁时,即"南游江淮",登会稽山,考察禹的遗迹,又在九嶷山勘查舜的葬地,浮沅、湘而下。继而"北涉汶、泗",在齐、鲁之都进行学术活动,体验孔子儒学遗风,在邹、峄实践传统礼仪。后来于鄱、薛、彭城等地遭遇行旅挫折，接着又游历楚、梁地区，然后回归长安。此后，又曾"奉使西征巴、蜀以南，南略邛、笮、昆明"。《史记》其他部分仍多有涉及司马迁行旅活动的内容，例如：

　　余尝西至空桐，北过涿鹿，东渐于海，南浮江、淮矣，至长老皆各往往称黄帝、尧、舜之处。(《五帝本纪》)
　　余从巡祭天地诸神名山川而封禅焉。(《封禅书》)
　　余南登庐山，观禹疏九江，遂至于会稽太湟，上姑苏，望五湖；东窥洛汭、大邳，迎河，行淮、泗、济、漯、洛渠；西瞻蜀之岷山及离碓；北自龙门至于朔方。
　　余从负薪塞宣房。(《河渠书》)
　　吾适齐，自泰山属之琅邪，北被于海。(《齐太公世家》)
　　吾适故大梁之墟。(《魏世家》)
　　适鲁，观仲尼庙堂车服礼器。(《孔子世家》)
　　余登箕山，其上盖有许由冢云。(《伯夷列传》)
　　吾尝过薛。(《孟尝君列传》)
　　吾过大梁之墟。(《魏公子列传》)
　　吾适楚，观春申君故城。(《春申君列传》)
　　适长沙，观屈原所自沉渊。(《屈原贾生列传》)
　　吾适北边，自直道归，行观蒙恬所为秦筑长城亭障。(《蒙恬列传》)
　　吾如淮阴。(《淮阴侯列传》)
　　吾适丰沛。(《樊郦滕灌列传》)
　　余至江南，观其行事，问其长老。(《龟策列传》)

可以看到，司马迁行旅生活的主要内容，是对不同区域历史文化遗迹的调查，是对不同区域当代人文精神的体验。应当说，正是通过这样的行旅历程，他才一步步接近了历史的真理，一步步攀登上文化的高峰。

商人，是秦汉时期活跃经济生活，同时也活跃文化生活的社会成分。

以经商为生计的商人，确实是以最旺盛的生机和最饱满的热情往来于各个文化特色不同的区域的。

司马迁在《史记·货殖列传》中说到"天下熙熙，皆为利来；天下壤壤，皆为利往"的为趋利、逐利而辛苦奔忙的世态民情，最典型的例证就是商人的活动。

在司马迁所处的时代，已经出现"连车骑，游诸侯，因通商贾之利"，"赍贷行贾遍郡国"，"转毂以百数，贾郡国，无所不至"，从而取得经济成功的商贾。由于当时政府为恢复经济所实行的特殊的政策，"是以富商大贾周流天下，交易之物莫不通"，这些"富商大贾"不仅取得影响社会经济的实力，而且实际上又在一定程度上领导着社会风习的方向。"抑商"政策往往与"禁奢侈"相联系，原因正在这里。

尽管政府一次次推行打击商人的政策，商人仍然以顽强的生力活跃在社会生活中。就其交往方式而言，他们"千里游敖，冠盖相望，乘坚策肥"①的行旅活动，对于民间所谓"牛马车舆，填

---

① 《汉书·食货志上》。

塞道路"①、"车如流水，马如游龙"②等社会现象的形成，也有一定的前导性的作用。

所谓"商贾错于路""交万里之财""均有无而通万物"③，所谓"连车骑，交守相"④，"东西南北各用智巧"⑤，都反映了当时商人忙忙碌碌往来各地的情形。所谓"连车骑，游诸侯""连车骑，交守相"，以及所谓"以财养士，与雄桀交"⑥等，又说明商贾富豪凭借其社会阅历和社会关系可以介入政治生活。另一方面，他们的社会活动，又可以对文化传统不同、文化走向不同的各个区域发生重要的影响。

秦汉时期贾人的活动，不仅"均有无而通万物"，实现了各个区域物质文化的交流，也能够"益损于风俗"⑦，推进各个区域精神文化的融会。

最突出的史例，是浮华侈靡的消费习惯与生活方式对于全社会的普遍影响，以致形成《盐铁论·通有》所谓"世俗坏而竞于淫靡"的情形。另一方面，则是他们精明逐利的奋斗精神与经营形式对全社会的普遍影响。他们以亲身致富的典范性影响，使得"利之所在，人趋之如流水"⑧成为最严厉的抑商政策也不能抵挡

---

① 王符：《潜夫论·浮侈》。
②《后汉书·皇后纪上·明德马皇后》。
③《盐铁论·通有》。
④《史记·货殖列传》。
⑤《汉书·贡禹传》。
⑥《汉书·货殖传》。
⑦《汉书·仲长统传》。
⑧《文献通考·征榷考一》。

的社会潮流。

于是，社会文化呈现出"宛、周、齐、鲁，商遍天下"①的局面。

秦汉人的乡土意识与外域文化观

秦汉时期，对于华夏文化共同体的总体认识以及对于各文化区域不同文化特色的认识，已经成为当时社会意识的重要内容之一。而当时人的乡土意识，也是我们在认识秦汉社会文化时不能不予以注意的。

对于所谓乡土意识，有的学者认为，所研究的主体，应当是"以农民为主要构成的乡里群体包括有组织的民间集团和无组织的人民大众"。"乡里民众在共同的社会活动和历史传承过程中，形成了区别于其他群体的日常生活意识，包括人们的理想、愿望、情感、价值观念、社会态度、道德风尚等等心理因素。这些心理因素是在文化贫困的群体活动中自发形成的，同文化层次较高的群体心理相比，它缺乏理性思维的机能，对于人生、历史和社会，表现出一种高于生存本能而低于逻辑运筹的精神状态。然而，乡里民众的社会心理是依靠丰富的生产、生活和阶级斗争经验而直接产生的，与人们的共同的生存条件息息相通，因而又是支配着人们日常言行的现实性和实践性很强的意识。它作为一种

---

① 《盐铁论·力耕》。

被人们引为同调的深层心理力量，将分散的乡里大众联系在一起。"①

然而我们在这里所讨论的"乡土意识"，则是指当时人对于自己家族与自己本人出生与生活的家乡故土的特殊的心理、特殊的观念、特殊的感情。所研究的主体对象，也并不仅限于所谓"以农民为主要构成的乡里群体"以及所谓"文化贫困的群体"，而涉及较广阔的社会层面，关心与注目的对象，自然也包括所谓"文化层次较高的群体心理"。

在秦汉时期，人们在相当广泛的社会文化活动中，都表现出十分强烈的乡土意识。

项羽是"万人敌"的英雄，虽出身名将之门，又有离乡"避仇"的经历，然而他对于"故乡"的观念，却似乎较一般农人的乡土意识并没有什么超越，仍表现出狭隘偏执的心理倾向。《史记·项羽本纪》记述了这样一个著名的故事：项羽引兵西屠咸阳，杀秦降王子婴，烧秦宫室，火三月不灭；收其货宝妇女而东。有人建议说，关中有山河四塞围护，土地肥饶，在这里建都，可以称霸天下。项羽看到秦宫室已经焚烧残破，又"心怀思欲东归"，回答说：富贵不归故乡，好比穿着锦绣衣裳在夜里行走，谁会看得到呢！建议者有"楚人沐猴而冠"的批评，竟被项羽杀害。

所谓"心怀思欲东归"，反映了乡土意识的浓烈与沉郁。这种意识竟然影响了项羽军事集团的战略决策，以致曾经成为天下霸王的一代英豪最终归于覆灭。

---

① 程歗：《晚清乡土意识》，中国人民大学出版社，1990，第12—13页。

垓下战役，刘邦军与项羽军进行最后的战略决战，《史记·项羽本纪》记载，项羽夜闻汉军四面皆楚歌，于是大惊，以为"汉皆已得楚"。随后夜起，饮帐中。"悲歌慨""泣数行下，左右皆泣，莫能仰视"。四面楚歌，致使项羽意气沮丧，而"左右皆泣"，说明全军的斗志都已受到影响。项羽时又"自为诗曰：'力拔山兮气盖世，时不利兮骓不逝；骓不逝兮可奈何，虞兮虞兮奈若何！'"据说，"歌数阕，美人和之"。张守节《正义》引《楚汉春秋》云："歌曰：'汉兵已略地，四方楚歌声。大王意气尽，贱妾何聊生。'""意气尽"，可能是全军士气凋丧的写照。在当时乡土意识的作用下，故土已陷导致的心理打击，竟然可以使曾经屡战屡胜的项羽军将士军心沮败。

事实上，项羽最终拒绝乌江亭长单舟"急渡"的建议，执意不肯过江东，所谓"天之亡我，我何渡为！且籍与江东子弟八千人渡江而西，今无一人还，纵江东父兄怜而王我，我何面目见之？纵彼不言，籍独不愧于心乎？"项羽悲剧人生的最后结局，也与乡土意识的影响有一定关系。

作为项羽敌对一方的刘邦军事集团，在被迫南下汉中时，也多见因思乡而逃亡东归者。《史记·淮阴侯列传》写道："至南郑，诸将行道亡者数十人。"刘邦自己也说："吾亦欲东耳，安能郁郁久居此乎？"

汉《铙歌十八曲》中有《巫山高》，其中抒发旅人思归的凄切愁绪：

巫山高，高以大；淮水深，难以逝。我欲东归，害梁不为？我集无高曳。水何深，汤汤回回。临水远望，泣下沾衣。远道之人，心思归，谓之何？

陈直先生分析说："此篇疑描写汉高祖都南郑时军士思归之情，属于军乐类。"又说："楚汉战争时，高祖所用，多丰沛子弟，久战思归，见于《汉书·韩信传》。其时都于南郑，属于巴蜀地区，故歌曲以巫山为代表，与淮水互相对照。后高祖初拟都洛阳时，军士皆欲东归，皆与此诗可以互证。此歌虽未必即为西汉初作品，至迟亦在西汉中期。"[1]

陈直先生所说《汉书·韩信传》的有关记载，与《史记·淮阴侯列传》同。韩信拜贺刘邦语，《史记》有所谓"以义兵从思东归之士，何所不散！"《汉书》写作"以义兵从思东归之士，何不散！"陈直先生在《史记新证》中也特别指出："汉《铙歌十八曲》中，有《巫山高》，盖描写汉高祖在南郑时，兵士思东归之情，与本文正和。"[2]

关于所谓"后高祖初拟都洛阳时，军士皆欲东归"的记载，见于《史记·刘敬叔孙通列传》。娄敬说秦地形势优越，建议入关而都之。"高帝问群臣，群臣皆山东人，争言周王数百年，秦二世即亡，不如都周。上疑而未能决。"高帝群臣"皆山东人"，其狭隘的乡土意识险些影响到确定国家政治重心的战略大计，幸得有思想较阔达的政治家张良支持娄敬的正确主张，于是终于排除众

---

[1] 陈直：《汉铙歌十八曲新解》，载《文史考古论丛》，天津古籍出版社，1988，第76—77页。
[2] 陈直：《史记新证》，天津人民出版社，1979，第151页。

议，确定定都关中："及留侯明言入关便，即日车驾西都关中。"

《史记·高祖本纪》记述了刘邦平定天下之后回归故里的故事，其乡土情感之殷切，在司马迁笔下有生动的表现。司马迁写道：高祖还归，经过沛地（今江苏沛县）时留居。置酒于沛宫，召集故人父老子弟纵酒，组织沛中儿童一百二十人，教之歌。酒酣，高祖击筑，自为歌诗曰："大风起兮云飞扬，威加海内兮归故乡，安得猛士兮守四方！"高祖乃起舞，慷慨伤怀，泣行数下。又对沛父兄说："游子悲故乡。吾虽都关中，万岁后，吾魂魄犹乐思沛。"刘邦还乡时酒酣击筑，为歌起舞，慷慨伤怀，泣行数下的情节，以及所作《大风歌》中对于"海内""四方"与"故乡"的情感发抒，可以发人深思。

"衣绣夜行"的说法，又见于《华阳国志·巴志》：汉高帝灭秦，阆中人范目，为募发賨人，参与定秦之役。秦地既定，先封范目为长安建章乡侯，而賨人欲归。刘邦对他说："富贵不归故乡，如衣绣夜行耳。"于是改封为阆中慈乡侯。又《汉书·朱买臣传》记载，汉武帝拜吴人朱买臣为会稽太守，对他说："富贵不归故乡，如衣绣夜行，今子何如？"又如《后汉书·景丹传》记载，冯翊栎阳人景丹，建武二年，定封为栎阳侯。汉光武帝对他说：现今关东故王国，虽数县，不过栎阳万户邑。"富贵不归故乡，如衣绣夜行"，所以以此封卿。两汉所谓"富贵不归故乡，如衣绣夜行"已经成为通行习用语，而项羽虽然因此获"楚人沐猴而冠"之讥，此语仍然出自汉高祖、汉武帝与汉光武帝这样雄健有为的帝王之口，而且似乎并无轻忽调侃之意。对这样的现象进行社会语言学的思考，也可以进一步认识当时人的乡土意识。

迁徙，是秦汉时期普通民众社会生活空间急剧转换的一种形式，一般都以为是极严重的苦难。秦汉时期，曾经多次出现大规模的移民运动。有学者指出："在这五个世纪间的移民数量达到了很大的规模，并对此后的人口分布和迁移以至中国历史的发展产生了深远的影响。"自发性移民的存在，"是因为一方面，法律并不一定能得到严格的执行，特别是在社会秩序不正常，朝廷控制能力不强的情况下，如汉初关东诸侯招诱逃亡，与朝廷争夺民户；西汉中期以后、东汉大部分时期和三国时期出现大批流民，豪强将破产农民据为己有"。而政府以超经济强制的手段组织的移民，也是不容忽视的社会历史存在，即："统治者为了自身的利益和政权的巩固，也需要组织和强制推行移民，将某种类型和一定数量的人口迁到规定的地区，如秦和西汉时的实关中，自秦至东汉都在进行的移民边疆，三国时各国掳掠对方人口，对战俘和罪犯的强制迁移等。"①

《汉书·晁错传》记载，汉文帝时策划往北方边地大规模移民，在讨论新经济区的建设规划时，晁错说到妥善安置移民的措施，其中指出，政府移民政策要取得成功，要点是应当完善诸种安置措施，"使先至者安乐而不思故乡，则贫民相募而劝往矣"，使民"轻去故乡而劝之新邑"，"使民乐其处而有长居之心"。也就是说，首先要创造极其优厚方便的生产生活条件，才可以使百姓克服眷恋乡土的传统意识。

《汉书·元帝纪》记载，汉元帝永光四年（前40）就初陵（元帝

---

① 葛剑雄、曹树基、吴松弟：《简明中国移民史》，福建人民出版社，1993，第57页。

陵)不置县邑颁布诏书,也说道:"安土重迁,黎民之性;骨肉相附,人情所愿也。"而强制移民,"令百姓远弃先祖坟墓,破业失产,亲戚别离,人怀思慕之心,家有不安之意",废除此制则可以"使天下咸安土乐业,亡有动摇之心"。这样的分析,是符合当时最普遍的社会心理和民众意识的。

秦汉时期,民间乡土意识的社会文化表象,还突出体现于出行者思乡怀土的情感记录。

尽管"安土重居"是一般人的心理定式,但是,汉代仍然有许多探险荒外、立功绝域的英雄。张骞之"博望",班超之"定远",都反映了这一不宜忽视的社会文化现象。

郦炎《见志》其一写道:"大道夷且长,窘路狭且促。修翼无卑栖,远趾不步局。舒吾陵霄羽,奋此千里足。超迈绝尘驱,倏忽谁能逐。"修翼远趾,大道长夷,超迈绝尘,志在千里,和许多行旅诗一样,借出行以比喻人生,体现了面对艰苦生涯的一种奋斗精神。曹操所谓"举翅万余里"[1],"神人共远游"[2],曹植所谓"丈夫志四海,万里若比邻"[3],以及"驾超野之驷,乘追风之舆,经迥漠,出幽墟,入乎泱漭之野"[4]等,也都借远行为喻,用浪漫笔法展抒了积极进取的人生态度。

"超野"而"远游",其实也是一种比较开阔宏达的区域文化观的呈示。这其实是几乎可以作为文化考古断代标尺的一种超迈其

---

[1] 曹操:《却东西门行》。
[2] 曹操:《秋胡行》其二。
[3] 曹植:《赠白马王彪》。
[4] 曹操:《却东西门行》。

他许多历史时代的精神现象,是在秦汉时期这一中国文化史中放出特殊光辉的重要的历史阶段的极有价值的文化遗存。

最为突出的例子,应当说是马援的"马革裹尸"壮语。

《后汉书·马援传》记载,马援说:"方今匈奴、乌桓尚扰北边,欲自请击之。男儿要当死于边野,以马革裹尸还葬耳,何能卧床上在儿女子手中邪?"马援本人的军事实践,也确实以"北出塞漠,南度江海,触冒害气,僵死军事"著名。所谓"又出征交趾,土多瘴气,援与妻子生诀,无悔吝之心"的事迹,尤其感人。

东汉时期著名的外交家、军事家班超,少时家贫,常为官府抄录文书以供养,久劳苦。一次,辍业投笔,感叹道:大丈夫没有其他的志略,也应当仿效张骞等人立功异域,以取封侯,难道能够长期在笔砚间消磨生命吗?胸怀"当封侯万里之外"之志。后来果然出击匈奴,又使西域,平定五十余国,以功封定远侯。汉和帝永元九年(97),班超派甘英出使大秦,甘英的使团抵达安息西境,虽然未到大秦即折返,但是也创造了政府正式代表进行外交活动西行远国的历史记录。班超在西域从事外交、军事活动三十一年,宽简为政,团结吏士,人心向附,威望甚高,他以艰苦的人生实践,推进了汉文化在西北方向的传播。

秦汉时期对于外域文化的认识,由于交往的有限,而怀有某种神秘感。秦始皇和汉武帝"并海"巡行的壮举以及狂热的海上求仙运动所表现的海恋情结,都可以作为反映当时人外域文化观的例证。

民间西王母崇拜的盛行,可以看作反映当时社会较为普遍的"天下"观或称"世界"观的文化现象。民间这种基于对远域国家部族的模糊了解所产生的迷信意识，是关心中国历史文化的人们所应当注意的。《易林》中所谓"西见王母"①、"西过王母"②、"西遇王母"③、"西逢王母"④而皆蒙福祉诸文句，都反映西王母崇拜的这一心理背景。

汉代，是中原华夏文化主动西向，同时又空前集中、空前强烈地感受到西方文化东来影响的时代。

对于西方见闻的疏略，对于西方认识的模糊，使得西方文化具有某种神秘的色彩。当时人对于来自西方的新鲜事物，一方面有所欢迎，一方面又心存疑惧。

汉代受到普遍崇拜的吉祥永寿之神西王母，在当时巫风大畅的背景下⑤，其实可以看作西方神秘世界的一种典型象征。或许正是因为这一原因，当佛的形象在中土民间意识中得以确立并且逐渐高大起来之后，西王母神话的影响渐渐削弱了。

《史记·秦始皇本纪》说，秦始皇沿海巡行，询问方士出海求"蓬莱药"事，在琅邪梦与海神战，又听信占梦博士的话，以为海上恶神以大鱼蛟龙为前沿警卫，除去，则善神可致，于是"自以连弩候大鱼出射之"，果然在之罘见巨鱼，射杀一鱼。这样的记载，反映了这位帝王在探索外域文化时既以为神奇又心怀疑惧的心态，而同时内心仍然保持着一种文化自信和文化自尊。

---

① 《易林》卷一《坤·噬嗑》，卷五《临·履》，卷九《明夷·萃》。
② 《易林》卷二《师·离》，卷十一《损·离》。
③ 《易林》卷二《讼·家人》，卷八《离·剥》，卷十一《夬·夫》。
④ 《易林》卷一三《鼎·萃》。
⑤ 鲁迅《中国小说史略》第五篇说："汉末又大畅巫风，而鬼道愈炽。"其实，在整个汉代，巫风和鬼道都影响着社会生活的诸多方面。

在汉武帝时代，这种自信和自尊又有超过其合理度，而演变成一种文化虚荣的情形。《史记·大宛列传》写道，汉武帝对于"外国客"，散财帛以赏赐，供给以厚重丰饶的消费条件，以展示汉王朝的富足。"行赏赐，酒池肉林"，又令"外国客"参观各仓库府藏之积累，以"见汉之广大，倾骇之"。

汉成帝时，为了向"胡人"显示资源的富饶，又曾经发动右扶风民众入南山，于西自褒斜(褒水在今陕西汉中，西入汉水；斜水在今陕西眉县，西入渭水)，东至弘农(郡治在今河南灵宝北)，南至汉中(郡治在今陕西安康)的广大山区广张罗网，捕捉熊、罴、豪猪、虎、豹、狐、兔、麋、鹿等，用槛车装载，运送到长杨宫射熊馆(在今陕西周至)中，设置围栏，纵禽兽其中，令"胡人"徒手搏取，自取其获，皇帝亲自观览。为了这种虚假的展示，致使农人不能及时收获庄稼。扬雄曾经随从汉成帝亲临其事，他在所作《长杨赋》中设"主人"与"客"双方就此事的意义进行辩论。"主人"发表的正面的见解，竟然是："客徒爱胡人之获我禽兽，曾不知我亦已获其王侯。"①

以虚假的形式展示富有，被看作文化震慑甚至文化征服的一种手段。这种做法，在后来的历史中，仍然屡有再现。

汉代的私学

汉代私学长期是传播文化、继承文化的重要方式。伏生授经

---

① 《汉书·扬雄传下》。

的故事，《史记·儒林列传》所说"下帷讲诵，弟子传以久次相受业，或莫见其面，盖三年董仲舒不观于舍园，其精如此"的情形，体现了私学的教育环境与学术气氛。

东汉私学更繁盛一时，社会上出现了一些累世专攻一经的士大夫家族，他们世代相继，广收门徒。许多名师教授的弟子，往往多至数百人乃至数千人。《后汉书·儒林列传下》说，学者所在，求学者往往不远万里之路，担负口粮前往就读者动辄千百。而著名的经学大师开门授徒，学徒名籍往往不下万人。

读书学习也是宫廷生活的重要内容。《后汉书·皇后纪》说，汉明帝马皇后"能诵《易》，好读《春秋》《楚辞》，尤善《周官》《董仲舒书》"。汉和帝皇后邓绥六岁即"能史书"，十二岁时已经精通《诗经》和《论语》，可以和兄长们讨论儒学经传中的学术问题。入宫后，"从曹大家受经书"，往往夜间勤奋读书。她发现书籍文字多有错误，于是指派专人进行整理。汉殇帝的生母左姬"善史书，喜辞赋"。汉顺帝梁皇后据说幼时就"好史书"，"九岁能诵《论语》，治《韩诗》"。汉灵帝喜爱的王美人，"聪敏有才明，能书会计"，也是宫廷贵族女子热心掌握知识的例子。

宫廷教育形式也取私学模式。向邓绥传授经书和天文、算术的"曹大家"，就是在中国文化史上享有盛名的女著作家班昭。班昭是《汉书》主要作者班固的妹妹。班固去世时，这部史学名著尚有"八表"和《天文志》没有完成。汉和帝命其妹班昭续撰，后来又命跟随班昭学习《汉书》的马续继续完成了《天文志》。班昭的其他著作，有"赋、颂、铭、诔、问、注、哀辞、书、论、上疏、遗令，凡十六篇"。当时的大儒马融，曾经在班昭门下学习《汉书》。

班昭多次被皇帝召入宫中,"令皇后诸贵人师事焉,号曰'大家'"。班昭丈夫的妹妹名叫曹丰生,据说"亦有才惠",曾经写信就《女诫》的内容向班昭提出批评,且"辞有可观"。这是历史上少见的女子相互进行学术文化辩论或者道德伦理辩论的故事。班昭的论著由她的儿媳丁氏整理。这位丁氏,又曾经作《大家赞》总结班昭的文化贡献。看来,在特定情形下,汉代甚至曾经出现过才具先进的由女性组成的文化群体。汉和帝邓皇后曾经命令宫中宦官学习儒学经典,然后向宫女们传授,后宫中于是形成了"左右习诵,朝夕济济"的学习风气。

关于东汉妇女文化学习的多数例证是上层社会的故事。马融的女儿马芝"有才义",曾经作《申情赋》追怀亲长,荀爽的女儿荀采"聪敏有才艺",也都体现出家族文化影响。但是我们也可以看到平民女子好学博闻的历史记载。《后汉书·列女传》写道,吴人许升的妻子吕荣屡屡劝说许升"修学",沛人刘长卿的妻子言谈之中随口引述《诗经》文句。这些都是学习风气普及的史例。安定人皇甫规的第二任妻子,出身不详,应当不是名门,她写作能力很强,书法亦精,为皇甫规起草文书,看到的人都惊异于其文辞的优美和缮写的完好。

东汉时期成书的《四民月令》,被看作反映洛阳地区农耕生活的论著。《四民月令》中有关于乡村学校的内容,说到"成童已上入大学""幼童入小学"的情形。根据原书本注,"幼童"是指九岁至十四岁的孩子。《东观汉记》中,有著名学者承宫幼时艰苦求学的故事。承宫自小是孤儿,八岁时为人牧猪为生。乡里一位名叫徐子盛的读书人,为数百名学生教授儒学经典《春秋》。承宫路过其门下,听诸生讲诵,心中欣慕,久久不愿离去,因为"弃其猪听经",招致雇主追寻责打。承宫为诸生所同情,于是被留下来,一边为学堂打柴,一边旁听学习,后来竟然成为大儒名臣。承宫的故事,可以帮助我们了解汉代乡间学校的教育形式。看来,当时上自宫廷,下至山野,儒学教育受到社会的普遍重视。正如班固《东都赋》所说,"四海之内,学校如林,庠序盈门"。

汉代童蒙教育的进步,是当时文化成就的突出内容之一。汉代童蒙教育在中国古代教育史上也有特别值得重视的地位。学习优异的孩子,得到"圣童""奇童""神童"的称号。"神童"称谓,最早就是从东汉开始使用的。

通过东汉思想家王充的学习经历,可以看到当时洛阳这样的都市中图书市场的作用。《后汉书·王充传》记载:"(王充)家贫无书,常游洛阳市肆,阅所卖书。一见辄能诵忆,遂博通众流百家之言。后归乡里,屏居教授。"王充完成的文化名著《论衡》,在学术史上具有里程碑的意义。他的学术基础的奠定,竟然是在洛阳书肆中免费阅读"所卖书"而实现的。东汉时期还有另一位在书店读书实现学术积累的学者。据司马彪《续汉书》记录:"荀悦十二能读《春秋》。贫无书,每至市间阅篇牍,一见多能诵记。"荀悦后来成为著名的历史学者。他所撰写的《汉纪》,成为汉史研究者必读的史学经典之一。

东汉砖文可以看到《公羊传》文字:"元年春,王正月。元年者何?君之始年也。春者何?岁之始也。王者孰谓?谓文王也。曷为先言王而后正月,王之正月也。何言乎王之正月?大一统也。"泥砖上刻画文字,很可能是普通劳动者所为。结合居延汉简边防军人书写文字也有"元年春，王正月"的情形，可以体会当时儒学经典在社会下层普及之广。由执政集团刻意倡导的经学学习热潮，可以说有所成功。以此确立意识形态正统并维护政治合法性的努力，也是有效的。后世的统治者，可能正是在这样的经验中找到了仿拟的标本。

东汉社会经学"学习"气氛如此浓厚，有人认为对于稳定政局有积极的效应。范晔在《后汉书·儒林列传》最后的总结中发表了这样一番议论，他说：东汉自桓帝、灵帝时代起，政治危局的迹象已经显现，"自中智以下，靡不审其崩离"，然而"权强之臣，息其窥盗之谋，豪俊之夫，屈于鄙生之议"，与"人诵先王言也"，儒学政治原则深入人心有密切关系。范晔说，儒学道德的约束，实现了社会安定，所以说"先师垂典文，褒励学者之功"，意义真的是非常重要啊。这样的判断，并不是没有一点道理。但是认真思索，我们又可以发现，儒学在当时文化教育系统中的主导地位，限制了百家之学的发展和普及，使得社会文化的发育呈畸重畸轻的倾向。以经学为主体的东汉儒学因谶纬的牵坠，在神学化的同时走向消极。不仅儒家经学的文化垄断和思想控制压抑着社会的创新力，就东汉王朝的政治威权而言，"崩离"趋势的出现，也不能说与单一化、公式化、教条化、严重僵化的文化导向所引致的思想禁锢无关。东汉是师儒兴学成就显著的时代，但是这一情形对社会演进的总体意义，还应当做全面的分析。当时江南地方得到开发，表现出突出的经济跃进。而全国的经济形势，并不可以有乐观的评价。从现有户口统计数字看，汉和帝至汉质帝时代，虽然并没有发生严重的战乱，人口却有明显下降的趋势。从东汉后期的历史看,正统儒学不能解决诸多社会问题,亦无力挽救政治危局。

回顾当时的学术史,我们看到,随着东汉儒学地位的上升,学界同时也出现了阴暗与腐败。《后汉书·儒林列传上》指出,"章句渐疏,而多以浮华相尚"的现象,"遂至忿争,更相言告"的现象,"私行金货,定兰台漆书经字,以合其私文"的现象,都有发生。"举秀才,不知书"的批评已经成为民谚①,反映儒者徒有虚名的情形相当普遍。顾炎武《日知录》卷一三"分居"条以为这种"滥举"的现象,"可以见东汉之流风矣"。

---

① 《太平御览》卷四九六引《抱朴子》。

附录：秦汉世系表

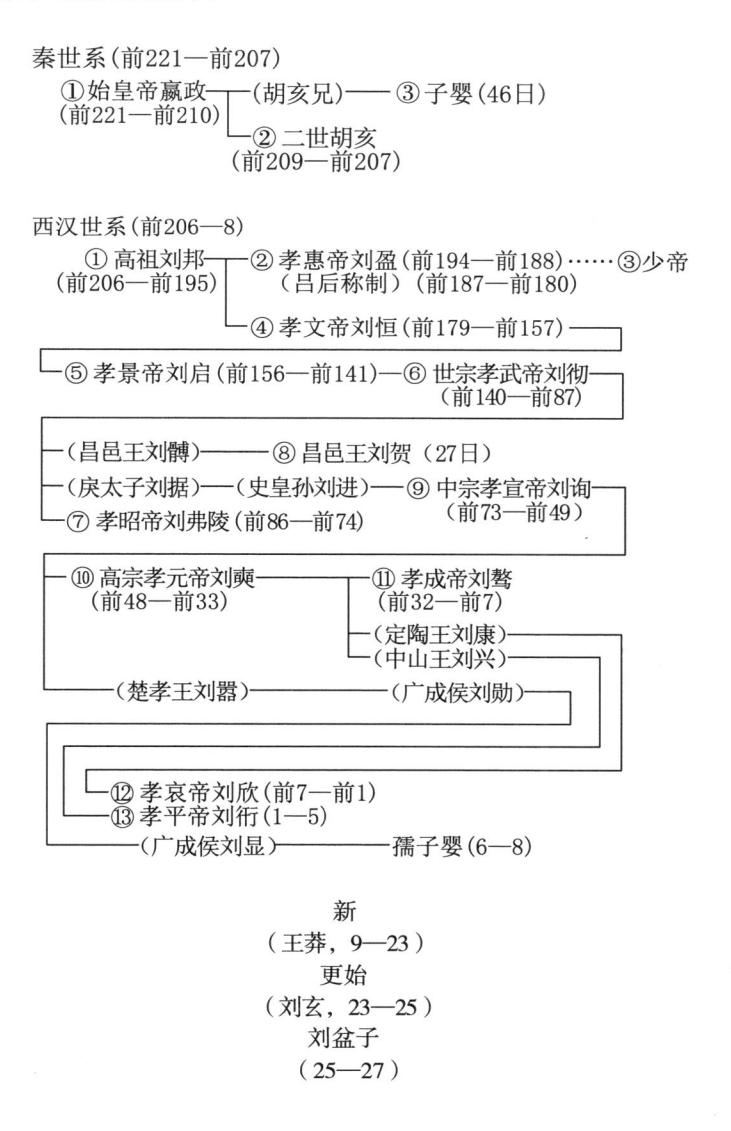

秦世系（前221—前207）
① 始皇帝嬴政 ——（胡亥兄）—— ③ 子婴（46日）
（前221—前210）
② 二世胡亥
（前209—前207）

西汉世系（前206—8）
① 高祖刘邦 —— ② 孝惠帝刘盈（前194—前188）……③ 少帝
（前206—前195）　（吕后称制）（前187—前180）
④ 孝文帝刘恒（前179—前157）
⑤ 孝景帝刘启（前156—前141）—— ⑥ 世宗孝武帝刘彻
（前140—前87）
—（昌邑王刘髆）——⑧ 昌邑王刘贺（27日）
—（戾太子刘据）——（史皇孙刘进）—— ⑨ 中宗孝宣帝刘询
（前73—前49）
—⑦ 孝昭帝刘弗陵（前86—前74）
⑩ 高宗孝元帝刘奭 —— ⑪ 孝成帝刘骜
（前48—前33）　（前32—前7）
—（定陶王刘康）
—（中山王刘兴）
（楚孝王刘嚣）——（广戚侯刘勋）
⑫ 孝哀帝刘欣（前7—前1）
⑬ 孝平帝刘衎（1—5）
（广戚侯刘显）—— 孺子婴（6—8）

新
（王莽，9—23）
更始
（刘玄，23—25）
刘盆子
（25—27）

东汉世系(25—220)

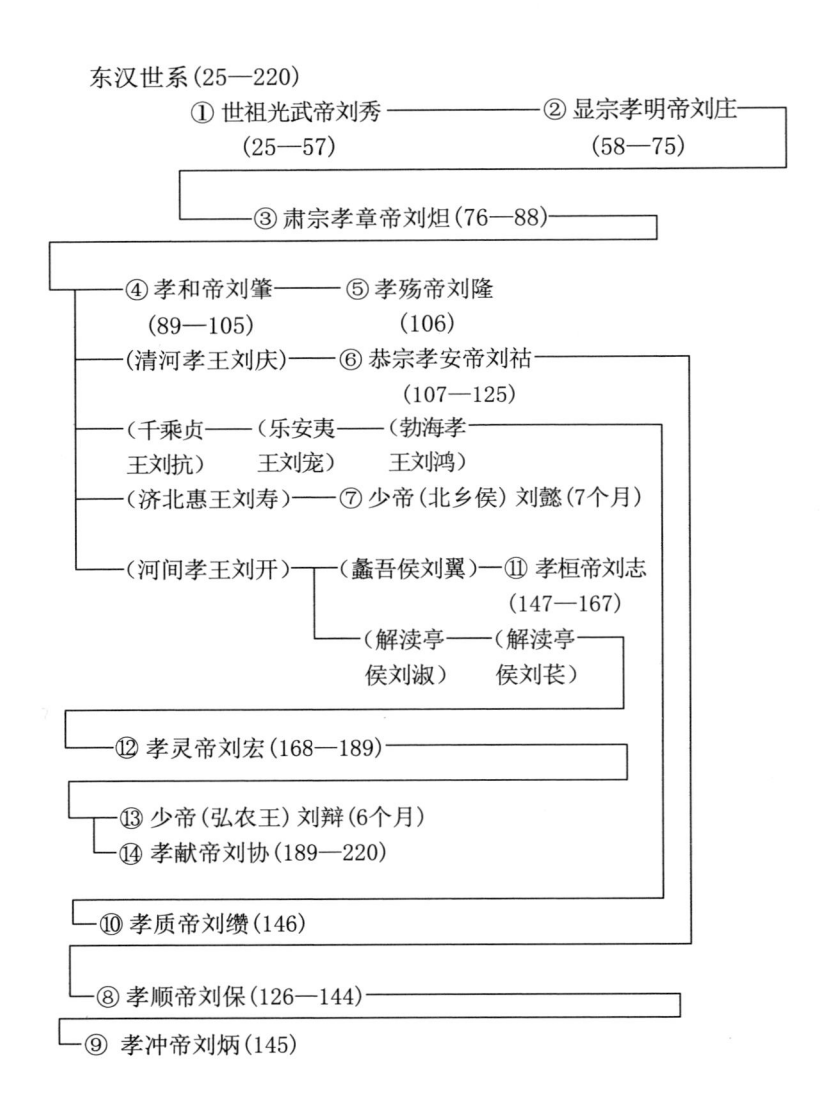

```
① 世祖光武帝刘秀 ——— ② 显宗孝明帝刘庄
   (25—57)              (58—75)
        ③ 肃宗孝章帝刘炟(76—88)
    ④ 孝和帝刘肇 ——— ⑤ 孝殇帝刘隆
       (89—105)         (106)
    (清河孝王刘庆)——— ⑥ 恭宗孝安帝刘祜
                         (107—125)
    (千乘贞   (乐安夷   (勃海孝
     王刘抗)   王刘宠)   王刘鸿)
    (济北惠王刘寿)——— ⑦ 少帝(北乡侯) 刘懿(7个月)
    (河间孝王刘开)——(蠡吾侯刘翼)——⑪ 孝桓帝刘志
                                    (147—167)
                   (解渎亭 ——(解渎亭
                    侯刘淑)   侯刘苌)
    ⑫ 孝灵帝刘宏(168—189)
      ⑬ 少帝(弘农王) 刘辩(6个月)
      ⑭ 孝献帝刘协(189—220)
    ⑩ 孝质帝刘缵(146)
    ⑧ 孝顺帝刘保(126—144)
    ⑨ 孝冲帝刘炳(145)
```

后 记

由于曾经前后 18 年在一个特殊的学校从事教学科研工作的缘故,学术关注点曾经集中于中国传统政治文化。当时教学任务不重,只是在新疆民族干部班和西藏民族干部班讲授课时量很少的"中国通史"以及"中国思想史""中国经济地理"课程。另外还有理论宣传干部班、中青年干部班及面向全校的以中国传统政治文化为专题的必修讲座和选修讲座,以及政治学专业研究生"中国政治思想史"等课程。可以说,这一阶段将许多心力用于一种比较特别的教学形式"文史知识讲座"。记得是每周一晚上。学员只是自愿选择是否听讲。但是当时备课还是认真的。我虽然以秦汉史和秦汉考古文物作为主要研究方向,但是这样的讲座,主题基本上是长时段的,跨时代的,多以"中国古代"为研究视阈。

基于这样的研究路径,这一阶段撰写而后陆续出版的著作有:《毛泽东与中国史学》(中共中央党校出版社 1993 年 11 月)、《历史学者毛泽东》(西苑出版社 2013 年 1 月)、《权力的黑光:中国封建政治迷信批判》（中共中央党校出版社1994年2月，陕西人民出版社2006年4月）、《权力的黑光：中国传统政治迷信批判》（四川人民出版社2020年11月）、《"忠"观念研究：一种政治道德的文化源流与历史演变》（吉林教育出版社1999年1月）、《走向大一统的秦汉政治》（《中国政治通史》第3卷，泰山出版社2003年8月）、《千百年眼：皇权与吏治的历史扫描》（长春出版社2008年1月）、《文景之治》（陕西人民出版社2008年7月）、《中国历代王朝开国检讨》（泰山出版社2009年4月）、《开国君主的成功》（华夏出版社2024年8月）、《改革史话》（中国大百科全书出版社2000年1月）、《变法史话》（社会科学文献出版社2011年12月）、《王霸之道——礼法并重的政治制度》（江苏人民出版社2017年1月）等。沿循这种学术路径，发表学术论文若干篇：《中国古代的意识形态管理》（《政治学研究》1988年第2期）、《历代"托古改制"的文化背景分析》（《政治学研究》1988年第5期）、《祭政合一制度与中国古代政治迷信》（《世界宗教研究》1990年第1期）、《中国古代的功臣政治及其文化背景》（《学术界》1990年第2期）、《中国传统文化的泛政治主义特色》（《学术界》1993年第1期）、《论中国传统政治形态的内在封闭性》[《中国社会科学季刊》（香港）1994年秋季卷]、《"忠"的观念的历史轨迹与社会价值》（《南都学坛》1998年第4期）、《中国古代王朝的政治危局与战略对策》、《古代统治者的自律与行政规范》（《中外历史干部学习读本》，中共中央党校出版社2000年10月）、《"德治"的历史回顾》（《博览群书》2001年第11期）、《中国古代"德治"思想的宣传与实践》(《中共中央党校学报》2002年第1期)、《中国古代王朝盛衰兴亡的"周期率"》(《理论学刊》2002年第1期)、《中国古代的政治笑话》(《中国党政干部论坛》2002年第5期)、《"其兴也浡","其亡也忽":中国历代王朝盛衰兴亡的周期律》(与林甘泉合作,第二作者,《从文明起源到现代化——中国历史25讲》,人民出版社2002年2月)、《论历史上的"德治"与"刑治"》(《光明日报》2003年8月26日)、《中国古代"官数"膨胀现象与裁汰冗员的改革尝试》(《紫光阁》2005年第10期)、《中国传统政治文化的基本特色及其对社会心理的影响》(《政治文化与21世纪中美日关系》,解放军出版社2006年6月)、《"造反"的词汇史》(《历史学家茶座》2008年第4辑,山东人民出版社2008年12月)、《"和合"与中华民族精神》(《中华民族精神研究》,北京师范大学出版社2009年4月)、《中国古代阅兵故事》(《新京报》2009年9月17日)、《中国古代的生态保护意识》(《求是》2010年第2期)、《中国古代的路权问题》(《文景》总66期,2010年6月)、《推翻帝权与洗刷奴性:辛亥革命意义的政治文化思考》(《科学社会主义》2011年第1期)、《中国古代交通法规的"贱避贵"原则》(《中国古代法律文献研究》第7辑,社会科学文献出版社2013年12月)、《"忠孝"与"孝忠":中国道德史的考察》(《长江师范学院学报》2015年第2期)、《古代中国的星崇拜与"救星"意识的发生》(《南国学术》2017年第4期)等。现在回想,这些论著大多因对秦汉时期以外其他时段知之甚少,因而不免认识浅薄。

大致可以说,到高校工作后,已经渐少思考宏观的政治史与政治文化问题。可能因学术思路的某种惯性，近年的例外，有《帝国下腹部的脂肪》(《读书》2022 年第 1 期)和《"帝国"概念在中国古代史研究中的"适用性"》(《国际汉学》2024 年第 2 期)。对于此前相关成果，即使不说敝帚自珍，对于其中所费精力深心自知，回顾这几步学术足迹还是多有感念的。

  此次承陕西人民出版社关宁、韩琳两位好友看重，得以出版《东方帝国的营造：秦汉王朝政治史》一书。诚心感谢之至。问世后，《中华读书报》2024 年 9 月 11 日 12 版"书摘"摘用《汉代的私学》一节予以介绍，承谭徐锋先生推荐，在《新史学》公众号 2024 年 9 月 27 日也作了推介。谨此深致谢忱。

2024 年 9 月 28 日

由汾阳往邯郸赴会，回京后草成